山东政法学院出版基金资助出版

康有为

今文经学思想与晚清变局

KANG YOUWEI
JINWENJINGXUE SIXIANG YU
WANQING BIANJU

张 欣 著

人民出版社

责任编辑：余　平
封面设计：林芝玉
责任校对：白　玥

图书在版编目（CIP）数据

康有为今文经学思想与晚清变局 / 张欣 著 . —北京：人民出版社，2023.6
ISBN 978 – 7 – 01 – 025858 – 4

I.①康…　II.①张…　III.①康有为（1858—1927）- 经学 – 思想评论
　IV.① B258.5

中国国家版本馆 CIP 数据核字（2023）第 149042 号

康有为今文经学思想与晚清变局
KANG YOUWEI JINWENJINGXUE SIXIANG YU WANQING BIANJU

张　欣　著

人民出版社 出版发行
（100706　北京市东城区隆福寺街 99 号）

北京九州迅驰传媒文化有限公司印刷　新华书店经销

2023 年 6 月第 1 版　2023 年 6 月北京第 1 次印刷
开本：710 毫米 ×1000 毫米 1/16　印张：15
字数：222 千字

ISBN 978 – 7 – 01 – 025858 – 4　定价：58.00 元

邮购地址 100706　北京市东城区隆福寺街 99 号
人民东方图书销售中心　电话（010）65250042　65289539

序

　　张欣博士的书稿以《康有为今文经学思想与晚清变局》为名成书，即将由人民出版社出版，作者嘱我为其作序，我欣然应允。一则深表衷心之祝贺，二则略陈素日之所思。本书在张欣博士学位论文的基础上修改完成，从选题之初到成书付梓，她秉持着对思想史的兴趣与热爱，克服了诸多经学与历史研究的困难，持之以恒地对该方向进行深入思考，今时书稿成书付梓，是十年学术研究的积累，成果值得祝贺。我当时与张欣讨论研究课题与未来治学方向时，建议她以近代今文经学为方向，以康有为政治思想为视角。经学是一个"吃力不讨好"的论题，研经一事，义理艰深繁复且文本晦涩难懂，难免令人望而生畏，进而门庭冷落。然而，经学又是"不得不说"的学问，经学研究的是古典与传统的问题，它集中体现了历史上中国人的价值理念与精神信仰，深刻形塑与影响着中华民族的政治理念、思想精神与文化品格。故而，近年来经学研究热潮渐起，也是在情理之中。今文经学作为经学一派，自东汉末年逐渐式微，至清末忽又繁荣，在近代涌动的时代思潮中勃然复兴并发生了一系列迁延曲折，不可谓不奇幻，而思潮发生的具体思想场合，自是其中缘由。三千年未有之大变局，现代与传统，西潮又东风，新旧交叠，中西碰撞，种种问题随之而生，正借此序，略说一二。

　　1840 年之前，中国还是那个遥远而古老的国家，这个文明体有漫长的农耕文明，高度发达的官僚体制，庞大的士大夫阶层，血缘、地缘为伦理纽带的宗法组织方式，以及以儒家为主流的高度专化的文化系统。这种由政治、经济、文化和社会等综合因素建构起的一种超稳定的社会形态，在传统中国两千年的漫长历程中，经历了改姓易代的王朝更迭，却没有发生社会性质和社会形态的根本变化。传统文化与价值系统在封闭环境之内连续地、稳定地发展着，影响着从社会体制的根本价值系统到普遍而日常的个体行为的方方面面。在传统社会中，经学是传统社会人们关于政治制度与伦理道德、社会秩序与个体行为的根本规范与普遍理解，它既包含着对社会政治领域中诸多关系和运行过程的说明，又是对政治体制、名教制度和社会秩序正当性的论证，还关切着传统社会中价值体系的安排、人格精神的塑造以及心灵追求的安顿。总之，经学不是一般的古典学术文化，它是政治的合法性依据，是传统意识形态的载体，是最具神圣性与权威性的文献。然而，进入近代后，古老文明体的内外关系产生了深刻的变化，历史叙事在缓慢滞停后急速转弯，泱泱华夏于"三千年未有之大变局"中进入历史的"长江三峡"，外敌环伺，赔款骤至，丧权辱国，内政腐坏，时局困厄，时人称之为"变动"、"变端"、"创制"、"创事"，为大多数人接受的，则称之为"变局"。"今文经学"与"变局"同列题目中，缘由正是二者紧密相关，今文经学在清代始终与时局纠缠相伴。

在近代，异质文化剧烈冲击，传统政教制度日渐崩溃，儒家经典受到激烈震荡，知识形态被扭曲重塑，经学的外部世界和内部环境都发生了全面的变动。经学的危机不仅是传统文化的危机，也是传统社会的一场整体性危机。面对东渐的欧风美雨和落魄的末世之象，儒学作为政治统治的哲学依据，却无法对此提供一个合理有效的解释。这些清晰的变化，明确地提示着传统与经典解释范围的捉襟见肘，万世法则适用的步履维艰。晚清的动荡时局和危绝困境对于传统知识分子提出了一个全新的命题，呼吁救世之方案，今文经学于此间复兴而起，正系济时救世之新思潮，所谓"以复古为解放"。今文经学在近代的异军突起对社会政治活动产生了深远影响，同时促成了经学体系及理论的历史性转变。

一方面，自龚自珍、魏源倡经世，言世务，开风气之先，至康有为宗今文以变法，推动改革维新，引发剧烈轰动，今文经学可谓盛行一时。今文经学作为经学一派，注重探求义理，讲求经世致用，心系家国天下，忧怀社稷苍生，今文经家素喜言"微言大义"，不断引申变异。康有为以此为基，构建了政治哲学体系和变法改革思想，适应了政治之需，时变之求，可以说，今文经学思想自清中叶复兴之时起便与民族自立、维新变法、救亡图存等时代目标紧紧相关。另一方面，儒学在时代裹挟前进的潮流中面临着激烈振荡，作为异质文化的西学在近代的传入，对传统思想的冲击是巨大的。佛学也是外来文化，但是到了近代，经过宋学的发展已然吸收入儒，二者在价值本体上有着同质通融之处，已同化成为传统的一部分。与之不同，西学从形象到内里都透露出一股陌生而不安的气息，中西思想文化的对峙随着清王朝内外政治局势的变化而愈加紧张。通经不再单为治学，今文经学承担的另一功能是会通中西，成为儒者承旧启新、接古载今的媒介，在古今中西的相争相融中完成了杂糅融合。康有为便是早期援西入中的典型代表，他以今文经学为立场，牵引古今中西，对孔子和六经进行了极大的发挥，他的古经新解，是对传统的重新解释甚至创构，是对经学丧失根本制度依赖后，如何完成政治面貌转型的一次努力。百日维新，昙花一现，康有为挽救传统社会危机而重建经学合法性的方案失败了，这也是经学经世功能的最后一次体现。但是，康有为不曾预料的是，他所开启的疑古辨伪和援西入儒，犹如在茧封千年的陈旧外壳上撬开了一道不易觉察的缝隙，此后，疑古思潮和西方文化携着时代的新鲜气息汹涌而至，经学本身也失去了合法性依据，最终，经学走向终结。

从思想史的视角，讨论今文经学在近代变局中的功能与处境，可以更清晰地描绘出近代中国思想变革的社会因素与内在脉络，更能理解近代政治变革展开的政治逻辑与曲折路径。经学像一面镜子，透过它的映射，后人可以看到传统知识分子，在中西文明的冲突与融合下，在不得已的艰难处境中，如何谋求儒学的重塑，如何迎接挑战，如何推动变革，如何设计国家近代化的方案。中国的近代转型在时局动荡中开启，悬崖峭壁，步步维艰，其间伴随着无数仁人志士的努力与种种方案的尝试，最终，传统士大夫阶层逐步解体，新型知识分子诞生，激进的反传统思潮勃兴，政治革命风起云涌，一个古老中国渐行渐远，隐入了历史，一个现代国家若隐若现，绽出了晨曦。

张欣博士的《康有为今文经学思想与晚清变局》采用史论结合的方式，深入分析了自嘉道以降今文经学思潮的生成谱系、产生路径及其现实影响，关注并总结了今文经学在中国近代化的过程中的独特地位与复杂功能，试图描绘出康有为立足今文经学，寻求经典应对世变的同时，又以贯究西学以求救亡的思想路径。从本书第一章对晚清变局形势背景及其对近代传统经学转型的描述来看，作者试图说明的是，在若干影响甚至桎梏传统知识分子的政治局势与时代思潮等复杂因素下，传统知识分子应对时局困境与西力冲击的回应与选择。在这个范式意义上，康有为的确是一位具有典型代表性的政治思想家。通过对康有为今文经学思想的研究，更能看清康氏一生变化繁复、庞杂驳乱的思想体系背后，一以贯之的内在逻辑和脉络根基。第二章作者采用层层深入的阐论方式，从多个角度和层面详细讨论了康有为今文经学的产生背景、思想渊源与学术谱系，考察了康有为今文经学思想产生的深厚学术渊源与学术背景。第三章、第四章则着力于体系化地阐论康有为的今文经学思想，探寻康氏整体政治思想体系的经学根基与思想来源，将今文经学作为研究其政治理论与实践的重要基础。以康有为《新学伪经考》和《孔子改制考》为主要文本，将重点放置于康有为改造今文经学之中坚理论——"公羊三世说"与"素王改制论"上。作者对康有为今文经学思想的文献材料掌握充分，对于同时代相关的学术流派、思想家及相关学者的理论资源运用充分，系统而深入地阐明了康有为今文经学的核心理论和逻辑框架。

本书将最后的落脚点放在康有为今文经学思想的价值评述与反思上，这是一个相当困难的问题。作者对康有为经学思想的时代价值与历史局限的阐释，回归到广阔的政治背景，紧密联系今文经学的发展脉络，努力尝试还原并表述出康氏今文经学思想在近代变局中的意义与价值，在我看来，正是本书最大的创新之处。将康有为今文经学思想问题的研究，置于近代"三千年未有之大变局"的历史语境中，提供了一种思想史叙事范式的尝试，"变局"与"今文经学思想"同列书名，显示出了相当的学术眼光与理论勇气，这一点也得到了社会科学院近代史研究所马勇教授的肯定。马勇教授是近代史方面的大家，是有着深厚思想史基础的历史学者，他担任了张欣博士论文答辩会的答辩主席。马勇教授特别提出了将今文经学的讨论置于古今中西交汇碰撞的变局之中的整体逻辑，对于从思想史出发，观察康有为改造经学以回应近代时局挑战的视角给予了肯定与赞扬。在对历史上思想家的思想价值与历史局限进行讨论、评断与审视时，后来的研究者应当秉持足够的警惕与谨慎，因为，以今人之标准妄断古人之是非，以当代之环境揣摩古人之心境，无异于隔靴搔痒，难现真貌，而陈寅恪所谓的"了解之同情"又实在是一件至繁至难之事，以此为目标，如何进一步提升研究境界，可作为未来之长期思考的方向。

以六经为原典的经学及其所蕴含的传统精神之魂，在当前是否仍然具有存续的空间与意义？我想答案是肯定的，经学的深远意义，源自于人之心灵对传统与经典或隐或现的持续精神诉求，尽管它无法提供一种急功近利的方案，更无法一劳永逸地完成对人类困惑的解答，但这种持续的思考、争辩、解释甚至批判恰恰给了社会发展以源源不断的心灵能量与精神动力，并不断将这种思考引向新的层次。从这一意义来看，经学并没有终结，它不会走入博物馆，化作供人瞻仰的故纸一堆，或是成为封藏在橱窗里的陈列品。当然，今日之经学，已然剥离了外在权力的依赖与推行，也无法再凭借对思想与真理之垄断。今时之具体境遇，使人不禁发问，何以为继？又应如何安置？我以为，应当对"传统"的历史限度保留充分理性认知的同时，发觉并不断发展一种对传统与经典的不竭的、昂扬的热情，一种承担传承的真诚的抱负、责任与使命感，从这个意义而言，本书可以说是具有这样自觉意识的。期望张欣，也期望更多的年轻学者能够秉承理性精神，热爱传统经典研究。聊以此为序，与读者诸君共勉。

于语和

2023 年春

目 录

导　论

一、康有为经学思想之意义阐释

（一）康有为今文经学思想在近代具有重要的地位

1. 康有为所处的思想转型时代

晚清时期，随着国门被迫打开，西潮汹涌东来，中国在内忧外患的困境中艰难踏上近代化的征程。传统社会的知识分子，虽自谓秉承济世救民之情操，然而生当忧患破落之末世，胸怀救时情怀则往往需要"冒天下之大不韪"的勇气，独善其身与犯难救国之间，鲜有冒险勇进之人，而独开新境，引领风潮之士，更是凤毛麟角。然受时代感召，虽洵不多见，亦有先驱志士，外受西学启迪，内感苍生困苦，逆流勇进而首开风气。龚自珍首开经世之风，注重现实批判，萌发改革诉求；魏源撰写《海国图志》，系统译介西方知识；王韬著《弢园文录外编》，主张变法改革；薛福成作《筹洋刍议》，倡言维新图强；郑观应完成《盛世危言》，宣扬富强救国，发展商业以拯危于安；陈炽撰《庸书》内外百篇，《续富国策》，疾旧制之弊，言改革之宜。斯时的先进知识分子面临变局开始重新构建不同往昔的思考方向，千年绵续之传统文化在外来新知挟带着政治、经济、军事等诸多优势汹涌而至的时代潮流之中，面临着重述或变迁的时代使命。故曰"有一代之变，即有一代救变之学，天下之变无穷，而天下之学亦无穷。学术者，所以通时变而为用者也"①。

---

① 邓实：《明末四先生学说》，《国粹学报》第一册 1906 年第 15 期。

晚清是一个碰撞与变动的年代，更是一个思想文化巨变的时期。古学于此时复兴，西学于此间涌入，梁启超将清代学术概括为"以复古为解放"，同时又重"外来思想之吸收"①，斯时的思想家们在时代的流衍迁徙中，面临着今古相接的冲击，中西融会的涤荡。有些学者，或墨守传统或注目西方，独守一门径以应世；也有些思想家在传统与现代，古籍与新知的左冲右突中，博通总揽，综摄中西，呈现出非单线发展、多元多变的学术风格，如康有为当属后者之典型代表。

2. 康有为今文经学理论的学术地位

至康有为出现时，他对于传统的挑战与颠覆不再满足于细微的修正及缺漏的补足，而在于力求传统之颠覆。康有为以今文经学为思想武器加以改造利用，将公羊学与晚清的思想潮流、政治运动相关联，发表《新学伪经考》、《孔子改制考》（"两考"），引发思想界之大飓风席卷社会潮流，七次上书启戊戌变法之先声，从此意义观之，康有为以今文经学为思想利器，晚清诸经家无出其右。正是康氏的思想在中国近代政治思想史中无可回避之重要地位，学界对于康有为研究的争论也从未休止。康氏著述丰厚，思想广博而繁杂，既有光辉进步的方面，亦有晦暗倒退的地方，他在当世饱受争议，身后亦是褒贬不一。康有为思想理论的特点描绘了中国近代思想转型的一个侧面，其思想发展的轨迹关合着中国在动荡时局中近代化的历程，因此，康有为在中国近代政治思想发展过程中之重要性无可置否，然而，康氏理论体系庞大，思想广泛丰富，寻找切入点以期体察康有为思想之根基、管窥近代政治思想史发展之历程，是康有为思想研究中首当其冲的工作。

康有为，原名祖诒，字广厦、号长素，晚年自号天游化人。康有为出生于广东南海一士宦家庭，少时天赋异禀，博览群籍，然 1876 年应乡试不售，投于朱次琦门下，深受其"经世济人"之主张及"扫去汉宋之门户，而归宗于孔子"学说的影响，治《周礼》、《仪礼》、《尔雅》、《说文》、《水经》之学。但终日埋

① 梁启超：《清代学术概论》，广西师范大学出版社 2010 年版，第 12 页。

首故纸，康氏渐生烦厌之思："思考据家著书满家，如戴东原，究复何用？"① 他并不愿局限于做书斋中的思想家，从其字号观之可略得康氏欲得"广厦千万间"而能"大辟天下寒士"之宏愿。他在自编年谱中说，"为易于援救，故日日以救世为心，刻刻以救世为事，舍身命而为之"②。这俨然是康有为自述其"圣人"使命的热忱宣言，而当时的康氏困扰于旧学中无处觅得医治现世之良方，十分苦闷，终日"自以为圣人则欣然而笑，忽思苍生困苦则闷然而哭"，悲天悯人不能自已，于是只得"闭户谢友朋，静坐养心"③，最终辞朱次琦而另寻救世之道。1879年初冬，康有为游历香港，此次出行带给他不小的震撼，始知西人治国有法度，对西方的先进制度歆慕不已，赞叹道："览西人宫室之瑰丽，道路之整洁，巡捕之严密，乃始知西人治国有法度，不得以古旧之夷狄视之……购地球图，渐收西学之书，为讲西学之基矣"④。但是，此时康氏在治学目标上仍是模糊且困惑的，对于如何经世济事，学习西方的路径他依然在追寻中。1880年，康有为在自编年谱中写道："是岁，治经及公羊学，著《何氏纠谬》，专攻何劭公，既而自悟其非，焚去"⑤。当时康有为攻击东汉经学家何休的公羊学，但是后来自焚其稿，开始逐步接受以《公羊传》为代表的今文经学⑥。1888年，康

---

① 康有为著，楼宇烈整理：《康南海自编年谱（外二种）》，中华书局1992年版，第8页。

② 康有为著，楼宇烈整理：《康南海自编年谱（外二种）》，中华书局1992年版，第13页。

③ 康有为著，楼宇烈整理：《康南海自编年谱（外二种）》，中华书局1992年版，第8页。

④ 康有为著，楼宇烈整理：《康南海自编年谱（外二种）》，中华书局1992年版，第9页。此外，"1883年，购《万国公报》，大攻西学书，声、光、化、电、重学、各国史志、诸人游记皆涉焉"，"是时绝意于试事，专精学问，新识深思，妙语精理，俯读仰思，日渐大进"。

⑤ 有学者认为此真实性有待商榷，康有为为了回避与廖平的会晤及抄袭廖平"两篇"之嫌，而将治今文的时间提前。

⑥ 梁启超在《清代学术概论》中说："有为早年，酷好《周礼》，尝贯穿之著《政学通议》（'政'应为'教'），后见廖平所著书，乃尽弃其旧说"。辅证以《康南海自编年谱》，他早年确曾"酷好《周礼》"，"不信《公羊传》"。29岁时，"又著《教学通议》成，著《韵学厄言》既而弃之"。可见《教学通议》是诊视康有为与经今古文问题的重要著作，后文将通过对《教学通义》的阐论而审视康有为早期的思想。见梁启超：《清代学术概论》，广西师范大学出版社2010年版，第92页。

有为趁入京应试的机会，第一次向光绪皇帝上书，请求变法，提出"变成法，通下情，慎左右"三条纲领，但可惜大臣阻扰，不但无"吐哺握发"之周公，并且大多尸位素餐，格不上达，壅塞隔闭。上书不达回到广州时，康有为晤见了廖平，廖平是今文经学家，今文经学注重微言大义，主张通经致用。康有为深感从今文经学中能够汲取可资运用的思想进而议政。如此，康有为开始专宗今文，后发表"两考"，引发巨大社会影响，而今文经学也因康氏的援用而发挥了独特的时代意义。

康有为改造今文经学之中坚理论——公羊"三世说"与素王改制，意在致用，奠定维新的理论基础。康有为变法思想背后的经学基础是十分深厚的，其阐述今文经学立场的"两考"引发了巨大的社会影响，似"思想界之火山喷发"。他一生的思想学说都贯穿在与政治局势的纠缠之中，这是在大儒辈出、动荡危局中对传统的颠覆与创新，亦是传统知识分子应对西力冲击的回应与选择。本书的主题在于，一方面尝试理解晚清学者立足今文经学，寻求经典应对世变的同时，又以贯究西学以求救亡的思想路径；另一方面系统阐论康有为的经学思想以探寻康氏思想体系的根基与来源，作为研究其政治理论与实践的重要基础。

（二）康有为经学思想具有丰富的理论深意可探究

1. 康有为今文经学思想为其整体思想体系之根基

分析康氏的思想，虽理论体系庞大，但若要明晰结构脉络，则他的浩繁著述中有三部最具代表性，那就是 1891 年发表的《新学伪经考》，1898 年出版的《孔子改制考》，1902 年书写的《大同书》。在康有为构建的这个驳杂思想体系中，一为对传统封建枷锁的挣脱，二为对消逝已久的古典传统的梦想，三为对未来世界的乌托邦式设计。其中，前两部著作阐述了康氏的今文经学立场，尽管其中有一些理论颇具争议，但奠定了康氏后继理论的基础，铺陈了其哲学思想的主线。"二考"联系十分紧密，其核心就是康氏对儒家经典的重新诠释和解读：辨伪古经，破除根基；托古改制，开辟新境。因而，前两部著作是康氏经学研究的理论基础和成果展现。《大同书》等后期思想则侧重于对未来社会的设计蓝图。康有为对自己所构建之儒学理论的建设和推崇是十分坚持的，但是其理论体系的不一致性也往往使自己陷入难自圆其说和前后矛盾的尴尬境地。这些前后不一甚至冲突相悖的理论伴随着动荡时局的不断变化，反映出康氏思想发展的不同阶段和面貌。"同任何新的学说一样，它必须首先从已有的思想材料出发"①。厘清梳理康氏思想体系不能一概而论，康氏思想的复杂性和矛盾性造成了廓清其理论思想体系的困境，但同时也提示了此种思路和线索：寻找其思想主线与理论基础是全面研究康氏思想体系的关键。

综观其理论体系，一方面，康氏虽然基于孔子改制而托古变法被其高足梁启超评价为"用公羊学变法第一人"，然而不论尊孔为圣，立儒为教，或是后来托古改制，其最本初的思想和理论基础便是其今文经学思想。另一方面，康氏变法维新的政治诉求与举措是以理论为支撑和先导的，而作为思想武器的今文经学理论便具有了不同的意蕴和功能，可以说，今文经学正是其"积累的思想资料"。因而，李泽厚说，"康氏九十年代在士大夫知识分子中竭力宣传而弄得满城风雨的'托古改制'的学术理论，其实质也是如此，这种学术活动是为了在理论上论证变法运动的合乎'圣人之道'"②。康氏经学思想为其变法思想的基础，从康有为今文经学的视野出发，一定程度上为管窥康有为整个思想体系提供了角度，他的思想意义和理论发展的轨迹也能够更加充分地展现出来。

康有为的经学思想具有三个特点或趋势：一是《公羊传》微言大义学说之继承，二是西方进化论和古代变易思想的援入，三是经世致用精神的不断强化③。客观而言，他的思想远接千年传统之儒学文化，近乘龚自珍、魏源等改革理论，将新旧交替、中西碰撞之中的学说与思想整合利用，表达自己的改革要求和理想，并自成体系。他的理论学说中确实有饱受后世争议的"强历史以就我"的主观武断，有逻辑上的荒谬怪异，经不起历史的验证和沉淀，但却在

① 《马克思恩格斯全集》第 26 卷，人民出版社 2014 年版，第 19 页。
② 李泽厚：《中国近代思想史论》，人民出版社 1979 年版，第 94 页。
③ 李文义：《康有为经世思想及其特点》，《齐鲁学刊》1992 年第 6 期。

那个时代影响和激励了一大群志士仁人学习西方，抨击时弊，投身改革。康氏的理论体系和学术特点甚至成为当时一种独特的思想范式，康有为广解群经，但既不严守今文家法，又不尽依公羊典范，而多取合其用之说。康有为虽为今文学派，列汉学门墙，却将古文经指斥为伪经，其真正目的不在于经学门户之争而在救世，经学思想与其说是目的，不如说是手段，康氏的思想体系中，难取汉宋门户之分，中西文化之别，而更好"合我所用"之效。

尽管如此，康有为仍是一名儒士，他以今文经学思想自命并无不当，只是康氏的经学思想吸收比附西学新知，甚少门户家法之藩篱。他改造利用经学以应世，但不避讳西学、子学、佛学中合乎己用的内容，不是传统意义上的儒士，并未囿于严格的儒家门户之隔。当然，毋庸讳言的是在强烈政治目的驱使下，康氏以己解经，强历史以就我的主观武断造成了其在学术意义上的局限性。康有为虽然指斥乾嘉学派埋首故纸，不问世事，专尚考据的学风，但是在《新学伪经考》中既然名为"考"证，则沿用了清代考据之形式，其后发表的《孔子改制考》亦是如此。值得注意的是，康氏虽以考据为形式，实则并未承袭考据之学严谨深刻的治学风气。钱穆曾批评康氏治经曰："伪经考所持，为事理之万不通者尚多，论大体亦无是处。昔全谢山谓毛西河著书，伪造证据，然毛书固多可传，不如长素抹杀一切，强辩曲解，徒乱后生耳目也。方植之有言：'考证学衰，陆王将兴。'若康、廖之治经，皆先立一见，然后搅扰经书以就我，不啻'六经皆我注脚'矣，此可谓之'考证学中之陆王'。而考证遂陷绝境，不得不坠地而尽矣"[1]。康氏考证辨伪的真正目的并非力图治经传道，而真意在于籍经术以乔饰其政论，采用考辨的形式可以示人以"言必有据"之表象，而掩其辨伪实则为政治目的服务之本意。康有为治经路径、经学思想与其生平志业紧密相关，他考证经典真伪的《新学伪经考》，与其说是文献考证，不如说是其思想的发挥和阐论，考证是其阐述主旨目的的手段抑或说表达形式，如果抛却康氏的思想意蕴与政治诉求，只问考证的过程与结论，难免断定其考证过程武

---

[1] 钱穆：《中国近三百年学术史》下册，商务印书馆 1997 年版，第 723 页。

断曲解，但若置于其思想框架及背景语境之中，则更能彰显旨趣，考其原意。

2. 康氏经学思想作为评价康有为思想的一个重要角度

思想学说固然仅是历史的一部分，但思想可以反映历史又影响历史，儒家的经学思想及经世趋向既包括哲学与学术思想，又包括政治思想、社会思想、礼俗思想、教育思想等与现实息息相关的思想因素①。康有为的思想具有鲜明的时代特征与自身特性，但由于其本身具有的复杂性而在进行价值评断时难以全面客观。如今回望历史，苛责古人思想的意义不大，然而究竟应当如何客观评价康氏的思想内容及历史作用？康氏究竟是旧时代的卫道者还是新时期的开创人？是作伪者还是真正的儒者？对于这些问题的回答，都应当回到康有为的经学思想视野，以根基而得窥全貌更得真章。

有学者认为康有为并非旧时代的殿军，而是新时代的开拓者②，他对于传统思想的破坏可谓空前之大，康有为较其之前的寻求革新者而言，他直接触及传统思想的主流——儒家思想，并以充满传统道德色彩的经学为用，对传统思想产生了翻天覆地的后果。康有为认为孔子并非历史文献的整理者，而是一位提倡变法改制的变革者，他认为秦焚书坑儒但六经未尝亡缺，试图将儒家经典由一堆故纸改造成一套系统规划、服务现实目的的政治哲学。肯定地说，他的思想是大儒辈出、动荡危局中对传统的颠覆与创新，亦是传统知识分子应对西力冲击的回应与选择。但是，康有为一则意欲推倒重建，倾覆君主专制，宣扬西方理论。一则力图保全儒家，将传统教化观念嵌入西学之框架，试图以"旧瓶装新酒"。康氏执其两端却深陷理论困境，正是由于他犯了这样的错误：推倒君主专制，则作为官方政治哲学的儒家失去了制度保障之根源；而以西方学说之知识改造利用传统儒学之框架，则改变了儒学的原本风貌。中国近代思想中的传统知识在向现代发展的蜿蜒路径上，面临着一次次的重新解读和使用，这些来自时代的诠释使它获取了活力，同时也改变了风貌，失去了根基③。从

---

① 郭汉民：《晚清社会思潮研究》，中国社会科学出版社 2002 年版，第 7 页。

② 汪荣祖：《康有为论》，中华书局 2006 年版，第 97 页。

③ 王绍玺：《中国学术思潮史》，上海社会科学出版社 2006 年版，第 19 页。

这个意义上而言，康氏竭力会通孔子与西方的尝试并未成功。可以说，康氏的思想在杂糅了中西思想、古今理念后，学术上缺乏考据之踏实、精细之学风；政治上尊教复古以变法改制难脱为皇权专制洗白之嫌疑，一为守旧的顽固派所激烈抨击，二为坚定的革命派所鄙夷不屑。但同时，又不得不承认，虽然康氏思想学习西学而诠释儒家经典的学术特点在当时饱受争议，但争议之激烈愈显影响之深广，这一学术范式可谓其在中国近代化进程中投石问路之举，如掷入湖心的石子激起层层之涟漪。

总之，对于一个特定时代而言，评价某种思想是否仍然具备活力在于应当"端视它能否有效地关联呼应当代的境况"①，诚然，一门学问自说自话，不关心时代境况易于陷入窄小狭仄之局。当然，康有为意图以西方之新知为当时受到挑战的孔学维系根基的种种改造利用的努力难以避免这样的困境：传统儒学在参与现代的境况时，当解经者是立足于现实状况的问题之解决而求诸六经时，六经本身也就丧失了自身之独特性或立论之根本性，反而是被当时的境况所决定和影响了。康有为看似选择了一条合乎时境的概念工具（儒学）来宣扬思想，实际上这种状况对于任何时代的经学家都是难以掌控的，康有为也正是由于难以把握两种异质思想体系转换间的分际而陷于此种理论困境。在古代思想发展的悠久脉络中，经世思想是重要的一支，今文经学家在通经以致用的目标之下，往往寻求在经典理论与时代境遇相联系的过程中过度解读，甚至歪曲诡辩历史以就我，违背客观求真之精神②。康有为的经学思想当中正显露出明显的此种倾向，为了将经典中启示的讯息与

---

① 王汎森：《中国近代思想与学术的系谱》，吉林出版集团2011年版，第112页。
② 章太炎批评常州学派："人虽多，而学术精良者少。"对于龚、魏等今文经学家援用经义，针砭时弊的治经路径颇为不屑："魏源、龚自珍，乃所谓伪体者也。源故不学，惟善说满洲故事，晚乃颠倒《诗》、《书》，以钓名声，凌乱无序，小学尤疏谬，诩诩自高，以微言大义在是，其持论或中时弊，然往往近怪迂。自珍承其外祖之学，又多交经术士，其识源流，通条理，非源之侪，然大氐[抵]剽窃成说，无自得者。"章炳麟对康有为更是贬斥："鄙人少年本治朴学，亦唯专信古文经典，与长素辈为道背弛"。见章炳麟：《与柳诒徵论学书》，载章炳麟著，汤志钧编：《章太炎政论选集》，中华书局1977年版，第764页。

自身的学说理论和政治活动相关联，按照自己的主观意愿支配经典，视儒学为宣扬个人思想的理论工具。但是历史中思想发展的轨迹并非人们主观支配的清晰主线，由于时代际会，政治动荡等诸因素影响，往往呈现出不同的现象与结果，康有为为"吸纳西学"和"尊孔复古"而怀疑证伪整个上古史，同样，他的疑古思潮被不同层面的人利用，最终尊孔意图被全部舍弃，而至后来发展成一场与康有为本意全然背道而驰的纯粹反传统运动。萧公权评价说："他在怀疑古文经非真之余，无意间洞开了怀疑整个儒学传统的大门"①。

（三）康有为今文经学思想具有深刻的政治影响

1. 清末经学复兴和今文经学的异军突起

从学术脉络而言，今文经学自西汉起初兴，而后逐渐式微，直至清代中叶又显蓬勃复燃之势。公羊学说是今文经学的核心内容和中坚理论，《公羊传》是解释《春秋》之作，而历代对《公羊传》的再诠释与《公羊传》对《春秋》的解释一起构成了所说的公羊学。邓实概括道咸之世的今文学曰："今文者，《易》施氏、梁邱氏、京氏，《尚书》伏生、欧阳、大小夏侯，《诗》齐、鲁、韩三家，《春秋》公羊，而诋斥《周官》、《毛诗》、费氏《易》、《左氏春秋》马、郑、《尚书》，而其大体以公羊为主。谓孔子之道在六经，六经之作惟《春秋》，春秋之传在公羊，公羊亲受子夏口说之传，得闻圣人之微言大义"②。嘉庆以后，笼罩于康乾之盛世余晖中的社会貌似平和如旧，实则暗潮涌动，危机初露，学术风向在政治与社会的双重作用下发生转换偏移。清中期，以"经世致用"为主旨大意的今文经学逐步成为清代学术的中心，破除乾嘉门面的考据之专，叛离通经解经的治学路径，而代之以经世致用的务实风气。公羊学的再度兴盛标志着清今文经学复兴，常州学派的庄存与、孔广森开创清代今文经学传统，公羊学初现回暖之势，其后，龚自珍、魏源为代表通《公羊》以经世致用，经学

---

① ［美］萧公权：《康有为思想研究》，汪荣祖译，新星出版社 2005 年版，第 85 页。

② 邓实：《国学今论》，《国粹学报》第一册 1905 年第 4 期。

成为他们针砭时弊的思想资源，至康有为时期利用《公羊》，成为晚清变法中的理论工具。

今文经学的《公羊》研究有两波风潮，一则为两汉今文经学初兴，一则为清代公羊研究复兴。其间今文经学沉寂千年，直至晚清在时代变局中又呈勃然复兴之势。西汉时期，董仲舒为维护封建大一统而将儒家作为政治哲学，经术援用为政术。清末自龚自珍、魏源始，儒者治经不安囿于考据之中，以儒家经义拨正世道，济世议政成为他们的治学目标。至康有为，他深谙《公羊》经世之意旨，推演共内外，大一统，存三统，张三世之理念，将公羊家通经致用的精神内核深化为政治变革之依据，为其倡导维新变法，立孔为教，大同世界奠定基础。

2. 康氏经学思想是变法的理论基础

从发展历程来看，它初兴于西汉之际时，董仲舒便将其奉为治国之"儒术"，因而经学自萌发之初就具有强烈的政治性，而它在清代的复兴则显示出更强的政治意蕴和鲜明时代特征，可以说，今文经学在清末的复兴是由于时代转换之激变，中西文化之碰撞，自身理论之特性等诸多因素作用下的产物，具体而言：

一方面，综观历史背景，鸦片战争后，清王朝面临外患内忧，统治日益腐朽，社会矛盾空前激化，内外交困、民生艰难的时境使得当时的先进人士开始从传统沉闷的"记诵之学"、"由声音、文字以求训诂，由训诂以寻义理"① 中挣脱出来，他们发现时代困境提出的严峻课题，既无法从相沿千年的圣贤之道中寻求解决之道，亦非考据等方式所能及也。对于救世之道的追寻和探求成为那个时代赋予的紧迫使命。

另一方面，以学术研究而论，中国的思想文化在近代化的进程中始终呈现被动之态势，更在时代裹挟前进的潮流中面临着巨大的冲击，通经不单为治学，在某种意义上，成为儒者承旧启新，接古载今的媒介 ②。

---

① （清）周中孚，黄曙辉、印晓峰标校：《郑堂读书记》，上海书店出版社 2009 年版，第 979 页。
② 冯天瑜：《晚清经世实学》，上海社会科学院出版社 2002 年版，第 68 页。

　　最后，从内部因素而言，今文经学本身具备的独特性满足了时代使命之需求。今文经学的核心义理"三世说"与"素王改制论"经过利用与改造最易成为变法的理论先导和工具，通过调适与回应，今文经学作为一种儒学的诠释学，在清朝中期复兴后，再次通过三统三世、内外及改制等经学主题试图回应并协调历史情境变化与儒学原典之间的紧张关系，试图通过将新的社会组织关系纳入经学视野中的努力，重新追寻和构建儒学"万世之法"的地位。今文经学在晚清时代的确已突破通经解义的学术范畴，而是构建出一具庞大的能够囊括各种政治理论和知识体系的基本框架①。龚自珍、魏源等今文学家的努力，在于对专尚考据之学风的扬弃和对现实政治的关注，而康有为的努力则在于他在公羊学的框架内吸收容纳各种西学知识并使之融为一体。

　　总之，清代中期异军突起的今文经学，其复兴和变化是对复杂政治生活和激荡时局变动所做出的回应，从此种意义而言，清代今文经学的复兴具有独特的时代意义。今文经学家在经学视野中寻求依据与来源，同时接纳填充新的知识，拓展出一系列应对王朝内外问题的理论，从而应对新的历史条件下的变法改革。康有为则将此经世之风习发挥到致用，将其作为思想武器与政治活动紧密关联。

　　今文经学在中国近代化的过程中地位独特而复杂，今文学家在改学问闭塞自满之风气，忧家国形势之疮痍方面较乾嘉诸老则可谓远迈一步。晚清的今文经学复兴，在学术史上而言，可说是对主流思想的悖逆；从社会发展的角度而言，则是顺应社会思潮的发展。但是，即便是助康有为编订"两考"的学生梁启超都批评今文学家至康有为时期"多狂热不可压制"，此时学界之中枢转移为"外来思想的吸受"，虽以旺盛迸发之势呈现，但有两大毛病："一是混乱，二是肤浅"②。康有为将经学思想中充填了西方知识的异质内核，使儒学框架作为一种理论工具只为"致用"，也就难以避免此般困境：阔大肤浅之空论，浮

---

① 汪晖：《现代中国思想的兴起》，生活·读书·新知三联书店2008年版，第782页。

② 梁启超：《中国近三百年学术史》，东方出版社2004年版，第32页。

夸妄断之学风。因而，今文经学的复兴既有推动社会发展之时代意义，又有不可忽视的历史局限性。

二、康有为思想体系中今文经学之价值

（一）管窥晚清时期今文经学的历史意义

从春秋末期开始，学术思潮的迭起涌动绵延两千多年，连缀成一条学术思想发展的历史长链，体现着知识群体对社会政治的现实关怀和理想诉求。汉王朝建立后，汉武帝推行"罢黜百家，独尊儒术"的政策，疏解儒学经典成为学术主流，一时间，狂热的注疏儒学典籍之风气将儒家原始文本研究推向极致，经学思潮兴起。然而，至东汉时期，随着儒生将啃读文本作为唯一功课，"经世致用"终而失去其精神，日渐迂腐守旧，东汉灭亡，始终与政治紧紧捆在一起的经学之命运也同时衰落。清代汉学家依然固守诸经疏解之道，而于天下国家置若罔闻，宋学家方东树曾经批评清儒道："毕世治经，无壹言几于道，无壹念及于用，以为经之事尽于此耳。其生也勤，其死也虚，其求在外使人狂，使人昏荡"[1]。他鄙薄考据家只为学术社群名声，枉顾家国天下的学风，说考据家们实则为汉儒破碎之学问，批评其路子越走越窄，渐远社会现实之趋势。随着时代局势之变动渐起，道光、咸丰以后的今文经学家，着意阐释儒家经典的微言大义，继而倡导变法、盛谈改制，从经学内部寻求救亡图存的路径，今文经学开始成为清代学术思想中最为活跃的思潮。

随着西方思想在中国的输入和传播，中国传统学术为了救亡图存开始踏入一条新路。康有为以经世致用为指引，以今文经学为资源，立足于经学之旧学根基之上而接受吸收西方新知，从某种意义而言，此种思想范式是为了倡导现实政治秩序变革而对旧学进行的一种扬弃。因而，康有为所代表的一类理论范

---

[1] 方东树：《汉学商兑重序》，《汉学师承记（外二种）》，生活·读书·新知三联书店 1998 年版，第 411 页。

式一定程度上体现了中国传统文化在回应西学碰撞之初的状况。康有为变革经学的思想则是以改造利用传统经学之外壳，内熔西方文化之内核，穿凿中西以求维新之实现，突破了洋务派"中体西用"的模式。因此，今文经学的复兴至康有为以此作为变法改革的思想武器始，便与时代潮流、政治时局更为紧密的相关为一体。有学者将这种现象描述为"两千年前汉代王朝中炽热的封建文化的今古经文化之争，居然在晚清死灰复燃，回光返照，正是这种特定时代下出现的奇观"①。

回望清代今文经学的复兴过程，其变化呈现出阶段性特征，发轫之时，以庄存与、刘逢禄为代表的今文学家以"内外例"和"讥世卿"为主要议题，关注的是王朝内部问题。龚自珍和魏源则"相与指天画地，规天下大计"②，从古经考证与思辨转向危机四伏的现实社会与斑斓陌生的外部世界。而在兴盛阶段，也正是西学汹涌东来的鼎盛阶段③，葛兆光先生评价此阶段为："除了佛教进入中国那一次以外，外来文明对于中国知识、思想与信仰世界的震撼，始终并不是很大，直到明清两代西洋知识、思想与信仰逐渐有一个加速度进入中国，中国才又一次真正受到了根本性的文化震撼"④。面对西学冲击，康有为则需要将西方知识包容于儒学的内部框架之内，他对于今文经学的改造与利用正是其努力的方向。但是，如果无法在儒学内部发现这一能够完成此任务的框架，则儒学便无法实现创新或转型，康有为的今文经学思想正是在最后一阶段中遭遇了此种理论困境。康有为的努力尽管在一定程度上完成了以儒学为框架，吸纳西学，兼采并包融为一体的形式，但是，就实质而言，改头换貌的传统经学的框架在康氏的努力下仍然无法包裹现代西学知识的内瓤，儒学在此节点上实现儒学应对社会变迁的蓝图并未如愿呈现出来，最终，儒学无力改变没

---

① 李泽厚：《中国近代思想史论》，人民出版社 1979 年版，第 362 页。

② 梁启超：《清代学术概论》，广西师范大学出版社 2010 年版，第 90 页。

③ 晚清学人邓实所说："于是而求西学，尊西人若帝天，视西籍如神圣；方言之学堂、翻译之会社，如云而起。"见邓实：《国学讲习记》，《国粹学报》第一册 1906 年第 19 期。

④ 葛兆光：《中国思想史》第二卷，复旦大学出版社 2001 年版，第 328 页。

落的命运。汪晖指出："清代公羊理论通过一系列复杂的义例阐释王朝的法律、礼仪和文化制度，在尊重历史演变与寻觅微言大义之间构成张力，为清王朝的政治实践提供了较为完善的理论"[1]。既然今文经学自复兴时起就具有强烈的政治意蕴与时代特征，那么观察它的意义就无法局限于学术史的角度，而应当置于社会政治背景中考量。

此外，"今文学运动之中心，曰南海康有为"[2]，康有为将公羊学与晚清的思想潮流、政治运动相关联，康有为的经世济事之举，并非局限于政治批判，他的政治参与过程是一个由计划完善到付诸实践的完整过程。因此，以康有为的经学思想为切入点，以此典型范例为依托，更能了解与反思晚清变局中今文经学复兴的时代意义与历史价值。

（二）发掘康有为经学思想的理论内核

清代的学者无出两类，或博约，或专家。前者贯通百家，不囿于门户师说；后者穷其力而专一经之深究。康有为的学术思想则可谓穿凿中西，附会古今，学术理路谓之多元。学术界有此种共识：康有为引入吸收西方文化之精髓，整合传统文化的知识结构和理论依据以阐释接受外来文化，最终形成其融会中西的思想体系[3]。在确立这一基本共识的基础上，问题还在于，康有为的思想体系中是通过何种方式会通中西古今之学于一体的？康有为改造和发展传统文化与阐释和接受西方文化的关系应怎样理解？康有为思想中的这一特点具有怎样的时代意义？这些问题的提出和解决对于深入其思想体系中理清康有为中西新旧之学的思路具有基础性的意义。

首先，从个人背景来看，儒学根基深厚的康有为，在接触西方思想之后，意欲发挥改造以阐释西学，最为切实有效且量体合身的方式即是以中学修养为根基，通观康氏后来思想的发展脉络，发端于传统文化之中的影响十分深远。

---

① 汪晖：《现代中国思想的兴起》，生活·读书·新知三联书店 2008 年版，第 602 页。

② 梁启超：《清代学术概论》，广西师范大学出版社 2010 年版，第 92 页。

③ 张岂之：《中国思想学说史》，广西师范大学出版社 2008 年版，第 775 页。

换言之，只有对康氏思想进行探源溯流的追问，才能在掌握他理论体系的关键与内核之基础上，理清康氏思想之概貌。

其次，从社会背景而言，清代今文经学思潮的复兴下，晚清的社会现实、动荡时态不断向传统儒学发出问题，甚至是挑战。康有为所做的工作很多正是围绕着如何替孔学回答晚清社会现实的质疑与挑战，他们将西学的知识注入孔子的躯壳之中，以异质思想充实传统儒学体系之框架，孔子学说成为可以实现其政治目的而填充的空壳。因而，汪晖认为，"从政治理论的角度，（现实政治亟待解决的）这些问题都可以在今文经学的理论范畴内获得解释"①。康氏思想以外夷之知识接中华千载之传统，将西学先进之理念与儒家经典义理融汇于一炉。他的这一特点虽可谓典型，但亦非独树一帜，在一定程度上代表了清末风气首开后西学思潮翻涌，变法图强之呼声水涨船高的时代背景下一股应运而生的思潮。盖传统观念之根深蒂固难一日改之，在此束缚下汲取西学的路径往往以西学之知识附会儒学经义，所谓"不中不西即中即西"②。

第三，康有为思想的复杂性在于他既积极推崇西学，又坚决守护中学，既主动构建新学，又热心宣扬复古。这究竟是康有为独特逻辑内对不同知识体系的吐故纳新，整合兼采？还是康有为力图实现其政治诉求和目的而出现的左右摇摆，前后不一？这些疑问都体现出康有为思想体系中所充斥的矛盾性与冲突性。然而，康有为思想的矛盾性也代表了康氏所处时代的冲突矛盾，面对西学的冲击，当时的传统知识群体在吸纳西学，翻造旧学的过程中必然遭遇这一来自时代的冲突境况之挑战。在中西新旧矛盾冲突之中，康有为思想发展的状况难免出现摇摆矛盾之态势。对于康有为思想体系的矛盾性，萧公权认为康有为思想虽呈现出矛盾性，但实际并不冲突，而是伴随着其对于中学思考的深入和对西学研究的推进而逐步发展所致③。康有为思想的复杂性也正显示出他所独有的学术思想脉络，代表了那个时代一种典型的思想范式，才会在学界产生巨

① 汪晖：《现代中国思想的兴起》，生活·读书·新知三联书店 2008 年版，第 783 页。

② 梁启超：《清代学术概论》，广西师范大学出版社 2010 年版，第 117 页。

③ ［美］萧公权：《康有为思想研究》，汪荣祖译，新星出版社 2005 年版，第 51 页。

大的影响，值得深入理解和研究。

（三）力求客观评价康氏辨伪古经并改造今文经学的历史作用

通过分析康有为不同阶段的思想可以发现，康有为早期形成的思想影响深远，其后期思想多传承于他三十岁前完成的思想雏形[①]，终其毕生思想，虽有改变，但未脱初期思想之藩篱，唯有不同阶段不同层次中呈现之变化。康有为挑战传统格局的变法维新之举，多根源于其早期的今文经学思想。经学思想是其基础理论，而其后继的托古改制、维新变法则发端于此，因而，廓清康有为经学思想对于厘清其与之其他思想的关系意义甚大。

康有为的政治思想体系本身显现出强烈的冲突性，康氏既极端尊崇孔子，又激烈拒斥儒家的正统解释，他是忠于经学的卫道夫还是"貌孔心夷"的儒家异类？是西学冲击下的挽中华文化绝续之颓势的儒者还是为实现自己政治目的自比孔子改制变法的野心家？在对于康氏思想的研究中这些疑问争论始终存在。如何客观公允地研究康氏的思想理论，既不夸大溢美之词，又不妄加贬义之责是评价康氏思想的应有之立场。康氏的经学思想的理论贡献饱受质疑，但《左传·襄公二十四年》曰："太上有立德，其次有立功，其次有立言，虽久不废，此之谓不朽"。对于康有为的全面评价不只在于他的立言，他戊戌变法之立功也值得探究。有人谓康氏盗戊戌变法之空名，但是他以一介书生之力，直言上书皇帝，此举激励仁人志士，他的理论一时鼓动风潮，为变法维新造势。

康有为以经论政的两部著作《新学伪经考》、《孔子改制考》，正是维新变法的舆论准备和理论工具。他首开风气吸纳西学先进思想的进取态度，锐意改革变法维新的政治影响是不可否认的。在康有为之前，一些先进的知识分子已经开始向传统思想提出质疑，倡言观念之革新和摹效西方之举措，但鲜有人触及传统思想之主脉——儒学以及充满传统道德色彩的经学。康氏娴谙经学，在接触西学之后开始重诂儒学，对传统思想发出撼动之程度，单从社会影响上足

---

① 汪荣祖：《康有为论》，中华书局 2006 年版，第 29 页。

可见一斑。毋庸置疑，康有为是一个从中国传统文化营垒中走出来的知识分子，但又是挑战传统与悖逆主流的学者，"只有挑战格局的人才能成为大师，只有挑战格局的人多了，才能成为大师辈出的时代"①。正如李泽厚在《中国现代思想史论》的"后记"中评论道："在这个近百年六代知识者的思想旅程中，康有为（第一代）、鲁迅（第二代）、毛泽东（第三代），大概是最重要的三位，无论是就在历史上所起的作用说，或者就思想自身的敏锐、广阔、原创性和复杂度说，或者就思想与个性合为一体从而具有独特的人格特征说，都如此。也正是这三点的综合，使他们成为中国近现代思想史上的最大人物"②。

三、经学的基础概念诠释

（一）经和经学释义

经最初是指连缀书札间的丝线。《说文解字》："经，织从丝也"。孔子修订六经皆书于策，众札之间，必有物连缀，始便翻诵，或用韦，或用丝，而丝之用尤便于韦，故因丝而得经名"③。自秦以降，儒学成为学术主流后，"经"逐渐具有了标榜儒家圣人之言、永恒至上真理的引申意义。如王充《论衡》曰："圣人作其经"。张华《博物志》曰："圣人制作曰经"。"后世以来，以六经先王之旧典也乃训经为法。六经为尽人所共习也乃训经为常，此皆经字后起之义也"④。"经"也有引申为法典和纲常规范之用，如班固《白虎通义》以五经配五常，训经为常，此处的经具有规范、规则的含义。相应地，经学是指以"经"为治学对象和研究范围，以"注解经书"为要义的一门系统学术⑤。由秦汉至明清的两千年间，人们的思想与行为、社会的政治与风习"皆不能出其轨范"。

---

① 李零：《花间一壶酒》，同心出版社 2005 年版，第 345 页。

② 李泽厚：《中国现代思想史论》，天津社会科学院出版社 2003 年版，第 340 页。

③ 范文澜：《群经概论》，《范文澜全集》，河北教育出版社 2002 年版，第 1 页。

④ 刘师培：《经学教科书》，吉林人民出版社 2013 年版，第 2 页。

⑤ 周予同著，朱维铮编：《周予同经学史论著选集》，上海人民出版社 1996 年版，第 841 页。

两千年间，学术风向屡有变化，派别因之衍生，然究其"中心则莫之能异"而不离经学之范畴，经学对中国传统社会与学术影响深远。

（二）今文经学与古文经学

今文经和古文经是儒家典籍的不同统绪，今文经是指汉代学者所传述的儒家经籍，战国以来靠儒士传授承续，至汉代成本，以隶书记录，而无先秦刻本。古文经则是指汉代在孔宅壁中发现的儒家典籍，用先秦篆文书写，汉代儒士加以训释的先秦儒家典籍。西汉时，经学开始成为官方学术系统，经学典籍基本齐备，而考其出处有三：一为故老传授，二则出自孔子旧宅，三是来源民间。三处得来的经学典籍因文字的不同有两个版本，一则以秦末隶书书写，谓之"今文"；一则以先秦篆文书写，谓之"古文"。当时的六经典籍有古文经、今文经两种版本，但汉武帝设置五经博士之时，得以立于官学的皆为今文而非古文。西汉时期虽然独尊儒家，但是经历战乱频发、历史迁延后，先前所传的典籍残缺不全，所载的典章制度也是有所缺漏。汉儒为研究古典典籍，解决真伪莫辨、典籍不全的情况，逐渐发展出校勘、目录、训诂、辨伪等学问以复原经典。但是经典的意义并不能够通过考证的方法而实现统一，对于经典的解释出现了不同的系统，儒家内部师法、家法之争由是而起①。"两汉时期，经学有古文今文之分，今文家言多经术饰吏治又详于礼制喜言灾异五行，古文家言详于训诂穷声音文字之原，各有偏长不可诬也"②。

具体而言，西汉今文经学派产生于西汉初年，在大儒董仲舒的力倡下为汉武帝所推崇，实现大兴③。随着历史迁延，今文学衰落，"后来因为古文学派的暴兴，及郑玄、王肃等的混淆家法，遂渐渐的衰落。延到曹魏、西晋，因为政

---

① 蒋国保：《汉儒之"师法"、"家法"考》，《中山大学学报（社会科学版）》2011 年第 3 期。

② 刘师培：《经学教科书》，吉林人民出版社 2013 年版，第 1 页。

③ 于语和：《汉代经学与法律》，《南开学报》1997 年第 7 期。

乱及胡祸的过烈，连仅存的章句传说也多随兵燹而亡佚"①。清代中叶，由于社会政治、文化的变化，一些新的学术思潮逐渐兴起，在诸多背景缘由的汇合之下，"于是这骸骨似的今文学忽然复活，居然在学术界有挡者披靡之象"②。清代中叶今文经学的勃然复兴蕴含着深刻的政治内涵和历史原因，有必要进行一些分析，进而了解康有为今文经学思想产生的背景。东汉古文经学派的产生晚于今文经学，西汉末年，刘歆为政治需要攻击今文经，宣扬古文经，东汉王莽摄政后，古文经得以兴盛。古文经学对于后学影响可谓深远悠长："南北学，隋唐义疏派，虽虚实繁简不尽相同，但其立场多立于古文学，则初无二致"③，随着古文经学逐渐为人们所接受，至"元明中叶，王阳明学派流于虚妄，加之清代思想压迫政策的实现，顾炎武提出'舍经学无理学'之论断，清代三百年学术界的权威，遂为这一派独占，所谓以惠栋为领袖的吴派及以戴震为领袖的皖派，都与东汉古文学派有血统关系"④。古文经学影响深远，甚至近代以来的文字学、语音学及考证学等方面，虽然大部分受西方学术思想及架构影响而建立，但是其中也继承了古文经学的遗产。东汉后期，今文经学与古文经学之间"师法"与"家法"的藩篱逐渐突破，贾逵、马融治经主张"混淆今古"，郑玄将贾逵、马融开创的"混淆经今古文学"的治学方法推进为"编注群经而混淆家法"⑤。《后汉书·郑玄传》记载："时任城何休好《公羊》学，遂著《公羊墨守》、《左氏膏肓》、《谷梁废疾》；玄乃发《墨守》，针《膏肓》，起《废疾》。休见而叹曰：'康成入吾室，操吾矛以伐我乎！'"⑥"汉儒治《春秋》者，古学与今学互相攻击，如水火之不相容，凿柄之不相入，郑君起而折中之，从古学用《左氏》说，

①　周予同：《群经概论》，岳麓书社 2011 年版，第 12 页。

②　周予同：《群经概论》，岳麓书社 2011 年版，第 12 页。

③　周予同著，朱维铮编校：《经学和经学史》，中华书局 2011 年版，第 2 页。

④　周予同著，朱维铮编校：《经学和经学史》，中华书局 2011 年版，第 2 页。

⑤　康有为：《新学伪经考》，中华书局 2012 年版，第 2 页。康有为在《新学伪经考》中指斥郑玄"混同古今家法"，为刘歆伪经余绪。

⑥　（南朝）范晔：《后汉书》卷 35《张曹郑列传·郑玄传》，中华书局 1959 年版，第 1207 页。

从今学用《公羊》说"①。郑玄在撰写《发墨守》、《针膏肓》、《起废疾》三部书时，详细研究今文经学，力图使《春秋》三传的大义互为补充，相互贯通，由此，今古文此前家法林立的局面进一步打破②。

学界普遍认为，今文经派与古文经派的区别主要体现在三个方面：一则从具体的承载形式上来说，表现为记载文字的差异；二则从治经旨趣上来说，今文经家言"微言大义"，古文经家则重"训诂名物"；三则从观点上而言，古文经家主张"六经皆史"，视孔子为"述而不作，信而好古"的圣人。而今文经学家则认为前代的史料经过孔子的整理加工，已具有新的内涵，孔子不是史料的保存者，而是阐释"微言大义"的哲学家和"托古改制"的政治家。换言之，古文学家将孔子作为史学家，尊其为先师，而今文学家则以孔子为政治家，奉其为"素王"，他们都尊信孔子，但角度和方式却大相径庭。具体说来，经学中的今古文之争形成了从传统到流派的两大对垒阵营。经学传统表现为今文经学的"经世致用"与古文经学的"考证训诂"两大涵盖了经学思维方式、治学理念、学术旨趣和价值取向之不同的体系。经学内部的两大学术价值体系的框架结构并非空有形式之别，而是蕴含有丰富范畴、命题和学术方法论。具体而言，在经学传统上，古文经学就价值体系而言影响了"汉学"（与"宋学"相对的概念）传统的产生③。今文经学则注重探求义理和经世致用，今文经家的治经之道中浸染着深深的人文关怀与忧患意识，关注现实政治与苍生社稷，以

① （清）江藩：《隶经文》卷二，《续修四库全书》，转引自张宏锋：《江藩文笺注》，硕士学位论文，辽宁师范大学中国古典文献学，2017年，第34页。

② （南朝）范晔：《后汉书》卷35《张曹郑列传·郑玄传》，中华书局1959年版，第1212页。《张曹郑列传·郑玄传》记载："自秦焚《六经》，圣文埃灭。汉兴，诸儒颇修艺文；及东京，学者亦各名家。而守文之徒，滞固所禀，异端纷纭，互相诡激，遂令经有数家，家有数说，章句多者或乃百余万言，学徒劳而少功，后生疑而莫正。郑玄括囊大典，网罗众家，删裁繁诬，刊改漏失，自是学者略知所归。"

③ 边家珍：《经学传统与中国古代学术形态》，人民出版社2010年版，第78页。也有学者认为道咸以降，随着今文经学的兴起，清代"汉学"的概念又为之一变。清末民初，学者多把今、古文经学都纳入汉学范畴。

家国天下、治学救时为治经使命。在学术方法上，今文经学注重微言大义的阐发，讲究"于六经皆能阐抉奥旨"①，语言文字之外能得先圣"微言大义"。而古文经学的治学路径则讲究名物、训诂、音韵、考据等实证方法，致力于在训诂名物、文章词句之考证中下功夫。当然，此三条区别标准并非绝对。例如钱玄同认为今古文家在治经路径上并非专宗一项，因而这标准"此实大谬"，虽然今文经学专务发挥微言大义，但何尝不言名物训诂，今文经籍中皆录著有章句之书，亦有训诂名物②。因此，古文经家也并非完全忽视政治，只是更以复还原典之权威为重，而政治观点往往隐匿字句之间，含蓄不显。关于古今文之传统，学界研究关注甚多，不做赘论③。

（三）汉学与宋学

"汉学"是后代学者对于两汉时期学术的概称，如南宋刘克庄："汉时如京房、费直诸人，皆舍章句而谈阴阳灾异，往往揆之前圣而不合，推之当世而少验。至王辅嗣出，始研寻经旨，一扫汉学，然其弊流而为玄虚"④。赵师秀云：

---

① （清）阮元：《庄方耕宗伯经说序》，《味经斋遗书》第 1 卷，阳湖庄氏刊本（1882 年），转引自钱穆：《中国近三百年学术史》下册，商务印书馆 1997 年版，第 580 页。

② 《汉书·艺文志》于《诗》有《鲁故》、《齐后氏故》、《齐孙氏故》、《韩故》诸书，于书有《大小夏侯》、《解故》诸书，都是言训诂名物的。

③ 学者对于今文经与古文经之区别莫衷一是，廖平经学一变平分古今后，学术界对于今古文经派别之异讨论颇多。廖平《今古学考》中提出把今古文经学的差别追溯到孔子思想体系，将古文与今文作为孔子早年与晚年思想之不同，而且只有今文学才能体现孔子的真义，而后又指出应当以礼制分古今。蒙文通继承师说，主张以礼制说古今。周予同在《经今古文学》中首次对经今古文学的异同做了较为系统的叙述，总结出十条划分标准。而与之相对立的古文经学家刘师培则认为："古经本同一源，凡经文此本与他本互歧者，均由传写之讹。后人缘字生训，又不见古本之文，故异说日多，然非孔子订经之时即用两说也。西汉以前经无今古文之分，此固今日所可遥想而知者矣。"范文澜认为："今、古文之争，实际上是齐、鲁之争"。黄彰健《经今古文学问题新论》则着眼于超越今古文门户，根据历史线索逐一考察今古文学家的经学主张，对于还原和重新审视今古文经学之争的真实面目具有理论意义。

④ （宋）刘克庄：《后村集》，《景印文渊阁四库全书》1180 册，台湾商务印书馆 1983 年版，第 250 页。

"辅嗣《易》行无汉学。"此处的汉学即指汉代经学。"汉学"一词一直流传不绝，至清代，随着考据学兴起，汉学的概念内涵又有所变化与充实①。刘师培指出，"武进臧琳树汉学以为帜，陈义渊雅，虽间流迂滞，然抱经以终，近古隐佚"②，认为臧琳最先重提汉学作为两汉经学的涵义，用以强调清儒治经"唯汉是好"的趋向。惠栋著《易汉学》揭橥汉学的旗帜，排斥宋儒经说，彰显了尊崇汉学的色彩③。故而，江藩称："乃知经术一坏于东西晋之清谈，再坏于南北宋之道学。元、明以来，此道益晦。至本朝，三惠之学盛于吴中，江永、戴震诸君，继起于歙。从此汉学昌明，千载沉霾，一朝复旦"④。皮锡瑞也认为："雍、乾以后，古书渐出，经义大明。惠、戴诸儒，为汉学大宗，已尽弃宋诠，独标汉帜矣"⑤。但是，清代汉学与两汉经学又有所不同，"或以笃信好古，该汉学之范围。然治汉学者，未必尽用汉儒之说；即用汉儒之说，亦未必用以治汉儒所治之书。是则所谓汉学者，不过用汉儒训诂以说经，及用汉儒注书之条例，以治群书耳"⑥，学界也将清代汉学称为清代考据学或朴学。学界一般以汉学与宋学作为经学史上两大流派。"自汉京以后，垂二千年，儒者沿波，学凡六变……但要其归宿，则不过汉学、宋学两家，互为胜负"⑦。宋学指的是在对

---

① 从清代学术称谓的考证上而言，章太炎较早将清代学术称为"汉学，他提出"今之汉学，论在名物，不充其文辩，其正虚妄、审乡背，近之矣"。章太炎崇尚尚古文经学，而将今文经学作为经学异端，对诸多今文经学家也多有批判，所以他提出的"汉学"体系并不包括今文经学。见章炳麟著，刘治立评注：《訄书》，华夏出版社 2002 年版，第 32 页。

② 刘师培：《清儒得失论》，刘梦溪主编：《中国现代学术经典·黄侃　刘师培卷》，河北教育出版社 1996 年版，第 768 页。刘氏在《近代汉学变迁论》中指出："古无汉学之名，汉学之名始于近代。"在他看来，"汉学"之名是清代出现的。

③ 参见罗检秋：《嘉庆以来汉学传统的衍变与传承》，中国人民大学出版社 2006 年版，第 7 页。惠栋、戴震等经学家解经、注经多归依于东汉经学，一时形成所谓"家家许、郑，人人贾、马"的局面。

④ （清）江藩：《国朝汉学师承记》，中华书局 1983 年版，第 6 页。

⑤ （清）皮锡瑞：《经学历史》，中华书局 2011 年版，第 227 页。

⑥ 刘师培：《近代汉学变迁论》，《刘申叔先生遗书》，江苏古籍出版社 1997 年版，第 1542 页。

⑦ 《四库全书总目·经部总叙》，中华书局影印本 1965 年版，第 1 页。

古代儒家经典的探索中，与汉学迥然不同的一种学派。宋学在治经上撇开了汉人章句之学，直接从经学本身来理解和发挥经学的义理之所在，宋学被称为义理之学。邓广铭认为："宋学是汉学的对立物，是汉学引起的一种反动"①。

①　转引自漆侠：《宋学的发展和演变》，《文史哲》1995 年第 1 期。

第一章　晚清变局与经世思潮的兴起

第一节　历史环境与学术新转向

一、西力冲击与晚清变局

"任何思想的形成，总受到某一思想形成时所凭借的历史条件之影响，历史的特殊性，即成为某一思想的特殊性。没有此种特殊性，也或许便没有诱发某一思想的动因；而某一思想也将失掉其担当某一时代任务的意义"①。1840年的鸦片战争，西方列强利用坚船利炮敲开中国的大门，1851年的太平天国运动，动摇了清王朝统治根基，可以说内外交困是晚清的特色。从国际环境来看，随着不平等条约不断签订，列强试图瓜分中国，已经是昭然若揭，而图强要自强也成为当时政治的主题。

在成功镇压太平天国与捻军以后，号称"同治中兴"的洋务运动，在"师夷长技以制夷"主张下，引进西方先进技术，当然也不可避免地传入西方的思想。在"夷长在技，我长在理"的理念下，中学为体，西学为用，所提出的自强建议及措施也不可能落在实处。"'自强'一词就变成与其说是一个号召为革

① 徐复观：《学术与政治之间》，华东师范大学出版社2009年版，第7页。

新而作真正努力的呼吁，倒不如说是一个用来为开支辩护和为官僚既得利益服务的口号"①。自强未成，却更加凸显衰势。1895 年甲午中日战争，偌大的清王朝竟然败给"蕞尔小国"。此后便是清王朝大量赔款，列强疯狂割地，在国将不国，民将为奴的情况下，自强已经过时，图存救亡成为有识之士的忧患，而戊戌变法的发生，乃是一次勇敢的政治实践。

戊戌变法失败以后，一方面是国内政治更加腐败，一方面是清廷借助义和团排外，八国联军攻陷北京，慈禧太后逃亡西安。在 1901 年，清王朝重新拾起戊戌变法的旧旗，实行新政，但以维护清王朝利益为中心的新政，不可能是真正的新政，最终被推翻也是必然的。

自鸦片战争以迄清亡的 70 余年间，西方列强给中国带来的影响也越来越大，从最初的鸦片贸易，到割地赔款，直至有了亡国灭种的危险。列强的渗透，也使有识之士意识到学习西方先进技术的重要性，同时也注意到学习西方政治制度的必要性，从自强到图存，西力之冲击下，中国深陷旷古未有之政治变局之中。

（一）政治统治危机

鸦片战争之前，中国虽然还未全面感受到欧洲工业革命带来的世界剧变之冲击，但貌似强大的清王朝已经是外强中干，而且从内到外普遍腐化，盛世之后逐渐暴露出帝国统治的虚弱根基。鸦片战争前 10 年，到 1860 年第二次鸦片战争结束，一部分有识之士已经感到形势的险恶，内则国势陵夷，吏治腐败，财政拮据，社会风气颓废，动乱叠兴；外则列强紧逼，战端屡开，丧权辱国，勒索不已。无论内外，都需要自强御敌之道，变革的思想也逐渐形成。

龚自珍曾对鸦片战争之前的政风进行批判："富而无耻者，辱其家而已；士无耻，则名之曰辱国；卿大夫无耻，名之曰辱社稷"②。面对清王朝日益腐朽的

---

① [美] 费正清、刘广京编：《剑桥中国晚清史》上卷，中国社会科学出版社 1985 年版，第 544 页。

② （清）龚自珍著，王佩净编校：《龚自珍全集》，上海人民出版社 1975 年版，第 31 页。

统治，他提出了变法，"自古至今，法无不改，势无不积，事例无不变迁，风气无不移易"①。龚自珍于道光二十一年（1841）去世，他未能看到鸦片战争以后的情况。

鸦片战争惨败，太平天国烽烟又起，清王朝面临着前所未有的形势与新问题。太平天国、捻军、西北回民，不断冲击着脆弱的政权；列强纷沓而至，四处进逼，外交境地艰难尴尬，偌大的王朝人人可欺。内外交困都在动摇帝国统治的根基，而阶级矛盾与民族矛盾也呈现出日益复杂、激烈的冲突性。统治者在考虑如何才能够对内有效镇压，对外能够平等交往，提出自强的策略，以期在学习与国之长技以制与国，再借与国之长技以镇压内乱，政治上的一些变革也带来"欣欣向荣"的假象，在成功镇压太平天国、捻军，以及开展洋务运动时，出现所谓的"同治中兴"。甲午战争爆发，泱泱大国被日本小国击败，且是丧权辱国，其所带来的震惊已经不是局限于统治阶级了，而是上下各个阶层都感觉到耻辱。痛定思痛，虽然有识之士希望通过改革以使摇摇欲坠的清王朝恢复生机，如戊戌变法、晚清新政，但清王朝腐朽的政治统治已经难以起死回生了，以革命的方式推翻清王朝统治，将是历史必然。

（二）晚清变局中的社会危机

从乾隆以后，鸦片走私日益猖獗，王朝白银大量外流，引发了严重的财政危机。且鸦片吸食之风急速蔓延，上至王公大臣下到兵丁平民，染毒者比比皆是，精神堕落导致社会风气越发腐坏。罪恶的鸦片贸易源源不断，大量的白银外流，社会经济难以发展，人民生活潦倒困苦，鸦片之毒毒害上上下下，其危害性已经使有识之士有所认识，并且痛心疾首，如林则徐所言"若犹泄泄视之，是使数十年后，中原无可御敌之兵，且无可以充饷之银"②。鸦片烟商贿赂收买海关官员和地方官吏，鸦片买卖逐渐侵蚀着整个国家政治、经济、社会运行的

---

① （清）龚自珍著，王佩诤编校：《龚自珍全集》，上海人民出版社1975年版，第319页。

② （清）林则徐：《钱票无甚关碍宜重禁吃烟以杜弊源片》，《鸦片战争档案史料》第1册，上海人民出版社1997年版，第361页。

正常秩序，贿赂徇私浸透了王朝的整个官僚体系。道咸之际，军纪败坏，军力废弛导致清代军力大不如前，内无防务之能，外无御敌之力。另一方面，随着吏治腐败，统治机能下降，社会开始陷入全面危机之中，人口膨胀、土地集中等社会问题引发了起义的爆发，不断冲击着社会秩序。乾隆末年以后，整个社会风俗日渐腐败，"官吏士民，狼艰狈蹶，不士、不农、不工、不商之人，十将五六；又或缩烟草，习邪教，取诛戮，或冻绥以死，终不肯治一寸之丝，一粒之饭以益人。承乾隆六十载太平之盛，人心惯于泰侈，风俗习于游荡"①，社会全面腐化的症候暴露出来。闭关自守、自给自足的小农文明再也无法抵挡强大工业文明的冲击，随着小农经济走下时代帷幕，以农业文明为支撑而盛极一时的专制皇权时代随着甲午战争的爆发走到了末世之地。

穿过两千年漫长历史的专制皇权之挽歌已然奏响，当欧洲的工业文明席卷而来，中国却还固守着沿袭千年的古老文明，怀抱天朝上国，物华天宝的清梦。然而，西方国家大批东进轮船的轰鸣与枪炮之声威将天朝帝国"万世永存"的迷信彻底打破了，茧藏在封闭外壳中的虚弱根基暴露出来。西方国家的入侵裹挟着近代工业文明的先进器物与文化席卷而来，盛极一时的封建帝国依靠闭关锁国而艰难维系的传统制度与文化开始受到激烈的冲击与涤荡，正如马克思在《中国革命和欧洲革命》中所说："与外界完全隔绝曾是保存旧中国的首要条件，而当这种隔绝状态通过英国而为暴力所打破的时候，接踵而来的必然是解体的过程，正如小心保存在密闭棺材里的木乃伊一接触新鲜空气便必然要解体一样"。②在这种情况下，如何面对外界的冲击，在固有的制度体系下能否进行调整，也存在许多变数。

（三）传统思想之困境

至鸦片战争以降，中国的内外关系产生了深刻的变化。中国的外部世界和

---

① （清）龚自珍著，王佩诤编校：《龚自珍全集》，上海人民出版社1975年版，第106页。

② 《马克思恩格斯选集》第1卷，人民出版社2012年版，第780—781页。

内部环境都发生了剧烈的变动，表现在思想范畴上最为显著的就是传统儒学受到激烈震荡，传统儒学的适用范围受到质疑和挑战。儒学作为帝国政治统治的哲学依据却无法解释外夷坚船利炮的强大，西方社会的先进繁荣以及清王权的衰败与落魄。时代对于传统知识分子提出了一个全新的命题：面对东渐的欧风美雨，这些清晰的外部存在明确地提示着传统思想解释范围的捉襟见肘，万世法则适用的步履维艰。在西方军事力量和财富思想的冲击下，部分士大夫认识到这几千年没有见过的新情况，称之为"变动"、"变端"、"创制"、"创事"，为大多数人接受的，则称之为"变局"。

在晚清变局时，有许多士大夫评论了变局的意义。如冯桂芬曾经无比歆慕西方工业文明的强大与先进："夫所谓不如，实不如也，忌嫉之无益，文饰之不能，勉强之无庸。向时中国积习长技俱无所施，道在实知其不如之所在，彼何以小而强，我何以大而弱？必求所以如之，仍亦存乎人而已矣。以今论之，约有数端：人无弃材不如夷，地无遗利不如夷，君民不隔不如夷，名实必符不如夷"[1]。经济结构的改变带来社会结构的改变，社会结构的改变瓦解和冲击着传统社会的政治秩序和道德架构，如何调适与重建日益瓦解的政治架构与文化秩序成为思想家们无法回避的历史命题。面对清末社会积贫积弱，内外交困的时境，知识分子开始直面现实并积极追寻社会危机的解决之道，探索符合政治需要的先进思想成为他们的自觉追求。与此同时，西方资本主义国家的侵略，加速了中国封建制度的崩溃，随着华夏屡败于外夷的不断刺激，先进知识分子开始对于西学心向往之，欲师夷长技而抵御外夷，变数千年之旧学以抗衡列强、兼以救亡。

在晚清变局中，许多士大夫开始是归罪于帝国主义的侵略，因为列强不断瓜分中国，逐渐地发展到检讨自己，对传统思想进行反思。面对变局形势，士大夫的认识是多种多样的，但总的情况是，一则西方思潮攻坚之势锐不可当，二则内部先进之士顺应潮流，向传统发难，外铄的文化冲击与内发的思想解放

---

[1] （清）冯桂芬：《校邠庐抗议》下卷，上海书店出版社 2002 年版，第 49 页。

之下，传统思想的坚固壁垒之上开始出现裂痕。甲午战争以后，随着帝国主义侵略的加剧，中国自救的脚步亦更加急切。有识之士开始更为清醒客观地体察大势，而后求变，他们逐渐意识到列强侵凌之外忧迫在眉睫，王朝腐败破落之内患不容眽视，唯有内求诸己、大兴变革，在器物上学习西方，政治上改制变革以求与人并驾齐驱，才有可能形成赶超之势，完成救亡图存之大业。

二、乾嘉考据向经世思潮的转向

学术界对于清代乾嘉考据学派①的兴起缘由一般有两种解释思路，实则阐述了乾嘉学派兴起的内因外由②。一方面，从历史背景而言，乾隆年间，清王朝国力强盛，政权巩固，社会安定，良好的社会环境与经济实力的增强，具备了雄厚的物质基础，但在王朝政治与文化的专制高压政策下，不可能使文化自由发展，只有在王朝认可的经史子集范围内发展，考据学因此兴起，经学开始向着单一、精深的方向发展。具体而言，清代的学术高压政策造成了经生们对现实的淡漠远离和对古典的重新关注，可以说，"考证古典之学，半由'文网太密'所逼成的"③。乾嘉学派成为风靡一时的专门之学，与清王朝进入相对稳

---

① "清代考据学派"是指由顾炎武复兴经世理念，上矫宋明理学末流而开启先路，其后惠栋、戴震等大家沿袭经学先驱的路径，校勘辑佚，治经复汉而形成的学派。学界将兴于乾隆并延伸到嘉庆时期的学术也称为"清代汉学"，主要是因为当时的清代儒学各领域都承袭了汉代经师所倡导的朴实考据学风，在儒学的发展历程上形成了独具特色的乾嘉学派，由于该学派在乾嘉年间呈现鼎盛局面又长于考经求义的考据方法，以朴实考经证史为特征，故而，又称为"乾嘉学派"、"乾嘉考据派"或者"朴学"。

② 学界关于清代乾嘉考据学的兴起有两种解释思路，一种观点认为清代乾嘉学派兴起的缘由是对宋明理学的批判总结，是以复古为解放而对理学发起的一场"大反动"。例如，梁启超指出清代考据学的兴起是"舍空谈而趋实践"的思想解放运动。另一种解释思路则认为乾嘉考据学的兴起是宋明理学不断演进转变的结果，如钱穆认为清初学者对于明清鼎革之际的痛苦"无所泄放"故而唯有注入一专门之学中，正所谓"学术之事，每转而益进，图穷而必变"，这种解释思路将乾嘉学派的发展缘由归结为学术自身发展演变的规律。

③ 梁启超：《中国近三百年学术史》，东方出版社 2004 年版，第 26 页。

定的政治统治时期，特别是康熙以来的高压文化控制政策有着密切的关系。另一方面，从学术发展演变的源流而言，乾嘉学派就学术实质而言是东汉经学，以汉人注经为圭臬①。清代初期，理学的流弊已然显见，顾炎武批评宋明理学实则为禅学，已出五经之外，提出"理学即经学"②的主张，力图缩理学于经学之中。顾炎武批判理学清谈，力倡经世致用，而同时为批判宋学又求诸考据，开启了清代文字、音韵、训诂、名物制度的先河③。可以说，清初对于理学的批判思潮带有强烈的经世精神，批判的目的是为了重建，在没有找到一种全新的能够取而代之的儒学新形态之前，儒者们对于宋明理学的批判开始集中于法古与回归，重新拾起古老的汉经学，朝着考经证史的道路走去④。宋明理学批判潮流之后，在王夫之、顾炎武等号召回归经学传统的经学先驱影响下，崇尚博雅考证的"乾嘉考据学"逐渐发展成为清代学术新典范的标杆。清代考据学在治经之道上重回汉儒说经所形成的"由训诂进求义理"之解经方法。惠栋、戴震等汉学家承先启后，标榜"汉学旗帜"，区分汉宋之学，主张经义存乎于训诂的汉学解经进路，而后诸多长于考据而鲜言经世的经生开始凝聚于此，乾嘉考据学蔚然成风，清学也由此建立起"崇实黜虚"的一代学风⑤。从治经方法上来说，汉学家治经讲求实事求是，无征不信，凡立一说必重实证，认为唯有推求本原方能"护惜古人之苦心，可与海内共白"⑥，在治经方法上，

---

① 侯外庐：《中国思想通史》第五卷，人民出版社 1956 年版，第 412 页。

② 全祖望著，王云五主编：《亭林先生神道表》，《鲒埼亭集》卷 12，商务印书馆 1936 年版，第 144 页。全祖望将顾炎武"理学，经学也"的主张概括为"经学即理学"，指出"自有舍经学以言理学者，而邪说以起，不知舍经学则其所谓理学者，禅学也"。

③ 顾炎武：《病起与蓟门当事书》，《顾亭林诗文集》，中华书局 1983 年版，第 48 页。明清之际的经学家批判宋学末流空谈心性之弊端，形成了一股经世致用的思潮。顾炎武主张"文需有益于天下"，提出"今日者拯斯人于涂炭，为万世开太平，此吾辈之任也"，力倡经世致用。

④ 吴雁南：《中国经学史》，福建人民出版社 2001 年版，第 48 页。

⑤ 张丽珠：《惠栋与清代经学之"汉学"典范的建立》，《中国学术年刊》2009 年第 31 期。

⑥ （清）钱大昕撰，吴友仁校点：《廿二史考异·序》，《潜研堂文集》上册，上海古香阁 1892 年版，第 81 页。

乾嘉经生专务训诂，主张训诂是治经的必由之路，以审音识字为基础，如顾炎武的《音学五书》重在离析古韵，训诂名物而作细密分析，致力于扫清先秦古籍因训诂不明而生的歧解①。训诂考据的根本在文字，于是乾嘉学者中考证文字兴起，将文言词字的用法及若干特性条分缕析，文字学遂成为一门学问。总之，乾嘉学者解经主张恪守师说，以字解经，通过乾嘉学派几位主要经学家的思想阐述可知，其中玄想思辨成分愈来愈淡，而务实求是的色彩愈来愈浓。

（一）乾嘉经学泥于训诂考据的弊端

清代中叶，社会进入相对安定的时期，名教体制趋于稳固，明遗民所倡导的传统经学的经世精神开始消融。随着清王朝文化专制政策的加剧，经世致用精神逐渐丧失，而训诂名物的考证方法开始成为主导，乾嘉经学后期，以考据为专而日趋烦琐无用，经生们大都株守旧经，埋首训诂，乾嘉考据学逐渐成为禁锢思想的藩篱。戴震、惠栋在治经方法上主张以严谨的考证作为明经的手段，他们复兴汉学之功自然毋庸置疑，但是乾嘉学者所发明多是名物训诂等考证方法，乾嘉考据学兴起的根源在于纠正批判理学之空疏，但乾嘉学者却逐渐执于名物制度而不可究诘，有考据而无义理，求义理而不离训诂半步，实际也是一种空疏②，最终舍本逐末而制约了学术发展的可能性。经世精神是汉学的根本精神，是其抵抗外压的理论性依据③，乾嘉学者由于"没有将来社会的信仰"④，在古籍偏狭的天地中被古道所桎梏，考证方法的进步完善与日臻精审也无法完成使古籍经传进入物质世界与未来社会的能力，这种赋予古经以时代生命的任务只有经世致用精神能够实现。可以说，乾嘉学派在清代的发展演变是一个历史过程，经历了奠基、发展、衰落的三个分期。乾隆早期为奠基期，中后期为发展期，嘉庆年间则由于专务考据，而逐渐衰落，研究型的论著也因此诞生。

① 汪学群：《中国儒学史·清代卷》，北京大学出版社 2011 年版，第 301 页。
② 汪学群：《中国儒学史·清代卷》，北京大学出版社 2011 年版，第 486 页。
③ 周予同著，朱维铮编：《周予同经学史论著选集》，上海人民出版社 1996 年版，第 906 页。
④ 吴雁南：《清代经学史通论》，云南大学出版社 2001 年版，第 136 页。

（二）经世思潮兴起乾嘉学派衰颓

嘉庆时期是清王朝由盛转衰的转折点，在朝廷腐败、世风日下、西力东渐等因素影响下，国家开始进入激烈的变局之中。时移世易，嘉道年间，一些经学家开始发现墨守古经、寻章索句的考据之学远离社会现实，埋首古籍于社稷黎民无益。故而，一些颇有见识的经学新秀开始另辟蹊径，将目光脱离了烦琐考证的治经之道，转而研求先圣微言大义，逐渐形成了以复兴西汉今文经学，专求圣人微言大义为旨趣的学术流派，其中常州庄氏首开端绪，一时间经学家深悦其说，今文经学在时代感召之下开始走出私门，今文经学中蕴含的经世致用理念发展成时代新风向之经世思潮，并最终在康有为的改造利用之下成为戊戌变法的理论资源，重新焕发出强大的生命力。

总之，古代经学的精神与使命主要在于政治理论的提炼，古代经书中所推演出的一套人文、社会、历史的演进理论赋予了传统经学生命与源泉。正如钱穆所说："两汉经学注重政治实绩，清代经学则专注心力于书本纸片上之整理功夫"①，乾嘉年间的经学多训诂而少义理，多校注而少思想，重考证而远现实，在治经方法上专务考据，轻视义理，故而学术上的繁荣与精深不免昙花一现，趋于考据一途的乾嘉经学逐渐走向没落，今文经学在时代变局中勃然复兴。

第二节　今文经学的初兴与政治意义阐释

一、今文经学在西汉时期的兴起

历史上的今文经学经历过两次繁荣时期，一为董仲舒"罢黜百家，独尊儒

---

① 钱穆：《中国学术通义》，台北学生书局 1984 年版，第 12 页。

术"，西汉今文经学初兴之时；二则为清中叶公羊学门径重启，今文经学复兴之时。西汉之初，经学并未大获推崇，《史记》记载："孝文帝本好刑名之言。及至孝景，不任儒者，而窦太后又好黄老之术，故诸博士具官待问，未有进者。及今上（汉武帝）即位，赵绾、王臧之属明儒学，而上亦乡之，于是招方正贤良文学之士"①。文景两代经学并未得重视，直至大儒董仲舒力主《公羊传》"大一统"、"天人三策"思想②，汉武帝采纳之实行"罢黜百家，独尊儒术"，儒家经学方才实现兴盛。今文经学派的《公羊传》在汉代思想统治工具大转换的时刻为统治阶级所选中，在政治统治及权力运作体系中发挥了巨大的影响作用。汉代时，儒生"通经以致用"的治经目的与治学路径开始确立，大儒董仲舒通过解读、附会《春秋》等儒学经典拓展出一套完善的政治统治哲学，"汉儒们的努力，最终使得儒生加入了政权，使儒术变成王朝正统意识形态，帝国政治文化模式的变迁因之发生了"③。汉初，儒家与百家学派相比，儒生众多但其传经活动多各守一艺，抱残守缺，虽通六经但死守经传，与汉代实际脱离甚远，未受到统治集团重视。董仲舒的传经活动则以现实为需，突破文义藩篱，阐发对儒经的新解，为儒经致用开辟了新境。清代经学家皮锡瑞曾言："孟子之后，董子之学最醇。然则《春秋》之学，孟子之后，亦当以董子之学为最醇矣"④（朱熹称董仲舒为醇儒）。可以说，在此意义上，"群儒之首"的董仲舒完成了儒学的大转折，他为儒经汉用而自创新解之解经活动对后世影响深远⑤。

---

① （西汉）司马迁：《史记》卷121《儒林列传》，中华书局1959年版，第3117页。
② （东汉）班固：《汉书》卷56《董仲舒传》，中华书局1962年版，第2523页。"《春秋》大一统者，天地之常经，古今之通谊也。今师异道，人异论，百家殊方，指意不同，是以上亡以持一统。法制数变，下不知所守。臣愚以为诸不在六艺之科孔子之术者，皆绝其道，勿使并进。邪辟之说灭息，然后统纪可一而法度可明，民知所从矣"。
③ 阎步克：《士大夫政治演生史稿》，北京大学出版社1996年版，第301页。
④ （清）皮锡瑞：《经学通论》，中华书局1954年版，第4页。
⑤ （东汉）班固：《汉书》卷56《董仲舒传赞》，中华书局1962年版，第2523页。"刘向称'董仲舒有王佐之材，虽伊吕亡以加，管晏之属，伯者之佐，殆不及也。'至向子歆以为'伊吕

董仲舒的独创之举体现在他阐发经文为表象，表达己见才是目的。一方面，他借《春秋》"道之大原出于天，天不变道亦不变"，主张奉天法古，但同时他又认为仅言"不变"则缺乏灵活性，因而他又阐发《公羊传》中"权者何？权者反乎经，然后有善也"的权变思想。这些阐释都是董仲舒为《春秋》注入变数因子的努力，为他的假经以注我，宣扬倡导政治己见提供便利。但是，董仲舒对于权变的限制意识还是相当强烈的，他所提出的变只能在常允许的范围内，而绝不能超出尺度而引发异端邪说。因此，董仲舒又说："夫权虽反经，亦必在可以然之域"①，其中经与权的关系、常与变的关系可以说是经高于权，常统辖变。可见，董仲舒虽然为《春秋》的阐释打开灵活出口，但是也处于正统经学家的立场做出限制。当然，他虽然提出"可以然"的范围限制，明确了权变之先后轻重关系，但也反复强调变之重要性，扫除假经以言己说的障碍，因而又说"故说《春秋》者，无以平定之常义，疑变故之大则，义几可谕矣"②。另一方面，董仲舒提出"《春秋》固有常义，又有应变"③。他以"春秋无达辞"或"春秋无通辞"来概括《春秋》文辞叙述的特征，认为其具有多变的灵活性，也就为其假经文阐述己见、借文辞发挥己说提供了文本学之依据。既然"春秋无达辞"，那么董氏就需要通过对《春秋》文辞的阐明而发其义旨，依赖文辞以得《春秋》之义。董氏通经致用的一个重要手段正是在于此，董氏辞明要指明的本应只是《春秋》之指，他却"既有依辞言指

乃圣人之耦，王者不得则不兴。故颜渊死，孔子曰：噫。天丧余。唯此一人为能当之，自宰我、子赣、子游、子夏不与焉。仲舒遭汉承秦灭学之后，《六经》离析，下帷发愤，潜心大业，令后学者有所统一，为群儒首，然考其师友渊源所渐，犹未及乎游夏，而曰管晏弗及，伊吕不加，过矣。'至向曾孙龚，笃论君子也，以歆之言为然"。

① （西汉）董仲舒著，曾振宇、傅永聚注：《春秋繁露·玉英第四》，《春秋繁露》，河南大学出版社 2009 年版，第 150 页。
② （西汉）董仲舒著，曾振宇、傅永聚注：《春秋繁露·竹林第三》，《春秋繁露》，河南大学出版社 2009 年版，第 139 页。
③ （西汉）董仲舒著，曾振宇、傅永聚注：《春秋繁露·精华第五》，《春秋繁露》，河南大学出版社 2009 年版，第 154 页。

又有假辞言指"①，实际上则是多借文辞的解释抒发己指。"今《春秋》之为学也，道往而明来者也"②，可以说他的"《春秋》无达辞"打开了儒经汉用的通道③，也开创了今文经学派。

按解经目的和旨趣之不同，解经的儒士可分为两类：一是恪守今文严遵家法的传经之儒，一是不以传经为务而杂糅兼取为己所用的经世之儒。显然，董仲舒治经的旨趣并不在于笃守师说，传经解学，并非谨守一经的传经之儒，他更倾向于后者。董仲舒对于《公羊传》的研究并非仅为逐字逐句解读经书、传承经典，而在于以《公羊传》为依托，阐发治国宏论，追求治世之道，对《公羊传》进行了独创性的解说④。在此方面，董仲舒"发挥公羊之微言大谊，而布胡母生条例、何邵公解诂之未备也"⑤，故而，魏源赞曰："故抉经之心，执圣之权，冒天下之道者，莫如董生"⑥。董仲舒发挥《公羊传》义理，提出"大一统"、"通三统"、"张三世"之说，主张"改制"，最合时代之需，更是与汉武帝夙兴夜寐，希冀兴造功业的治国之愿相应和，由是"罢黜百家，表章六经，孔教已定于一尊矣"⑦，今文经学实现大兴。当然，今文经学的汉代初兴并非全然董仲舒一人之力。一是汉武帝为实现大一统而向往儒术之意强烈，遂采纳董仲舒建议，绌黄老之术，刑名百家之言，"延文学儒者数百人"⑧，以实现独尊儒术。二是官方经学制度的完善与推行则有赖于公孙弘上书建策，又以"《春

---

① 参见黄开国：《儒学与经学探微》，四川出版集团 2010 年版，第 89 页。
② （西汉）董仲舒著，曾振宇、傅永聚注：《春秋繁露·精华第五》，《春秋繁露》，河南大学出版社 2009 年版，第 158 页。
③ 王绍玺：《中国学术思潮史·经学思潮》，上海社会科学出版社 2006 年版，第 122 页。
④ 《公羊传》的传文与董仲舒的《春秋繁露》中所引略有差异，董仲舒对于《公羊传》中三统、三世等都进行了系统的发明，参见邓红：《董仲舒的春秋公羊学》，中国工人出版社 2001 年版，第 35 页。
⑤ （清）魏源：《董子春秋发微序》，《魏源集》，中华书局 1976 年版，第 134 页。
⑥ （清）魏源：《董子春秋发微序》，《魏源集》，中华书局 1976 年版，第 135 页。
⑦ （清）皮锡瑞：《经学历史》，中华书局 2011 年版，第 67 页。
⑧ （西汉）司马迁：《史记》卷 121《儒林列传》，中华书局 1959 年版，第 3118 页。

秋》白衣为天子三公，封以平津侯"①，从而将儒生纳入政权体系之中，实现了儒经出仕的通道，西汉因此而"公卿大夫士吏斌斌多文学之士"②。在汉代上有所好，下有建策的格局下，今文经学大昌。马宗霍提出今文经学在汉代的发展大致可分为三个阶段：汉武帝设置五经博士为一段，汉宣帝甘露三年于石渠阁召开五经异同探讨大会为第二阶段，石渠论经至王莽建新为一段。王莽摄政后，刘歆出任国师，他认为以《左传》之文解《春秋》经文远胜以《公羊传》、《谷梁传》释之，并上书请立古文《左氏春秋》、《尚书》、《毛诗》等古文经于官学，今文经学逐渐偃旗息鼓。"至安帝以后，博士倚席不讲。顺帝更修黉宇，增甲乙之科。梁太后诏大将军下至六百石，悉遣子入学。自是游学增盛，至三万馀生。古来太学人才之多，未有多于此者。而范蔚宗论之曰：'章句渐疏，多以浮华相尚，儒者之风盖衰。'是汉儒风之衰，由于经术不重。经术不重，而人才徒侈其众多；实学已衰，而外貌反似乎极盛。于是游谈起太学，而党祸遍天下。人之云亡，邦国殄瘁，实自疏章句、尚浮华者启之。观汉之所以盛与所以衰，皆由经学之盛衰为之枢纽。然则，立学必先尊经；不尊经者，必多流弊。后世之立学者可以鉴矣"③。东汉以后，学术开始成为功名利禄的捷径，今文经学沦为功名工具，书生趋之若鹜，奉者日多而疏于教授，经生因繁多而良莠难齐，学风渐而浮华，多倾向于章句文藻之堆砌，经学之经世精神遂败，今文经学之大兴之势由此终结。

二、政治学视角下的今文经学

从儒学内部流派而言，周予同将经学按照历史线索分为三大流派："今文经学"、"古文经学"、"宋学"，他认为今文经学是"以孔子为政治家，以六经为孔子的政治之说，偏重于微言大义，其特色为功利，其流弊为狂妄"；古文

---

① （西汉）司马迁：《史记》卷 121《儒林列传》，中华书局 1959 年版，第 3118 页。

② （西汉）司马迁：《史记》卷 121《儒林列传》，中华书局 1959 年版，第 3118 页。

③ （清）皮锡瑞：《经学历史》，中华书局 2011 年版，第 75 页。

经学的特征在于"以孔子为史学家，以六经为孔子整理古代史料之书，所以偏重于名物训诂，其特色为考证，其流弊为烦琐"；而宋学的学派特点在于"以孔子为哲学家，以六经为孔子载道之具，所以偏重于心性理气，其特色为玄想，而其流弊为空疏"①。三大流派各自代表了经学的三种解释形态，分别具有各自不同的治经方法和治经目标。陈少明采用周氏此论，进而提出应当将历史演变与学派形成相联系统一，而且"更为重要的是把它同中国学术思想史中主要学科联系起来"，因而，他认为经学可以从三个学科角度进行审视：即作为政治—社会学的解经学；作为语言—历史学的解经学；作为宗教—哲学的解经学。陈氏认为相对于经学的三个流派应当分别对应三种解读路径，而对于今文经学的研究应当在政治—社会学的范畴内进行，本书研究的视角选择了今文经学即是立足于从政治学的角度和进路研究经学思想，发掘经学思想中的政治意蕴与政治意义②。

（一）今文公羊学的政治学研究视角

首先，从传统学术的治学旨归上不难发现，东汉古文经学及清代中叶的考证学讲究名物训诂，以语言—历史学为解经思路更为契合。宋学讲究心性气理之钻研，以宗教—哲学思想为研究进路较为合适。唯有清末的今文经学，既不在文字训诂上用功，也不在冥想修养上着力，而是专门着眼于社会现实政治，致力于社会制度的改革，专宗传统经典以经世致用。今文经家治学虽然仍属于研究经传的范畴，但是他们的根本旨归在于社会制度变革和现实政治的关注。因而，如果在训诂或哲学的视野内研究今文经家之思想，则只能观其表象而不得真貌，甚至对于今文经家"六经注我"的解经方式心生疑虑。但是，如果以政治文化为视角，将今文经家之思想置于社会政治变革的背景语境之下，则更可得其真章。蒋庆认为儒学内部本身可以按照关注对象之不同而有所分别，宋

---

① 周予同：《群经概论》，岳麓书社 2011 年版，第 14 页。
② 陈少明：《思想史解释：逻辑与逻辑之外》，《社会科学战线》1993 年第 6 期。

明理学关注的是心性修为，可以说是心性儒学，而公羊学具有鲜明的政治倾向和深远的政治意蕴因而可以说是一种政治儒学①。经学内部派别虽然都归宗于孔子，但在性质上却大相径庭，以公羊学为核心的今文经学就是一种"政治儒学"，是一个蕴含着丰富理论的政治哲学体系。蒋氏阐论了公羊学的特征以说明今文经学的政治特性，简言之可概括为三个方面。

1. 公羊学的关注对象指向人类的"制度性焦虑"

学术创立的最初旨归就在于"希望凭借着自己的智慧通过系统的理论方式来解决自己心中的焦虑"，人们的焦虑有内部和外部两类范畴，可以说一类是"存在性的焦虑"，一类是"制度性的焦虑"，也可以称作"生死之焦虑"和"历史文化之焦虑"②。蒋氏总结了两种焦虑："人处世间，见草木枯荣，有情无常，一切有为法如梦幻泡影，遂生出离解脱之想，此乃生死焦虑。此生死焦虑源自人自然生命之焦虑，乃自然生命中之固有现象，法尔如是也"③，对于制度性焦虑，蒋氏认为："人生于历史文化中，其焦虑有因历史文化而起者，故曰历史文化之焦虑。如孔子忧德不修学不讲、忧礼崩乐坏名不正言不顺、忧春秋王道缺王路废世间无公道仁义，孟子忧诸侯不行仁政霸道横行杀人盈野民若倒悬、忧吾人放心不返天爵不求逐物丧己不能尽心知性知天以实现生命之意义与价值，与夫阳明子忧词章考据训诂功利之习以为性障蔽吾人良知而使吾人丧失天地物一体之仁，此'忧'即是因历史文化而起者，故曰'历史文化之焦虑'"④。前者是有关生命的焦虑，包括对生命存在的过程、价值的提升、人格的完善、道德的增进等方面的追问，后者则是对于政治与制度的焦虑，包括政治的价值与实现、制度的存在与完善、发展与规范等问题的思索。人类对于心性的追寻

---

① 蒋庆：《从心性儒学走向政治儒学——论当代新儒学的另一发展路向》，《深圳大学学报》（人文社科版）1991 年第 8 期。

② 蒋庆：《政治儒学：当代儒学的转向、特质与发展》，生活·读书·新知三联书店 2004 年版，第 30 页。

③ 蒋庆：《生命信仰与王道政治》，养正堂文化事业股份有限公司 2004 年版，第 26 页。

④ 蒋庆：《生命信仰与王道政治》，养正堂文化事业股份有限公司 2004 年版，第 26 页。

伴随着人类发展的始终，而成为"人类的永恒焦虑"，而对于政治与制度的追求则体现在伴随着历史发展进程，及客观情势变迁而产生的人们不断调适现存制度、改进现有框架以更好地适应历史变化，实现社会进步。但是，这两种需求相较而言，尽管制度性的焦虑也是永恒存在的，但是同人们对实存性焦虑比较起来，前者则更具有时代性，也就是说，在旧制度不适应社会的发展濒临崩溃而新制度尚未出现并发挥作用的过渡阶段，往往"制度性的焦虑最为强烈"①。儒家追求修身治国平天下，两者固然是一个完整的体系，但是就内部派别而言，仍然各有面向。公羊学关注的"大一统"，实则是对政治统治根基稳固的焦虑，"通三统"是对政治制度合法性的追问，改制立法是对政治制度的变革与重建问题的思考。总之，"所有这些都是制度性的焦虑，因而它是典型的政治儒学"。相对而言，宋明理学则追求通过修身养性而解决"实存性的焦虑"，寄托于生命个体的内在修为，是一种典型的心性儒学。可以说，心性儒学以探求人类生命根源问题为旨归，关注生命的存在价值等问题。今文公羊学为代表的政治儒学所关注的则是对政治与制度的持续性追问，它所要解决的是政治的正当、制度的价值、规范的意义等问题。

总之，关注政治是公羊学的一个根本特征，从其关注的焦点而言，公羊学是儒学中典型的政治学说。

2. 今文公羊学主张在制度中来完善人性

上文所述，今文公羊学关注的是制度层面的问题，但其并非不关注"实存性的焦虑"，只是二者相权，今文公羊家认为，完善人性的渠道，正在于通过生命之外的客观制度约束，而并不是仅仅依靠正心诚意、反身而诚等生命主观的道德觉悟与道德修养来完善人性。只有在制度的范畴之内，实存性的焦虑才能得以解决。今文学家认为《春秋》是为万世立法，是规制万物之聚散，万世之仪表的大宗之作。《春秋》所制定的一套体现着"仁德"与"王道"的礼法制度，能够通过"礼"实现"天下归仁"，因此，在公羊家的观点中，人性是

① 蒋庆：《公羊学引论》，辽宁教育出版社 1995 年版，第 2 页。

需要通过制度去调整和矫正的，也只有在制度中才能实现人性之不断完善，而并不像心性儒学那样，注重生命的觉悟与内在的反思来实现人性的完善。公羊家注重制度，大倡圣人制定的礼乐刑政制度，其实也就是注重教化的作用，他们认为圣人既然"上法天道、下酌人情"而制作了完备的圣人之制，则唯有此美备之典章制度，能够实现人性向善的导向作用，人格提升的教化作用，以及人性完善的矫正作用①。公羊学强调礼教制度的完备，不断追求制度的改革与完善，因而本身就具备了改制变法的内在因素②。

3. 公羊学的实践旨归是改制立法以救世

公羊学产生之初的实践目标，就是救周文之弊，革秦政之酷。今文学家认为公羊学的实践目标是通过新制，实现良治。因此，从实践目标来说，公羊学关注社会现实，以改制立法为实践目标。蒋庆认为公羊学创始之初，其所面临的历史环境便是政治无序的滔滔乱世，因而，公羊家的最高目标不在于个体道德领域的成己成德，也无暇关注生命范畴的修为，而是更迫切地寻求治世之方。面对礼崩乐坏、秩序混乱的局面，就必须制定新的行为规范，使政治重新进入人们都认同的礼法秩序③。公羊学改制立法的实践活动无疑是属于国家社会范围内的政治实践活动，因而，公羊学具有鲜明而迫切的政治实践意识。

（二）今文经学"非常异义可怪之论"与政治批判功能

根据今文家说，《春秋》为孔子据鲁史笔削而成，包涵了孔子褒贬世事的"微言大义"。《公羊传》是《春秋》的三传之一，为解释《春秋》而作，是今文经学极为重要的核心经文。公羊学是儒家学说中独树一帜的思想体系，在历代解释者以《公羊传》解义《春秋》的努力下，形成了一套蕴含着丰富理论的政治哲学。公羊学专讲"微言大义"，力倡变革与改制，治经方法上追求援经议政，"也正因此，在两汉和晚清曾两次大兴于世，对中国的政治和学术的发

---

① 马勇：《汉代春秋学研究》，四川人民出版社 2002 年版，第 66 页。

② 蒋庆：《公羊学引论》，辽宁教育出版社 1995 年版，第 3 页。

③ 蒋庆：《公羊学引论》，辽宁教育出版社 1995 年版，第 13 页。

展产生了极大的影响"①。《公羊传》的"非常异义可怪之论"是对《春秋》所作解释中总结的"义法"。儒家巨擘孟子认为《春秋》是孔子褒贬世事、纲纪天下之作。他认为孔子作《春秋》是由于目睹周王室衰微，政治生活陷于无序，礼乐制度崩坏而作。孟子曰："世道衰微，邪说暴行有作，臣弑其君者有之，子弑其父者有之。孔子惧，作《春秋》"。滔滔乱世之中孔子采取修《春秋》的方式，褒贬世事而垂法后人，因而《春秋》绝不是简单的历史资料，乃是一本寄托着孔子政治理想和政治权威的治世之作②。所以，今文经学家主张《春秋》虽然形式上是一部记载史事的史料，但实质上却是孔子褒贬世事、辩证是非、纲纪天下的治国宏论，其中蕴含着丰富而精妙的政治理论。今文经学派认为孔子是一位政治家，《春秋》正是孔子政治哲学的经典之作，其中蕴含着孔子政治思想的核心与精髓。《公羊传》作为专门解释《春秋》"微言大义"之作，它在两汉和晚清的两次大兴，固然有历史迁延，时代转换的外在影响，但是学说的内在特质才是根源所在。公羊学说风格独树一帜，多讲"非常异义可怪之论"，常为世儒所不解，甚至在很长的历史时期内被目为旁门左道，而居于儒学末流。然而，公羊学说启发了康有为的经学思想并成为其思想体系的根基，因此，在本书中对于公羊学的核心理论进行简略探讨。

1."非常异义可怪之论"

今文学家认为《春秋》当中蕴含着丰富而精深的义理，所谓"拨乱世反之正，莫近于《春秋》。《春秋》文成数万，其指数千。万物之散聚皆在《春秋》"③。

---

① 姜广辉：《中国经学思想史》，中国社会科学出版社 2003 年版，第 548 页。

② 孟子对于孔子成《春秋》评价极高，他认为《春秋》的褒贬手法具有极大的政治威力，"孔子成春秋而乱臣贼子惧"，《春秋》一出，王者失坠的无道局面重新回归"天下有道"的政治秩序。因此，孟子认为孔子成《春秋》，明是非，别善恶，是万圣先师而为万代立法。"王者之迹熄而《诗》亡，《诗》亡然后《春秋》作。晋之《乘》，楚之《梼杌》，鲁之《春秋》，一也；其事则齐桓、晋文，其文则史。孔子曰：'其义则丘窃取之矣'"。见孟子著，万丽华、蓝旭译注：《孟子·离娄下》，《孟子》，中华书局 2006 年版，第 180 页。

③ （西汉）司马迁：《史记》卷 130《太史公自序》，中华书局 1959 年版，第 3297 页。

因而《春秋》中不但蕴含着孔子的"微言大义"①，而且具有拨乱反正的功用。《公羊传》就内容而言虽说是解释《春秋》，但解释方法上却并非是因循原典、以史实疏证本经，而是参照经文逐篇问答进行阐释，其读经的方式是以发掘"微言大义"为主旨。今文公羊家致力于发掘微言大义，"这些义理在公羊大师们的努力下被阐发得很充分，而更具理论意义的是，《公羊传》的历代阐释者把握住了一些基本的命题加以解释，由此构成了公羊义法的基本架构，形成了一套独具特色的政治哲学"②。在公羊义法体系中，涵盖着对民族国家发展的认识，历史演进内涵的智慧，王朝兴替变法改制的设计。公羊义法中最重要的命题，当推"大一统"、"张三世"、"通三统"和"异内外"。其中，对康有为的今文经学思想影响最深的就是"三世说"。

《公羊》传文中三次阐释《春秋》之中的"三世说"，归纳为三世异辞：

> 隐公元年：公子益师卒，何以不日？远也。所见异辞，所闻异辞，所传闻异辞③。

> 恒公二年：三月，公会齐侯、陈侯、郑伯于稷，以成宋乱。内大恶讳，此其目言之何？远也。所见异辞，所闻异辞，所传闻异辞。隐亦远矣，曷为为隐讳？隐贤而桓贱也④。

> 哀公十四年：西狩获麟。孔子曰："吾道穷矣。"《春秋》何以始乎隐？祖之所逮闻也，所见异辞，所闻异辞，所传闻异辞。何以终乎哀十四年？曰："备矣！"⑤

《公羊》传文中对于"三世说"进行了朴素的归纳，但是对三世时间的界定、如何异辞都未有具体的说明。董仲舒在《春秋繁露》中阐论的"三世说"则根

---

① 皮锡瑞《经学通论》论述了《春秋》的微言大义："春秋有大义，有微言。所谓大义者，诛讨乱贼以戒后世是也，所谓微言者，改立法制以致太平是也"。

② 姜广辉：《中国经学思想史》，中国社会科学出版社 2003 年版，第 558 页。

③ （清）阮元勘校：《公羊传》，《十三经注疏》，中华书局 1980 年版，第 2200 页。

④ （清）阮元勘校：《公羊传》，《十三经注疏》，中华书局 1980 年版，第 2213 页。

⑤ （清）阮元勘校：《公羊传》，《十三经注疏》，中华书局 1980 年版，第 2353 页。

据《春秋》笔法的不同，对三世的异辞总结为"微"、"痛"、"杀"，并且对三世的时间标准也作了系统的发明。董仲舒将三世异辞进一步推演，解释为"张三世"。董仲舒的"三世说"以《春秋》笔法的不同作为划分历史阶段的界限：

> 春秋分十二世以为三等：有见、有闻、有传闻。有见三世，有闻四世，有传闻五世。故哀、定、昭，君子之所见也，襄、成、文、宣，君子之所闻也，僖、闵、庄、桓、隐，君子之所传闻也。所见六十一年，所闻八十五年，所传闻九十六年。于所见，微其辞，于所闻，痛其祸，于传闻，杀其恩，与情俱也。①

所见世，由于当事人或近亲都在，因而记事多隐晦；所闻世，身处其中，记载明确翔实；传闻世，则恩惠感情都减弱，故而记载简略②。董仲舒以孔子笔法之不同，寓意历史发展阶段之不同，公羊学的"三世说"初步具有了显示历史发展之不同阶段的含义。何休在《春秋公羊解诂》中提出了"公羊多非常异义可怪之论"，将《春秋》之"非常异义"最为重要的理论总结为"三科九旨"③，

---

① 董仲舒在《春秋繁露·楚庄王第一》中说："《春秋》分十二世以为三等：有见、有闻、有传闻。有见三世，有闻四世，有传闻五世。故哀、定、昭，君子之所见也，襄、成、文、宣，君子之所闻也，僖、闵、庄、桓、隐，君子之所传闻也所见六十一年，所闻八十五年，所传闻九十六年。于所见微其辞，于所闻痛其祸，于传闻杀其恩，与情具也"。其笔法的原则为"远者以义违，近者以智畏"，明确划分春秋十二公为三世，显示出分阶段观察历史演进阶段之意义。见（西汉）董仲舒著，曾振宇、傅永聚注：《春秋繁露》，河南大学出版社2009年版，第119页。在《春秋繁露·王道第六》中又说："故内其国而外诸夏，内诸夏而外夷狄，言自近者始也"。董仲舒认为孔子在《春秋》中对于三世的写法在主观感情上是不同的，对于鲁国和中原其他国家以及夷狄的写法也是不相同的，其中反映出孔子亲近疏远、尊王攘夷的思想。见（西汉）董仲舒著，曾振宇、傅永聚注：《春秋繁露》，河南大学出版社2009年版，第165页。

② 姜广辉：《中国经学思想史》，中国社会科学出版社2003年版，第559页。

③ 东汉经学家何休在继承《公羊传》和董仲舒思想的基础上，进一步提出了"衰乱"、"升平"、"太平"的"三世说"。根据何休的总结，三世分别为："于所传闻之世，见治起于衰乱之中，用心尚麤觕，故内其国而外诸夏，先详内而后治外"；"于所闻之世，见治升平，内诸夏而外夷狄"；"至所见之世，著治太平，夷狄进至于王爵，天下远近、大小若一，用心尤深崇仁义"。按照何休的说法，孔子在记述"所传闻世"即鲁隐公至僖公五代国君之事时采

而"三科九旨"中最核心的内容就是"三世说"。何休的"三世说"完善了董仲舒以文辞之不同描述三世的说法,他认为孔子在删定《春秋》时:

> 于所传闻之世,见治起于衰乱之中,用心尚麄觕,故内其国而外诸夏,先详内而后治外;于所闻之世,见治升平,内诸夏而外夷狄;至所见之世,著治太平,夷狄进至于爵,天下远近,大小若一,用心尤深而详,故崇仁义。①

何休将"三世说"总结为"据乱世——升平世——太平世"。至此,经由《公羊传》传文、董仲舒《春秋繁露》、何休《春秋公羊解诂》最终完成了以"三世说"为核心,以"三科九旨"为主要内容的公羊学理论体系。

总之,根据公羊家的说法"孔子认为政治是不断进化的,所谓三世",这些观点是否为孔子真传当然令人质疑,是否有曲解《春秋》之意当属经学研究的范畴。但是,从政治学的视角出发,《公羊传》以这些思想为核心概念当属无疑,而今文学派选择这些政治观念概括孔子的政治观也是必然之举。清中期刘逢禄接过今文经学大旗,对于"三世说"进行了新的推补,在清代重新开启了沉寂许久的公羊学说,对于龚自珍、魏源的思想产生了直接的影响,同时也间接而深刻地影响了康有为②。传统"三世说"经过历代大儒的推补完善,深刻地影响了康有为的思想脉络,成为其理论的精髓与根基。

所谓的"三科九旨",在清人看来,"即是天道、王法、人情。所谓的天道是:时、月、日等自然事务;所谓的王法是:讥、贬、绝等制度规范;所谓的人情是:尊、亲、贤等人伦之本"③。这乃是"圣人"治理国家的"大旨",因此要

用了衰乱世的写法,在记述"所闻世"即文公至襄公四代国君之事时采用了升平世的写法,在记述"所见世"即昭、定、哀三代国君之事时采用了太平世的写法。经过何休发明后的"三世说"基本内容为:孔子通过对鲁国历史的三种不同记述方法,表明了历史发展过程中有衰乱、升平、太平三个阶段,"太平世"是何休"三世说"中中国未来发展的至高境界,此阶段天下一家,仁义之道盛行,人们德行美备,是最为美好的高级阶段。

① (东汉)何休:《公羊传解诂》,《十三经注疏》,中华书局 1980 年版,第 2200 页。

② (清)刘逢禄撰:《释三科例》,《刘礼部集》卷三,上海古籍出版社 1995 年版,第 63 页。

③ 赵尔巽等:《儒林孔广森传》,《清史稿》卷 481,中华书局 1977 年版,第 13208 页。

求圣人立制度要顺人情，设制度要循天理，行制度要遵王法。按照这种要求来立、设、行，这应该是人类最理想的制度构建，但是在具体实施过程中，三者并不能有机地结合在一起，常常是偏重一方，甚至违背"大旨"，将"三科九旨"倒置，就会产生各种变数。"国家应该贵法，然而法胜则人心离；国家应该尊重人情，然而情胜则人心俚；国家应该崇理，然而理胜则人心背。如何理顺'情理法'的关系，既是先贤们孜孜不倦所追求的，也是现代社会需要的"[1]。

2. 公羊说的政治批判精神

首先，公羊学说的根本精神在于其蕴含着深刻的政治批判功能。一种学说具有政治批判精神，应当具备两个因素，一是它应当具有对现存制度和权威进行挑战和质疑的勇气，二是这种学说应当承认人类可以通过理性不断改善现存制度以构建未来美好社会的愿景[2]。只有敢于承认现存制度的可变更性和历史的发展性，这种学说才具备阻止制度的僵化并推进社会变革的理论因素，才有可能形成敢于挑战和批判现存制度的批判意识，才能称其为具备批判精神。公羊学具有强烈的政治属性和政治实践性，同时也蕴含着深刻的政治批判精神。虽然公羊说维护君主专制，但是究其根本精神而言，它并不甘于沦为维护专制和统治者利益的理论工具，而是保持着对现存制度和现实政治的批判能力。公羊学说的政治批判功能集中地体现在公羊学说站在历史演进的立场上，认为君主制度并非具有永恒性，只是历史演进到某一特定阶段的产物，随着历史的向前发展，君主制度最终会被新的制度所代替，否定了君主制度的永恒性而承认其变迁性。公羊学这种反对君主制度永恒化的思想，主要体现在公羊学的三世学说与大同思想中。公羊家的"三世说"认为历史的演进遵循着由据乱世、升平世向太平世发展，时间上有始有终，价值上由低而高，并不是一种简单的历史循环论。因而，公羊家说坚定地认为历史是不断演进的，应当以历史发展的视角和历史不断演进的立场为背景讨论君主制度，换言之，它并不承认君主制

---

[1] 柏桦、崔永生：《情理法与明代州县司法审判》，《学习与探索》2006年第1期。

[2] 黄开国：《〈公羊传〉的现实批判精神》，《中国社会科学院研究生院学报》2010年第6期。

度的永恒性和绝对性，认为在据乱世与升平世中相契合的制度的确是君主制度，但是根据"三世说"的进化原则，在选贤举能、天下为公的大同世中，君主专制制度必将被取代，走向完结。

其次，从公羊学的产生与发展之历程而言，一方面，孔子作《春秋》之时，正是周文疲敝、政治失序的混乱时期。面对如何重建王道之治的迫切命题，公羊家认为并不能通过修养心性，玄思冥想来解决，要实现王道理想，必须通过制度和方法的改革，并依靠现实政治的推行来实现。另一方面，公羊学之根本精神为批判功能，其精神存，则其学在；其精神亡，则其学衰。公羊说的政治批判精神主要源自它的理论内核——"三世说"。"三世说"的演进规律是公羊家最基本且具特色的逻辑过程。东汉以后，经生们更乐于爬梳经籍，故而公羊家的批判精神逐渐衰弱，"从公羊学的批判精神上来说，它只存在了六百多年"[1]。

最后，在孔子形象的塑造上，今文经学家认为孔子是改制立法的"素王"[2]。皮锡瑞说："《春秋》立一王之法，其义尤为显著，而惟《公羊》知《春秋》是素王改制，为能发明斯义"[3]。公羊说中"变法改制"之说，认为孔子是托古改制的素王。在今文经家的塑造中，孔子不仅是一位德行美备的至圣先师，更是一位为万世立法的王者。孔子不但具备道德境界之圣德，更是一位在政治制度领域内变法改制的王者。由此，孔子改制立法之说使得圣人之德不再偏居于道德范畴，而是超越了精神与道德，推向了政治与制度的领域。孔子的人格被塑造成了一位素王，有圣德而无圣位，作《春秋》而成新王，是一位倾力于推进变革的变政改制者。孔子在今文经学说的塑造下，成为支持改制的最权威先

---

[1] 蒋庆：《公羊学引论》，辽宁教育出版社 1995 年版，第 18 页。

[2] 儒家"素王"之说，源流漫长。"素王说"先见于《庄子·天道》："以此处下，玄圣、素王之道也"。见《庄子》，孙通海译注，中华书局 2007 年版，第 211 页。《论语》已有其意，《孟子》意思已经明显，至《公羊》而蔚然大观。今文经学家以孔子为"素王"，具帝王之德而无帝王之位，根据公羊家说，孔子受命为汉制法故而为"素王"，于是"素王说"大行于世。

[3] （清）皮锡瑞著，潘斌选编：《皮锡瑞儒学论集》，四川大学出版社 2009 年版，第 230 页。

师，这一理论也成为后继改革者为变法改革寻求依据的最好选择。

第三节　经世思潮向晚清政治变革的演进

一、今文经学在晚清呈现蓬勃复兴

今文经学自西汉产生并大昌后，时隔两千年，于晚清时代变局中，在致力于恢复汉代公羊学说为正统地位的常州学派推动下，当时在庄氏家族内部传授的今文经学，在嘉道年间忽又流行起来。至清末，康有为将眼光投向公羊，声称"传世只有一公羊"，依托今文经学为维新变法张本，今文经学在晚清实现了蓬勃复兴。

（一）王朝衰落的迹象日益明显

道咸以后，末世来临的惯常征兆，日益警醒着一部分有识之士及开明的士大夫们，他们开始敏锐而又清醒地认识到腐败和叛乱曾经缩短了以往王朝的寿命，而历史兴替、王朝循环之命运，对于清王朝而言，应当如何逃脱这一循环往复呢？

传统士人对于王朝命运的关注与忧虑极大地促进了学术的新发展。道光年间，经世思想与世事推移，以应时变的今文经学全面实现复兴，今文经学家在新的层面上继承并发扬了公羊家积淀并传承下来的忧患意识与人文关怀。一些有识之士开始致力于扭转国危世衰的末世之况，积极关心社会政治，援用公羊学的微言大义来阐发争论，推动社会的改革和进步。如龚自珍、魏源即是其中的杰出代表。龚自珍深感国家政治的黑暗，认为由地狱般的现实通往其翘首以盼的光明未来之路径，就是历尽煎熬的改革之路[①]，坚信通过改革能够改造国

---

① 龚自珍将王安石称变法为"改易更革"浓缩成改革二字，"改革"一词虽非龚自珍首创，但

家的现状。龚自珍自刘逢禄处受公羊学后，认为其中的"非常异义可怪之论"正是他寻求改革的思想工具，可以作为针砭时弊的经义凭借，也正是从龚自珍开始，这一经学流派演进成政治新说，使得今文经学开始走出私门，走向潮流。当时，外患日亟、内乱尤甚，呼吁清统治者进行政治改革以求摆脱危局已然不是龚自珍的个人愿望，此时代命题成为当时学者们积蓄待发的群体信念和强烈的集体表达。此种日益集中的群体信念，希望能够在旧体制之下进行较大的革新，逐渐集聚成一种思想模式，汇聚成一股时代潮流，影响了后代学者。与龚自珍并世的另一位突出的今文经学家魏源，同样受公羊学自刘逢禄，他的经学思想相较于龚自珍更为系统，其政治思想中因袭经书的特点更为明显，但是其思想体系又绝非仅仅来自传统经籍。魏源的经学思想使得公羊学批判意识更加强烈，特别是对官僚们浑浑噩噩深感痛恨，"除富贵外，不知国计民生为何事；除私党外，不知人才为何物"，痛心疾首之余，提出"变古愈尽，变民愈深"的改革方针①，并且提出"师夷长技以制夷"的战略思想。晚清时期，康有为上承龚、魏的公羊学思想，积极吸收融合西学知识，对中国传统经典进行重新诠释与解构，今文经学在康有为的改造与利用下，在晚清实现了复兴过程中的鼎盛。如果说龚自珍"药方只贩古时丹"以根治王朝病症，那么康有为的继承则是以传统为依托，寄寓的却是"西药"之功用，他以传统架构为基点注入的乃是异质学说，这是本质的区别，也是思想的转折。

（二）清代今文经学复兴之学术环境的影响

今文经学自汉末开始衰落，然晚清时期，由于社会趋势变迁与学者努力等故，几成化石的今文经学勃然复兴，呈现出"挡者披靡"之势，令人惊异之余不禁反思其中缘由。梁启超认为清代今文经学的复兴是学术界的自然趋势，它

近代学者广泛使用的这一概念首见于龚自珍的《乙丙之际著议第七》。见（清）龚自珍著，王佩诤编校：《乙丙之际著议第七》，《龚自珍全集》，上海人民出版社 1975 年版，第 6 页。

① （清）魏源：《默觚》，《魏源集》，中华书局 1976 年版，第 66—67 页。

的发生是溯时代以复古之必然结果①。现代经学家周予同总结清代学术变迁时在肯定梁启超"清一代学术以复古为解放"之论基础上，进一步阐释为发展之四期：一为清初学术界承晚明王学极盛之后，"学者束书不观，游谈无根"，顾炎武起而矫之。二为乾隆时期，惠栋、戴震"为经学而治经学"之风大倡。说经主实证，不空谈义理。三为嘉道时期，学者多专于考据，流于训诂，而至愈考愈细，不通世务。四为光绪末年，康有为作《新学伪经考》与《孔子改制考》，今文经学具有了新的时代意义②。

从两次今文经学兴盛的历史背景之共性和《公羊传》的政治特性而言，西汉时期，《公羊传》在当时具备独特的优势而成为官学，它记叙了以鲁国为中心的各种政治、军事、经济活动，内容极为广泛丰富。在今文经学家看来，此些纪事又非仅是历史记载，而是孔子对于二百多年历史材料的精心选择和评价加工，蕴涵了孔子对历史的价值审视和褒贬之论。今文经学家深信《春秋》并非简单的史书，而是启迪统治者以史为鉴的哲学宏著，是治国安邦的百科全书。《春秋》三传中唯有《公羊传》独领风骚，实现在汉武帝时"大兴"，正是由于公羊学说显示出了独有的优势。在清代中叶，政治腐坏、社会凋敝、外患日亟、王朝衰朽之象日益显露，内忧外患引发了经生们的忧患意识与经世趋向。同时，朝廷积威日驰，文网疏漏，学界万马齐喑的沉闷气氛逐渐被打破，先进知识分子在时代命题中开始寻求新的治学风气，力求经世务实，走出书斋，而将目光投向了具有独特理论优势的《公羊传》。总之，晚清时局动荡，内有政治腐坏、民乱频发、经济凋敝之时境，外有列强袭来、侵略日甚、华夏危亡之困局，动荡绝危的时代呼吁创新的思想，而清末今文经学的复兴这一承系救时命题之思想自诞生之时起，便具备了与民族自立、维新变法、救亡图存等时代目标紧紧相关联之命运。

---

① 梁启超：《清代学术概论》，广西师范大学出版社 2010 年版，第 9 页。

② 周予同：《中国经学史讲义》，上海文艺出版社 1999 年版，第 87 页。

（三）经学思想发展内在规律的支配

乾嘉时期，宋明理学作为官方哲学却不能发挥应有的作用，难以起到启迪人心解放思想的功能。而汉经学作为政治学说却未真正复活，相反，"汉儒求古，多拘于迹，识如史迁，犹未能免，此类是也"①。日益严密、琐碎的考证学，将传统经典拆解的支离破碎，且名物训诂之学，大部分已由乾嘉诸老发明殆尽，余物不过糟粕而已②。故而经学至此，非内部演变突破而无以求发展。今文经学家们在《公羊传》中重新发掘了可以影射讳莫如深的政治问题，并且与历史演变过程相关的新含义，于是复西汉之古，发挥"非常异议可怪之论"，希望能够重申经学之所以经世务的经世理想。道咸之后，今文经学异军突起，彪炳于世。

今文经家之《公羊传》中蕴含的微言大义，可引申为政治批判思想和变法改革思想，因而适应了时变之需求，可以作为倡导改革的思想基础。因而，在清中叶开始今文经学异军突起，传统经学的异端——今文经学的复兴促成了经学体系及理论的历史性转变，同时对社会政治活动产生了深远影响。可以说，清末今文经学逐渐发展成为离经叛道的颠覆性运动，这将为对传统本身的核心部分进行改革和真正的革命打开了大门。

二、清代今文经学复兴的历史价值

（一）今文经学的复兴是"以复古为解放"的思想潮流

梁启超在《清代学术概论》中以时代为基准，以佛理生、住、异、灭作喻，将清一代思潮之流转分为启蒙（生）、全盛（住）、蜕分（异）、衰落（灭）四个时期。他认为清学之一显著现象在于"屡迁而返其初"，而这实则是"以复古为解放"。"第一步，复宋之古，对于王学而得解放。第二步，复汉唐之古，

---

① （清）章学诚：《文史通义》，时代文艺出版社 2008 年版，第 236 页。

② 麻天祥：《中国近代学术史》，武汉大学出版社 2007 年版，第 44 页。

对于程朱而得解放。第三步，复西汉之古，对于郑许而得解放。第四步，复先秦之古，对于一切传注而得解放。夫既已复先秦之古，则非至对于孔孟而得解放焉不止矣"①。清代今文经学以复古为解放，其思想解放的功能，即重述传统西汉经学的过程，清代今文经学虽然是复古西汉，但是与汉经学的内容有很大区别，而对传统经学的重述与流变的过程，也是瓦解传统经学体系的过程，具备了思想启蒙和解放的意义②。

(二) 清代今文经学的复兴是弘扬 "怀疑精神" 的运动

清代今文经学首开疑古之风，而晚清后期学界之革命更是可以溯源至此，今文经学以怀疑之风，为束缚已久的社会思想导入一线生机，甚至与后期的革命思想相联系。梁启超曾经说："语一时代学术之兴替，实不必问其研究之种类，而惟当问其研究之精神。研究精神不谬者，则施诸此种类而可成就，施诸他种类而亦可以成就也。清学正统派之精神，轻主观而重客观，贱演绎而尊归纳，虽不无矫枉过正之处，而治学之正轨存焉。其晚出别派（今文学家）能为大胆的怀疑解放，斯亦创作之先驱也。此清学之所为有价值也欤？"③"凡社会思想，束缚于一途既久，骤有人焉冲其藩篱而陷之，其所发明者，不必其遂有当于真理也，但使持之有故，言之成理，则自能震耸一般之耳目，而导以一线光明，此怀疑派所以与学界革命常相缘也"④。梁氏认为今文家的精神正在于怀疑经典之颠覆精神，此种怀疑的精神，向 "二百年间支配全学界最有力之旧说，举凡学子孳孳焉以不得列宗门为耻者" 的正统旧学开战，"忽别树一帜以与之抗"，今文学开疑古之风，鼓舞经生辨伪求真。今文学的复兴所带来的影响结果是巨大的，对于传统的颠覆与冲击及对后代学术的启迪之深远更是难以估量。"此几一动，前之人所莫敢疑者，后之人竞起而疑之；疑之不已，而狡

① 梁启超：《清代学术概论》，广西师范大学出版社 2010 年版，第 2 页。
② 参见董铁松：《论清代今文经学的历史作用》，《东北师范大学学报》2001 年第 1 期。
③ 梁启超：《清代学术概论》，广西师范大学出版社 2010 年版，第 126 页。
④ 梁启超：《论中国学术思想变迁之大势·近世之学术》，上海古籍出版社 2019 年版，第 151 页。

诡之论起焉；狡诡之论多，优胜劣败，真理斯出。故怀疑派之后，恒继以诡辩派；诡辩派之后，而学界革命遂成立。而学界革命遂成，此征诸古今中外皆然者也。今文之学，对于有清一代学术之中坚而怀疑者也"①。

萧一山对清代今文经学的疑古之风做了很高的评价，认为："试遍观清初之著述，几无一不'多少'带有怀疑之精神，怀疑之成为风气者，以此时为最著。夫全盛期学者所以破出传注重围，而别自创说者，乃此怀疑之解放也。今文学家之要点，亦在一'疑'字，其精神亦即导源于是时也。夫有怀疑而后有思想，有思想而后有建树，古今中外，一切学术之革新，未有不自'疑'字始者也"②。对于今文经学在晚清的复兴以至在整个思想史上的作用而言，周予同对于今文学的复兴是褒扬的，认为："并且我也不是今文学者，实在无所用其辩论或掩护。不过我们平心而论，清代今文学在中国学术思想史上，也自有其相当的价值和功绩，未可一概抹杀。就普通的影响而言，在消极方面，能发扬怀疑的精神；在积极的方面，能鼓励创造的勇气。就实际的结果说，在消极方面使孔子与先秦诸子平列；在积极方面，是中国学术于考证学、理学之外，另辟一新境地"③。诚如周氏所言，学术之发达也有待于怀疑精神之具备，以此观点审视今文学者，则他们敢于质疑千余年来士大夫所尊信并奉为圣经而不敢稍加怀疑诽议的孔子学说，将古经斥为刘歆佐莽篡汉的工具，他们的怀疑精神与时代精神"在中国历来的学术界，很少可比"④。当今社会可以将儒学思想仅仅作为思想流派而进行评判研究，但是在当时孔子和经传仍然具有"宗教式"权威，今文经学家敢于斥其为伪经，从历史的视角出发，不能不说他们可谓深具胆识的激进思想家。今文经学家所倡言的改革创新之精神，寄寓孔子以求改制之呼吁是否能得孔子真传，解经传真相固然是有所疑问，但是他们的改革创造与怀疑经典之精神，相对于"董、何的专己守残之学，马、郑的经传注疏之学，

① 梁启超：《论中国学术思想变迁之大势·近世之学术》，上海古籍出版社 2019 年版，第 152 页。
② 萧一山：《清代通史》卷 1 第 7 篇，中华书局 1986 年版，第 146 页。
③ 周予同：《群经通论》，上海人民出版社 2012 年版，第 80 页。
④ 周予同：《群经通论》，上海人民出版社 2012 年版，第 80 页。

韩、欧的文章格调之学，程、朱、陆、王的各己修养之学，顾、戴的名物考证之学"更贴近于时代命题，而不能不说是稍高一筹。尤其是晚清今文经学家他们热情的救世主张、坚决的改革倾向，使后来研究者在回顾这段学术发展历程时，能够体悟到他们努力将孔子的形象从一个"老学究式的古代文化保存者"上剥离开来，而热衷于将其塑造为一位伟大热情的改制者，在今文经学家重塑孔子形象的努力中寄寓了他们对自身的希冀与期盼：孔子应当是一位热情救世的改革者，他著述六经的旨归在于籍其学而建设新学派，建设新学派之宗旨在于济世救时。"经学上自有清代的今文学，然后孔子才摆脱了迂缓、顽固、琐屑的气味，而给我们以伟大的热情的印象，使得孔子思想从弥漫的死气里一变而含有新鲜的生命，这不能不算是今文学者的功绩"①。

（三）晚清今文经学的嬗变成为西学输入的媒介

晚清今文经学的核心精神在于经世致用，而正是对于经世的追求使得今文经学发挥了导入西学的媒介作用。经世致用作为一种传统而古老的儒家思想源远流长，但是作为时代思潮却是在明清之际，尤其是晚清时期渐成时代潮流。中国在近代转型的过程中，面临着从政治、社会到思想文化由旧向新的转变和过渡。古老的中国文化在近代化的转型历程中，充满着旧学与新学的冲突嬗变，中学与西学的撞击融汇，而"由旧学走向新学，由固有的以儒学为中心的传统文化转变为会通中西之学的转型过程中，发挥终结和桥梁作用的正是经世致用"②。梁启超也承认乃师与自己的治经并不是为治经而治经，而成为文饰其政论的资源，他们所承袭的经世致用之观念，在经学范畴来说失去了治经的本意"固其业不昌"，反而将公羊学的观点拓展成一条引入西方知识的通道，使得经世思想最终成为"欧西思想输入之导引"③。王先明认为今文经学在晚清的复兴完成了传统经学的嬗变与重构，康有为的今文经学实际上已然指向"新

① 周予同：《群经通论》，上海人民出版社 2012 年版，第 81 页。

② 苏中立、苏晖：《执中鉴西的经世致用与近代社会转型》，中华书局 2004 年版，第 135 页。

③ 梁启超：《清代学术概论》，广西师范大学出版社 2010 年版，第 8 页。

学"的诞生，然而学界对于新学之概念界定多有混乱，偶有径直称为西学，时而又认为它是传统经世之学伴随以西学予以充实的二元因子之综合体。但是，如果以今文经学为起点，那么新学一般是指"西学与中国传统经世之学的产物"，甚至有学者直接称其为"中国化了的东方版西学"①。从这个角度而言，可以说，近代的新思想与新学说在传统思想资源之最深渊源来自今文经学。在传统文化向现代文化转型的漫长过程中，今文经学作为文化之本也就是由旧趋新的内在因素发挥着重要的作用。今文经学思想之中的经世精神行至此时，面临社会变迁之动荡，华夏旦夕危亡之关头，传统的理论框架已难以完成救亡图存的时代命题，无力实现创新与颠覆的思想使命，因而，今文经学在经世传统的影响下在变局中开始寻求崭新的理论路径，于时代变迁中寻得了一线新的契机，呈现出新的发展趋势。

清末今文经学的嬗变、异化至最后终结，反映了经学在西学冲击、时代进步中调整完善之机能，它吸收、容纳异质思想，呈现出开放性、调整性、整合性的特征，然而它对于西学的吸收接纳也改变了经学的本来风貌、动摇了儒学的根脉。随着西学进一步的渗透和思想进一步解放，经学气数终尽，走下历史帷幕。

三、今文经学向政治变革思想演进

（一）传统的经世形态与通经致用

经学的经世形态是指"把经义的解释直接发挥成一套抓纲治国依据的政治理论"②，或者可以认为是"将学问应用于政府统治问题以反对直观知识、思辨哲学和形式主义的研究方法"③。它的概念具有复杂性与综合性，经世致用既是

---

① 李双璧：《从经世到启蒙：近代变革思想演进的历史考察》，中国展望出版社 1992 年版，第218 页。

② 陈少明、单世联、张永义：《被解释的传统》，中山大学出版社 1995 年版，第45 页。

③ ［美］费正清、赖肖尔主编：《中国：传统与变革》，陈仲丹等译，江苏人民出版社 2012 年

一种崇实务真的学风、一种积极入世的学术传统，又是致力于服务现实的人文精神和现实关怀，也是一种儒学家的治术或治道。经世一词最早出现在《庄子·齐物论》中："六合之外，圣人存而不论。六合之内，圣人论而不议。春秋经世，先王之志，圣人议而不辩"。但此经世并不涵摄"经世致用"之义，而为"典诰"、"规则"等。真正具备后世"经世"之语义是在《后汉书·西羌传》中："贪其暂安之埶，信其驯服之情，计日用之权益，忘经世之远略"①。春秋时期，孔子周游列国，为经世大业奔走，游说列国之公卿之救世之方、治邦之道。昔时，不仅儒家主张经世，诸子百家也主张经世。儒家思想所崇尚的经世观念之终极追求不仅是个人的"成学成德"之修为，更在于"措之天下，润泽斯民"的救世观念。梁启超在《清代学术概论》中谈及经世学派之界定："所谓'经世致用'之一学派，其根本观念，传自孔孟。历代多倡道之，而清代之启蒙派晚出派，益扩张其范围。此派所揭橥之旗帜，谓学问所当讲求者，在改良社会增其幸福，其通行语所谓'国计民生'者是也。故其论点，不期而趋集于生计问题。而我国人对于生计问题之见地，自先秦诸大哲，其理想皆近于今世所谓'社会主义'。二千年来生计社会之组织，亦蒙此种理想之赐，颇称均平健实。今此问题为全世界人类之公共问题，各国学者之头脑，皆为所恼。吾敢言我国之生计社会，实为将来新学说最好之试验场；而我国学者对于此问题，实有最大之发言权；且尤当自觉悟其对此问题应负最大之任务"②。

传统的经世观念强调通经致用。顾名思义，通经致用就是以经为术，通晓经术以求致用。通晓以"六经"经传为代表的儒家经典，以实现通过经学对社会施以干预、影响和作用，是中国古代社会重要的文化传统和价值取向。在传统社会，儒生意欲表达自身的政治愿望，或希望进入统治阶层，则需在解经上符合最高统治者的需要，或通达经义表达其对于专制王权的忠诚与信从，或借圣贤之口抒发政治主张。可以说，政治史、思想史上许多重大变革的背后，通

版，第 236 页。

① （南朝）范晔：《后汉书》卷 87《西羌传·湟中月氏胡传》，中华书局 1959 年版，第 2901 页。

② 梁启超：《清代学术概论》，广西师范大学出版社 2010 年版，第 129 页。

经致用的观念都在不同程度上发挥着作用。

（二）清代经世思潮兴起

明末，顾炎武专研经书，反对明儒空虚之学，追求"经世致用"，他谴责在当时占有统治地位的宋学为空疏无用之学，指责王阳明的心学所强调的冥思和自我修养，实际上是受佛教禅宗之影响，而不是古代经籍之要义，主张抛弃"理气阴阳的空论"①。乾嘉年间，学界渐趋考据一途，专尚考文、名物、训诂之学，虽然学风由虚转实，但顾炎武所倡导的"以考据为经实务"之精神已然消失，考据日益烦琐，学风日远现实，一时间学界避世考经，堆砌辞藻，拘泥考证之风大倡，经世思潮逐渐沉寂。道咸年间，政治的种种弊端开始暴露，社会现实的黑暗和政治统治的昏庸，使得一些抱有真才实学的有识之士灰心。学界中追逐浮华之气渐生，末学滥进。"一批忧国忧民的封建士大夫中的有识之士，聚集在京师，对国势日益衰落、政治腐败黑暗极为担忧，常以文会友，诗酒唱酬，议论国家大事，抨击时政，成为风气。其中的人物有程恩泽、苏廷魁、朱蔚、陈庆德、何绍基、吴嘉宾、梅曾亮、宗稷辰、潘德舆、臧纡青、江开等，'一时文章议论，掉勒京洛，宰执亦畏其锋'。他们的议论使京朝当权的贵族大官僚也畏惧三分。他们敢于直谏，最著名的是黄爵滋道光十八年（1838）上《严塞漏卮以培国本疏》，要求严禁鸦片。陈庆镛道光二十三年（1843）上《申明刑赏疏》，参劾琦善、奕经和文蔚，'一疏动三贵人，九重为之动容，天下想望采风'直声震天下"②。

对于经世思想兴起的缘由，梁启超认为，"清初'经世致用'之一学派所以中绝者，固由学风正趋于归纳的研究法，厌其空泛；抑亦因避触时忌，聊以自藏。嘉道以还，积威日弛，人心已渐获解放，而当文恬武嬉之既极，稍有识者，咸知大乱之将至。追寻根原，归咎于学非所用；则最尊严之学阀，自不得

---

① ［日］本田成之：《中国经学史》，孙俍工译，上海书店出版社 2001 年版，第 247 页。

② 桑咸之：《晚清政治与文化》，中国社会科学出版社 1996 年版，第 28 页。

不首当其冲"①。从历史背景来看，道咸以降，清王朝之威势逐渐崩溃，学者开始从逃避时世转而预闻时世。嘉道年间经世致用思潮的勃然复兴与另一思想潮流的出现密不可分，那就是沉寂衰微一千多年的今文经学之再度兴盛。今文经家重新发掘公羊家之微言大义，援以议政，匡扶世道，将经世致用之思想发挥至极致，学界重现恢宏活泼之局面。19 世纪初，经世风习大开，经世思想全面复活。其间，经世思潮从内容而言，一则致力于政治批判、揭露时弊。二则致力于呼吁改革，革除弊政。三则抵御外辱，师夷长技。由此，经世思想在近代转型过程中焕发出新的生命力。

　　经世思想随着社会政治、思想形式的发展呈现出兴起、沉寂、复兴的曲折前进状态。因此，可以说经世思潮的重新崛起是国内政治、文化、社会发展刺激的结果，是人们对晚清变局到来的回应。但是这种外缘的刺激是否包括西学的影响则另当别论。以公羊经世派之代表魏源为例，从时间线索而言，魏源撰《皇朝经世文编》距鸦片战争的爆发尚有十余年之久，因而，经世思想之萌发虽然是受外缘刺激，但这个外因也是来自于本土政治与世运的影响，而非西学输入之外来因素的作用。"经世思想"在清代的复兴与崛起并不仅仅是来源于回应西学的刺激。

（三）经世思潮影响下今文经学向政治改革思想的演变

　　清代今文经学自常州学派重启门径后逐渐发扬光大，而与之相伴而生的就是传统经世思潮在清代的再度流行，两股思潮聚为一体，终成时代潮流。一般来说，学界认为两者关系密切，经世思潮是清代今文经学的哲学基础和思想来源，而今文经学家们在经世思想的深刻启迪下，将今文经学赋予了新的时代意义完成了理论的转型，今文经学中的传统公羊说开始向变法改革进行演进。清代今文经学的兴盛自始便带有强烈的经世色彩，今文经学家们怀公羊大宗，将儒家义理寄寓深深的政治关怀之中，将公羊学哲学上、思想上之启迪力量深赋

---

① 　梁启超：《清代学术概论》，广西师范大学出版社 2010 年版，第 83 页。

于现实感怀之上。而自刘逢禄后，今文经学内部也经历裂变，逐渐分道扬镳，邵懿辰、戴望、王闿运、皮锡瑞等多遵循经学家法，始终处于学术范畴，他们以学术为旨趣，注释今文经，未脱经学之藩篱而远离政治现实。龚自珍、魏源，特别是康有为则"喜以经术作政论"，在今文经学的荫护下，变法精神和改革要求寻得一席庇护之所，先进的思想家开始以传统儒学为根基，抛却卫经传道章句之儒的狭隘限制，关怀国事兴亡与民间疾苦，越发关注现实政治，呼吁改革图强之先声，他们基于现实政治而治经的方式，已经超越了传统经学的范围，儒家经典的内容也开始被抽离为空框架构，进而填充政治改革方案，今文经学的历史被他们滑转，发展成离经叛道的颠覆性运动。有学者称他们早已"从根本上抛弃了考据学，而且从今古文的对垒之中悄然抽身，把躯壳留给了经学，而灵魂却游走他乡"①。具体说来，表现为三个方面。

1. 经世致用启迪了政治变革的思想

清代今文经学兴自常州庄存与重开公羊门风，虽然庄氏治经并不显于当世，他的治学之旨归还并不是变法改制以谋求政治变革，但是他在清代再次开创今文经学之门径，启迪了后人。公羊家的传统经常州学派重新张扬旗帜后，为龚自珍、魏源所继承沿袭，成为他们以经议政，援古刺今的重要思想资源，继而为康有为所发扬光大，发展成晚清变法运动中引发思想飓风的学术思潮，在公羊家的三世、三统、夷夏之辨、内圣外王等范畴内展开对王朝合法性问题的追问。今文经学家以传统的经学视野为出发点，拓展出一系列政治思想与制度设计，以求应对不断变化的社会现状而建构一套合乎时宜的政治实践理论。张灏认为："集体成就的政治目标一旦被广泛接受，必定会转变儒家经世致用的观点。经世致用在 19 世纪出现时，注意力主要集中在有关道德的示范作用和行政管理问题上"，而到 19 世纪中叶，"富强的目标逐渐被人们广泛公认为是国家政策的一个正当目标"②，人们普遍歆慕向往西方先进的工业技术，追求

---

① 景海峰：《清末经学的解体和儒学形态的现代转换》，《孔子研究》2000 年第 5 期。

② ［美］张灏：《梁启超与中国思想的过渡》，崔志海、葛夫平译，江苏人民出版社 1995 年版，第 36 页。

国家之富强以挽救华夏危机成为时代之主题，在当时西方的冲击以及社会的内在环境等因素的双重刺激下，经世学派不再作为学术支流偏安一隅，而是逐渐转变为一种主导潮流的政治思想登上历史舞台。

2. 经世致用深刻影响了康有为的经学思想

经世思潮最为核心、进步的因素，在于对于政治改革的呼吁与追求，从龚自珍、魏源开始已经表露出来，而传统士大夫对于政治变革意识的萌发以及改革呼声的热情高涨，对于康有为的启迪与影响是直接而深远的。因此正如张灏认为的，经世派特别强调将行政上的革新作为儒家治国之术的必要成分。在清中叶实现复兴的今文经学派，将其核心内容界定为经世致用的精神与"改制思想"，这些思想资源在西学的冲击下，与西学知识相互撞击融合，成为影响康有为思想形成的重要因素。诚如汪荣祖所言："康若有政治活动而无学术思想，无非是二三流的政客，康若有学术思想而无政治活动，最多略胜廖平而已"①。康有为著书立说，阐发思想并将其深赋予政治抱负中，此"亦嘉道以来经世致用之微意也"。康氏一生都牵涉于政治运动之中，可以说，康有为的学术思想是其政治改革的理论基础，舍此前提而仅关注康有为的思想趋向与经学造诣，不问政治兴趣与历史影响，则难以客观评断康有为的思想与行动。西方学者吉尔伯特·罗兹曼在论及近代经学家时认为，儒家之经世思想作为一种思想体制尽管已然寿终正寝，但只要提及康有为、梁启超、章炳麟等这些在维新变法和缔造共和中叱咤风云的人物，他们都曾在一段时间内就读于传统书院②。传统的经学教育铸造了他们济世救民的情怀，规划天下之策略，这些思想资源和崇高理想的洗礼，在一定程度上成就了他们"敢于融会贯通中西之学而敢想敢为"

---

① 汪荣祖：《康有为论》，中华书局 2006 年版，第 16 页。

② 康有为自叹："成童之时变有志于圣贤之学"。见梁启超：《南海康先生传》，《清议报》1901年第 100 期。谭嗣同自认年少时"随波逐流，弹抵西学"而尊崇圣人之道。见谭嗣同著，蔡尚思、方行主编：《谭嗣同全集》，中华书局 1981 年版，第 228 页。严复兴叹"自惟出身不由科第"。见严复著，王栻主编：《严复集》，中华书局 1986 年版，第 157 页。传统的经学教育对于维新变法的先驱们的束缚与影响可见深远。

的珍贵品格与博大思路,"简而言之,即一些在改革共和运动中最有影响的人物,也许可以被认为在 20 世纪初的思想政治生活中作出了间接的贡献"①。当然,传统中学的内在力量在文化变迁过程中的内在动力究竟有多大,发端于今文经学的近代思想如何完成蜕变与重构,都是值得深思的问题,而这些追问与思索在康氏思想理论体系的发展脉络中可以窥得一二。

清代中期后崛起的今文经学及随后的今古经之争,绝非其表象之经学内部两派儒士故纸堆里的笔墨官司,实则是对传统的颠覆,关涉现实政治斗争的形势。今文经学所掀起的思想飓风,直接导致了以龚、魏为代表的经世思潮兴起和康、梁为代表的维新改革运动展开。

3. 通经致用超出了经学限度而走向经学终结

经世致用包涵着"通经"与"致用"两种面向。通经与致用之间的张力是不可避免的,冲突必然要发生。经义的阐述与研究实际是思想发展的脉络,遵循着知识与学术的规则,这些内容在"形成以后,往往在现实需要的面前,显示出惰性"。也就是说通经意义上的经义传授与阐释是知识教育的范畴,它在形成后是相对独立的体系,即使经学在汉代成为专制统治的官方哲学,但是学术与实践之间并不存在着准确的转换机制,经义的阐发与传授并不是应时而变,尤其是在社会巨变的时期,经义的惰性也就显现出来了。而这时的学者意欲通达实用与学术的通道,有些则走向了伪造经籍,改变经义的旁门之路,但是伪造和改变的任意妄断之论必然留下痕迹,为后人所质疑,其思想的学术价值也必然会因之而损。经学内部派别的对立与激化时期,往往是统治者的思想转换与官方哲学的转变时期,朱维铮说:"'通经'与'致用'之间的冲突关系,会在统治术需要变更的时候,以经学内部派系纷争加剧的形式表现出来"②。针对经世之儒积极入世之做法,刘师培道:"经世之学,假高名以营利;义理之

---

① [美]吉尔伯特·罗兹曼主编:《中国的现代化》,陶骅等译,上海人民出版社 1989 年版,第254 页。

② 朱维铮:《中国经学与中国文化》,《复旦学报(社会科学版)》1986 年第 2 期。

学，借道德以沽名。卑者视为利禄之途，高者用为利权之饵"①。不仅如此，从经学发展而言，艾尔曼在研究晚清时期文化变迁之趋势时指出，晚清社会文化态势的演变过程，体现为汉宋之争到以经世精神为内核的今文经与训诂考据为本义的古文经之争。然而，之前的汉宋之争尚且处于传统经学的体系框架之内，而晚清的今古文之争则打破了这一框架，突破学术范畴而转向现实政治，可以说今文经学在经世观念的引导下已突破颠覆了传统儒学范式，而宣告着经学时代的终结②。清代的今文经学具有了鲜明的时代特征，一些进步的儒者受到西方文化的影响，寻求经学辅证自己的思想的过程中，不断主观搬用、重新解读传统儒经，而后引发了疑古思潮与反传统运动。这些于今文学复兴之后发生的结果，已然超出今文学者研究经传的目的，最终的结果是他们始料未及的。可以说，近代经学充满了论战与争端，从鸦片战争至五四运动近 80 年间，进步者的思想无法摆脱传统经学的羁绊，顽固势力同样利用经学锢蔽思想，经学在社会动荡和政治斗争中，如绳索般与思想界紧紧缠绕。近代经学的时代影响是巨大的，它对于学界的牵掣束缚之深可以想见。直至五四运动后，经学才算偃旗息鼓，走向不是显学的学术殿堂。

　　总之，传统儒学在百年间发生了剧烈的动荡、裂变和转型。其中既有西学汹涌东来之外缘，更有内在体系裂变之内由。即便如今经学的发展和解构早已过去，现代儒学在时代裹挟中已走出了经学时代的研究范式。但是，回望过去，清末的今文经学在当时已然成为一股思潮，绝不能够忽视这一学术转换过程中的机制与历程。经学具有深远的政治文化蕴意，近代经学的重要特点就是它既是清王朝用来禁锢思想的牢笼，也是进步的思想家改革的理论工具，"统治阶级用其锢蔽思想，进步的思想家则利用经学倡言改革"③。清代的今文经学赋予了鲜明的时代特点，它从经书立论，拘守原典，恋栈儒经的藩篱中逐渐走

---

① 刘师培：《刘申叔遗书》，江苏古籍出版社 1997 年版，第 1538 页。

② ［美］艾尔曼：《经学、政治和宗族：中华帝国晚期常州今文学派研究》，赵刚译，江苏人民出版社 2005 年版，第 197—199 页。

③ 汤志钧：《近代经学与政治》，中华书局 2000 年版，第 26 页。

出来，不再一味抱残守缺，而根据现实政治、社会需求而借用经义，谋求变革。尽管今文家发掘微言大义的读经方式，被古文经家斥为"无稽怪诞"之说，被宋学家诋为"本末倒置"之学，但是在当时考证学发达，经史之外再无新学的情况下，晚清今文经者另辟独径之功绩，实在不可否认。这种由旧趋势向新趋势发展，最终使得旧趋势在新思潮中消解，其发展过程正是传统文化在近代转型的一个缩影，也是政治思想发展史的一个角度。展开对近代政治思想发展的历程中康有为思想的研究，必须回溯其广阔的文化背景和精神源泉，也就是要理解经学变迁的内在逻辑和概念框架，基于晚清变局的社会背景，以全局的立场重新审视康有为的今文经学思想。

第二章　康有为今文经学思想的学术传承

第一节　今文经学传统的复兴

一、常州学派重启今文经学门径

（一）经世之学与常州今文经学派的崛起

自乾隆至道光年间，传统士大夫"皆思偷愒禄仕久矣，则惧夫谐媚为疏附，窃仁义于侯之门者"①，大多在辞藻堆砌文章词句上下功夫，而经世之道则鲜有触及，故而"清世理学之言，竭而无余华；多忌，故歌诗文史楛；愚民，故经世先王之志衰"②。道咸年间，随着国家危机加剧，士大夫政治忧患意识萌发，一些官僚士大夫逐渐认识到，应当抛弃考证琐屑之弊端，纠正宋明理学空疏之学风，将治经问道之旨归回归到对国家兴亡、社稷安危的关注之上，而非拘泥于考证经籍的藩篱中。当时，"言经学者罕能外汉学，言汉学者罕能外吴、皖

---

① 章炳麟著，刘治立评注：《訄书》，华夏出版社 2002 年版，第 62 页。

② 章炳麟著，刘治立评注：《訄书》，华夏出版社 2002 年版，第 49 页。

两派"①，今文经学则处于末流而无人问津。道光之末，常州学派兴起，重张今文经学大旗，故谓"常州人士喜治今文家言，杂采谶纬之说，用以解经"。常州学派的崛起似晨曦之光，为清末学术注入了一股全新的活力，而后今文经学派开始逐步走出家学禁锢，走向时代复兴。

常州学派始于庄存与，"然清儒之言《公羊》者，盖自广森开其端。而武进庄存与方耕著《春秋正辞》九卷，宏发《公羊》，刊落训诂名物之末，而专求所谓微言大义者"②。庄存与认为《春秋》非记事之书，而是蕴含着精妙的义法，著《春秋要指》以求重新阐发微言大义。庄氏注重《春秋》义例，概括出22条《春秋》"书法"，"《春秋》之义，不可书则辟之，不忍书则隐之，不足书则去之，不胜书则省之"③，由"言辞"而阐发"义理"，发挥《春秋》"微言大义"，重述"三科九旨"等公羊核心命题④。庄存与专治《春秋》而后渐成学派，重开公羊门径，倡导改革意识，重新界定了汉学的内容和意义。庄氏虽尤好今文，但也遍治群经、杂治古文，并不严守今文门户，不是严格意义上的今文经家。由于"经世之学，可以耸公卿之听，而不足以得帝王之尊。欲得帝王之尊，必先伪托宋学以自固"⑤，因而同早期的经学家一样，庄存与治经多兼采汉宋。常州学派由庄存与开派后，清代经世议政之学风大昌，但是常州学派成为今文家派，实从庄存与的外甥刘逢禄开始。刘逢禄秉承公羊家说，认为《春秋》是探求"圣人之旨"的关键，而《公羊》则是解读《春秋》之作，阐述了褒贬义例，确定礼制是孔子传于后代的道德理论。刘逢禄好治《公羊》，"向治

---

① 马宗霍等：《经学通论》，中华书局2011年版，第311页。

② 钱基博：《经学通志》，上海古籍出版社2011年版，第138页。

③ （清）庄存与：《春秋要指》，阮元编：《皇清经解》卷387光绪九年（1883年），广州学海堂刊本，第1页。

④ 庄存与发掘的"微言大义"还包括"通三统"、"张三世"等内容，综合孔子、董仲舒、刘向、何休的解释，自己的见解不多，不做赘述。

⑤ 刘师培：《清儒得失论》，刘梦溪主编：《中国现代学术经典·黄侃 刘师培卷》，河北教育出版社1996年版，第773页。

《春秋》今文之学，有志发挥成一家言"①，所撰《公羊何氏释例》、《公羊何氏解诂笺》、《公羊何氏答难》等，皆为申述《公羊》之义，而且对"张三世"、"通三统"、"绌周王鲁"、"受命改制"诸说，都予以十分系统地阐述。刘逢禄曾将"张三世"阐释为"《春秋》起衰乱以近升平，由升平以极太平"，将"三世说"的演进模式推演为"近平世——升平世——太平世"的三阶段②。刘逢禄认为《春秋》三传中《左氏》详于史，作《左氏春秋考证》提出："《左氏》详于事而《春秋》重义不重事，《左氏》不言例而《春秋》有例无达例"。《左氏》不传春秋之义，不言义例而不得其微旨，故而"本未尝求附于《春秋》之义"，应当"审其离合"，以《左传》为良史，而以《公羊》传春秋微言大义，"《左氏》但存史文，故阙褒贬之义，凡论义例，当用《公羊》尔"。由是，今文公羊旗帜重张③，"常州之学复别成宗派"④。

（二）常州学派崛起的历史缘由

1. 常州学派崛起之初的政治缘由

从常州学派崛起的历史缘由来看，艾尔曼在研究常州学派时重点阐论了庄存与重启公羊门径的政治缘由："今文经学的复兴是出于对传统儒家围绕国家权力建构所阐发的政治主张经典阐述的关心，这套主张的阐述为国家权力、法律、典制提供了合法依据。庄存与看到宋明理学的治国之道已岌岌可危，因此，他试图发掘公羊大义，重新论证经典有关权力合法性的学说"⑤。学界一般

① （清）刘逢禄：《诗古微序》，《刘礼部集》卷9，上海古籍出版社1995年版，第6页。

② （清）刘逢禄：《张三世》，《刘礼部集》卷4，上海古籍出版社1995年版，第74页。

③ 戴望评论说：今文经学自庄存与、孔广森"起而张之，至于先生干城御侮，其道大光，使董、何之绪幽而复明，殆圣牖其衷，资耆者以诏相哉！"见《故礼部仪制司主事刘先生行状》，《谪麈堂遗集》，复旦大学图书馆藏，清宣统三年，邓氏铅印风雨楼业书本影印。转引自王鸶嘉：《学术史中的话语演变与谱系构建——清代公羊学史与庄存与》，《学术月刊》2018年第3期。

④ 刘师培：《近儒学术统系论》，《国粹学报》第一册1907年第5期。

⑤ [美]艾尔曼：《经学、政治和宗族：中华帝国晚期常州今文学派研究》，赵刚译，江苏人民

认为庄存与首开公羊门风，是为了以经书谏乾隆帝"近君子，退小人"，借助公羊学微言大义掩护其对和珅擅权的批评①。蔡长林同样认为，常州学派开启的最初原因即"庄存与的政治角色使然"，蔡氏从庄存与的治经内容上着手，认为尽管庄存与重开公羊门径，但是他经学的核心命题并不是公羊家说之"三科九旨"问题，而是宏观意义上的《春秋》微言大义。学者论及庄氏经学思想，由于公羊家专于"非常异义可怪之论"，故而，多认为庄氏今文经的核心在于此，实则不然。"评价庄氏以来，学者之论及庄氏，总离不开'微言大义'这四个字。只不过学者虽言之碻碻，然于阮氏之说似未曾深究其意。以阮元之时，汉学方炽，其于庄氏之评价，乃能着眼于方法学之上，指出庄氏不同于笺注之学的学风，故所评者实为庄氏学术之全面。虽操持之术，彼此不同，笔者以为阮氏之评，实得其意。然而时移势迁，公羊势大，遂使三科九旨之论，新周故宋之说，满场飞扬；而后学者论述之际，多依违于公羊立场，乃专以非常异义可怪之论，释此微言大义之学；而后《春秋正辞》遂为讲求微言大义者，供奉为庙堂神龟矣"②。蔡氏认为公羊学说不过是其发挥议论的媒介，庄氏治经的确体现了今文学家借经义阐发己见的风气，但是却并没有系统阐论公羊说的主要命题，因而，蔡氏也认为庄存与的经说体系中，《春秋》微言大义才是他发挥议论的媒介③。虽然学界对于庄氏治经的政治缘由多有揣测，但是都认为庄氏治经"博通六艺，善于别择"，专择有关稳定王朝秩序，抒发王道理想的

出版社 2005 年版，第 85 页。

① 郑任钊：《庄存与和清代公羊学的崛起》，《中国社会科学院院报》2007 年第 8 期；黄开国：《庄存与时代的学术与他的经学道路》，《中华文化论坛》2005 年第 4 期；田汉云：《试论庄存与的〈春秋正辞〉》，《清史研究》2000 年第 9 期。以上都认为庄存与复兴公羊学是由于政治上的原因。王俊义则持相反观点，他认为庄存与同和珅之间根本形不成对立和斗争。同时，还论证了庄存与治经贯穿其一生，绝非到晚年才转入治《公羊春秋》。王俊义：《庄存与复兴今文经学起因于"与坤对立"说辨析——兼论对海外中国学研究成果的吸收与借鉴》，《清史研究》2007 年第 2 期。

② 蔡长林：《常州庄氏学术新论》，博士学位论文，台大中文研究所，2000 年，第 173 页。

③ 参见蔡长林：《常州庄氏学术新论》，博士学位论文，台大中文研究所，2000 年，第 178 页。

微言大义，以发挥自己的政治观点。

2.清代思想和学术发展的结果

艾尔曼认为公羊家之复兴是今文经学家欲借助经学权威来制裁一切的必然之举。从历史背景来看，清王朝权威有渐现崩坏之势，今文经学家既然不满足于"贵时王制度"，则希望树立新的经学权威来指导世事。换言之，道咸之际历史境遇的骤变，警醒着回避于训诂考证之中的士大夫，在社会危局的冲击下，一些士大夫开始寄托于一种新的"微言大义"籍以匡扶天下，救弊济民。当然也不能忽略清王朝从绝对的文化专制，逐渐走向有限文化专制的过程，而政治腐败所导致的"制度性的焦虑"，也应该是重要的因素。

二、常州学派重建今文经学传统的历史评价

（一）常州学派开启援经议政之风

朱维铮曾说过："所谓朴学，在统治者眼中，是'学'非'术'，可以用来点缀'文治'，却不足以替代作为治心之术的'正学'"①。正所谓"盖汉学之词举世视为无用，舍闭关却扫外，其学仅足以授徒。若校勘金石，足以备公卿之役，而不足以博公卿之欢。词章书翰，足以博公卿之欢，而不足以耸公卿之听"②。以此标准反观今文经学则恰恰相反，它所强调的正是以学为"术"，以经学为治术。因此，讨论常州学派乃至整个今文经学派都不宜只局限于学术的角度思考，他们对于汉学的救正与复古，对于当时鼎盛的训诂考据之学的批驳，都不应当只立足于学术范畴的解读，而应当从学术与政治的角度进行阐释，以考察常州学派的政治观及背后所寓意的历史影响。

---

① 朱维铮：《清学史：汉学与反汉学一页（上）》，《复旦学报（社会科学版）》1993年第5期。

② 刘师培：《清儒得失论》，刘梦溪主编：《中国现代学术经典·黄侃　刘师培卷》，河北教育出版社1996年版，第773页。

庄存与、刘逢禄重新开启公羊家"以经术缘饰政论"之风，庄存与重启今文学的门径立足于树立政治话语权的背景原因而理解更为准确。常州学派重提《春秋》为孔子之微言大义，提出"《春秋》非记事之史"，批判攻击"不以褒贬论《春秋》"的观点，原因在于不以褒贬论《春秋》则无以发明微言大义，无以阐决是非，则无以阐发政论。因而，常州学派的治学原则正在于借褒贬是非发挥《春秋》微言大义。就常州学派的治学路径而言，其治经路径在于学术与世运的休戚相关、解经与议政的相因相合，常州学者治学的目的也多不离此前提。总之，常州学派高举复兴西汉的经学政治观，批判东汉以下的学术，重树经世致用的治经传统，是常州学派重启今文经家学术与世运紧密相因的思维意识之体现，是传统士大夫心怀家国天下，忧患当世的人文关怀精神之表现。

值得注意的是，常州学派的崛起与晚清经世思潮的兴起是相伴而生的，学界一般认为常州学派重启公羊学说是经世思潮兴起的理论基础。梁启超指出："嘉、道时期最要注意的是新兴之常州学派。常州学派有两个源头，一是经学，二是文学，后来渐合为一。他们的经学是《公羊》经说——用特别的眼光去研究孔子的《春秋》，由庄方耕存与、刘申受逢禄开派"，更为重要的是，"两派合一来产出一种新精神，就是想在乾、嘉间考证学的基础之上建设顺、康间'经世致用'之学"①。常州今文学派的崛起与经世思潮相互结合，共同汇聚成一股以今文经学以求致用的思想潮流。

（二）常州学派重建今文学派具有思想解放意义

对于常州学派重启公羊门径的历史作用，时人褒贬不一。持褒扬态度的梁启超用"以复古为解放"的说法解义常州学派之兴起。梁氏认为今文经学的复兴激发了新的学术精神，是在野的、民间的学术思想对话朝廷的、官方的正统哲学的一种对抗，是一种带有"启蒙思想"功用与意义的新思潮，因而具有反

---

① 梁启超：《中国近三百年学术史》，东方出版社 2004 年版，第 27 页。

抗传统和解放思想的启蒙意义。章太炎则认为常州学派侈谈大义，高论西汉治学，而实际上对于厄运末途之社会危局无益而言①。他批评常州一派自刘逢禄到康有为"以孔子为巫师"："刘逢禄以《公羊传》佞谀满洲，大同之说兴，而汉虏无畛界。延及康有为，以孔子为巫师，诸此咎戾，皆汉学尸之。要之，造端吴学，而常州为加厉"②。钱穆的评价则更为客观，他虽然也贬抑今文经学治学方法，但是却明白地洞察了今文经学派之实质，肯定了今文经学复兴所具有的思想解放功能："以古典为堡垒，对时王制度开门出击。因此清代公羊今文学派外貌极为守旧，内心极为激进，此非从学术思想之渊源处深细追寻，不易明也"③。

（三）常州学派对传统学术的反叛与瓦解

常州学派重新开启了古老的公羊学说，但是清代今文学家的"汉学"所呈现出的理论体系，与真正的汉学相去甚远。从思想的发展脉络中观察，清代的公羊学说所倡导变革与怀疑精神，不断瓦解和否定着传统，而这种趋势自常州学派崛起时就有了苗头。艾尔曼认为："刘逢禄同其外祖父庄存与一样，意识到汉学家所发起的复古运动，可以推翻宋学的正统学说，但提供不出可替代的道德理论。刘逢禄对汉学的攻击将破坏整个儒家的根基，但是，他的初衷恰恰

---

① 章炳麟说："文士既已熙荡自喜，又耻不习经典，于是有常州今文之学，务为瑰意眇辞，以便文士。今文者：《春秋》，公羊；《诗》，齐；《尚书》，伏生；而排斥《周官》、《左氏春秋》、《毛诗》、马、郑《尚书》。然皆以公羊为宗。始，武进庄存与与戴震同时，独喜治公羊氏，作《春秋正辞》，犹称说《周官》。其徒阳湖刘逢禄，始专主董生、李育，为《公羊释例》，属辞比事，类列彰较，亦不欲苟为恢诡。然其辞义温厚，能使览者说绎。及长州宋翔凤，最善傅会，牵引饰说，或采翼奉诸家，而杂以谶纬神秘之辞。翔凤尝语人曰：'《说文》始一而终亥，即古之《归藏》也。'其义瑰玮，而文特华妙，与治朴学者异术，故文士尤利之。"见章炳麟著，刘治立评注：《訄书》，华夏出版社2002年版，第51页。

② 章炳麟：《检论》，《章太炎全集》（三），上海人民出版社1984年版，第481页。

③ 钱穆指出晚明遗老也有此意向，但是却陷入了乾嘉经学之途，退避到古典制度的研讨中而不得真章，没有达到其目的，未能尽其事。而今文学则完成了这一过程。见钱穆：《略说乾嘉清儒思想》，《钱宾四先生全集》第22册，联经出版事业公司1998年版，第17页。

相反。他认为庄存与转向《公羊传》以后提出的今文学说可以填补 18 世纪汉学家造成的空白"①。钱穆认为常州学派复兴今文是清代学术走上的一条"夹缝中之死路"②，因为这已然脱离了经世致用的治学之路，特别是后期的发展趋势更是呈现出"考据义理，两俱无当。心性身世，内外落空"的歧路之景象，经学也开始走入末途。而后，伴随着西学东渐之汹涌文化浪潮之入侵，席卷华夏，囊括万象，传统学术一时措手不及，逐渐沦为援用西学的皮囊，五四时期成为封建思想而人人口诛笔伐。对于今文经学的复兴，钱穆唏嘘道："这在中国思想史上，实在是一幕彷徨、迷惑、浅薄、错乱的悲喜剧"③。

总体来说，常州学派重启今文学派之功更是不可否认，由其传衍发展而来的晚清今文经学运动，为康有为提供了宝贵思想资源。以此观之，常州今文经学派的确为思想启蒙之先声。

三、庄存与、刘逢禄对康有为经学思想的影响

（一）援经议政的治经之道为康有为所承继并发扬

庄存与喜言"大一统"、"通三统"等公羊义法，将《春秋》经说改造成宣扬圣王理想之实现，唏嘘王道政治之不复的议政途径，适应了时人寻求义理的学术潮流④。这种蕴涵政治见解的思想学说，适应了时代思潮之需要，故脱颖而出发展成一代思潮。庄存与"宏阐微言"，意欲借助经典阐述表达其政治观点，以古典思想作为治世良方，同时又是论政媒介。这种援经议政的治学路经为后代今文学家所承袭下来，对于康有为也产生了深远影响。当然，对龚自

---

① ［美］艾尔曼：《经学、政治和宗族：中华帝国晚期常州今文学派研究》，赵刚译，江苏人民出版社 2005 年版，第 181 页。

② 钱穆：《前期清儒思想之新天地》，《中国学术思想史论丛》，生活·读书·新知三联书店2009 年版，第 11 页。

③ 钱穆：《前期清儒思想之新天地》，《中国学术思想史论丛》，生活·读书·新知三联书店2009 年版，第 12 页。

④ 参见田汉云：《试论庄存与的〈春秋正辞〉》，《清史研究》2000 年第 9 期。

珍、魏源以及康有为等人而言，这种治经方式虽然强调了关心政治的意识，但是仍过于保守，他们超越了这种援经议政的方式，从公羊大义中所发掘微言大义，开始转向为激进的政治批判和倡言政治改革。

（二）传统经学的内部转型为康有为改造今文经学开辟了道路

回顾清代今文经学的开创与发展历程，伴随时代变局而延续的今文经学与时局境况和政治斗争形势休戚相关。与之相因袭，龚自珍、魏源及康有为等经学家与第一代清今文经学家虽同在公羊家之门户，承袭了援经议政、借用经籍阐发争论的治经之道，但在治经路径、思维方式、解经目的等方面，已是迥然而异。首开先河的第一代今文经学者，实则并非纯粹严格意义上的今文经学家，在治经范畴上较为宽和，兼治古今，他们多于古经熏陶中成长，后醉心于今文经学，然则亦非全然排斥古文经，因而甚少门户之见。庄、刘时期今古经之间的论战多为学术见地之别，而非政治主张之异，更无政坛争夺之战。后来倾心于公羊学的龚、魏，则多"以经议政"，推崇今文经学以抒发政治主张，主张政治变革。康有为则更是将今文经学与政治实践直接结合，呼吁改革变法，救亡强国。今文经学在时代变局中完成着不断重塑与调适，在今文经学家的诠释与解读中，开始作为一种思想武器和思维方式，发挥着灵活能动之政治功用。无可置否，今文经学在康有为的时代，已然失去其作为学术派别而守"家法颛门"之意义，于时代变局中作为援以议政、针砭时弊的理论工具，为顺应历史进程的先进改革者们所青睐。是时，许多顽固守旧的官僚旧儒，仍以爬梳经籍、因循守旧和捍卫正统为正道，而视变法革新、顺应潮流的有识之士为异端，以此时代语境为角度，今古经学之争又具有了变法与守旧、革新与顽固的冲突色彩与政治意义。常州学派复兴今文经学对康有为的影响是深远而关键的：正是今文经学的复兴，"内部虚空加上外部冲荡，于是乃有晚清之维新运动"①。

---

① 钱穆：《前期清儒思想之新天地》，《中国学术思想史论丛》，生活·读书·新知三联书店2009年版，第12页。

第二节　治经向改革的推进

　　龚自珍、魏源是公羊派的中坚力量，今文经学中的"公羊学说"是他们思想体系中的重要资源，对晚清公羊派之贡献尤为突出。在龚、魏的思想发展过程中，今文经学与经世学说成为两条主要脉络，因而学界一般认为，旨在变革的经世思潮与今文经学的复兴存在密切的关系，后者是经世思潮复兴的哲学基础，两人的思想也就成为两股潮流汇聚的结点。这样说来，"18 世纪常州今文经学通过魏源、龚自珍在 19 世纪早期的经世学说和近代广东的康有为（1858—1927）、梁启超（1873—1929）建立了直接的历史关联"①。因此，二人的今文经学思想和理论，乃是康有为经学思想中重要的资源与理论传承。

一、龚自珍、魏源对常州学派的超越

　　龚、魏二人对于公羊派的推动在于主张"以经术为治术"，倡言政治改革。他们进一步发挥今文经学之微言大义，为经世理论的重建寻求哲学基础，将目光转向更为广阔的政治环境中。龚自珍、魏源提出的注重效验之原则，呼吁的经世致用之精神，不仅是对常州学派在思想层面的超越，在政治上也成为晚清今文经学派更密切地参与政治改革的转折点。龚自珍、魏源注重发挥儒家的经世传统，寻求效验之目标本身是根植于今文经学家之价值观念的。

　　术与学不同，术贵技术，学贵理论，术重运用，学重研究。汉武帝大兴"罢黜百家，独尊儒术"，以儒学为治术，将儒家经义作为思想统治工具进行推崇与权用，充分发挥儒家经世价值，以彰显思想统治功用，是西汉政治统治的

---

① ［美］艾尔曼：《从理学到朴学：中华帝国晚期思想与社会变化面面观》，赵刚译，江苏人民出版社 2012 年版，第 184 页。

重要特点，也造就了今文经学之兴盛与大昌。经生们由此名声日隆，进入仕途，今文经生"习文法吏事，而又缘饰以儒术"①，打通了儒经汉用的通道，将儒学运用为儒术。叔孙通、公孙弘等人进入权力核心的手段，都是以儒术为支撑，获取了君王的支持和皇权的肯定，大儒董仲舒更是将"经术"的治世功用发扬光大，以公羊学垄断了司法权与法令解释权，推行"春秋断狱"，以经义缘饰律法。可以说，"自汉代起，统治者立一学说，扶一学派，都要观察是否合乎己用"②。一种学说与学派，如果最能够为统治所用、合统治者所需，则可能成为官方统治思想而发挥思想文化的垄断与统治功能。因而，经生们想要打通进入政权的通道，阐发政治见解以求实现政治理想，最有效的捷径并不是最通经学或最懂经义，而是善于窥伺时机，掌握以学为术之道，引起统治者的关注与兴趣。以此而观清代今文学之兴盛可以发现，其兴起乾嘉年间，振作于道咸之时，转变于同治之际，容纳中西于光绪之时，这是清王朝进入变动转折的历史时期，社会矛盾开始突破繁荣稳定的社会表象，呈现出日益复杂、激烈的冲突性。面临王朝危机，龚自珍和魏源等今文经生认识到末世已至，只有政治改革才是正途，但阐发政治主张的最权威与有效之路便是"以经术为治术"。龚自珍和魏源正是亲历清王朝由盛转衰的两位重要的思想家，"以经术为治术"是以他们为代表的今文经学家，对学术新风向发出的热情呼吁。

二、今文经学向政治改革思想的推进

传统经学家的治经之道是沿袭治经之旧途，主张"非训诂无以明之，训诂明而道不坠"③。庄存与、刘逢禄的治经路向，虽然有"经世致用"的强烈趋向，但是今文经学的阐发仍处于传统经师的堡垒之中，不免通经有余而致用不足。

---

① （西汉）司马迁：《史记》卷 112《平津侯主父列传》，中华书局 1959 年版，第 2950 页。

② 朱维铮：《中国经学与中国文化》，《复旦大学学报》1986 年第 2 期。

③ 费密：《弘道书》卷上《道脉谱论》，《丛书集成续编》第 154 册，新文丰出版公司 1989 年版，第 159 页。

至龚自珍、魏源一代的今文经学家，则更着意于"援经议政"，所谓"诵史鉴，考掌故，慷慨论天下事"，"以朝章国政世情民隐为质干"，他们鄙夷乾嘉以来学界盛行的远距庙堂政事，又无益黎民疾苦的考据学，而致力于引导学界对当时的政治、社会阐发议论，关心现实，开创经世务实的风气。

（一）但开风气不为师

龚自珍受业于常州学派今文学大家刘逢禄，接受了正统的今文经学教育。清代公羊学由龚自珍始开始走出私门书斋，走向政治领域。常州学派重启公羊门径后，庄存与、刘逢禄著说讲学阐发公羊大义，总结义例重建统绪，由此学派崛起。但是，这些公羊学者虽然具有了援经议政的倾向，重心依然是公羊学说和今文理论的建立与拓展，研究范畴始终局限于学术层面而非政治层面。直到龚自珍时期，公羊学的风貌开始骤然为之一变①，由书斋走向政坛，继而由偏安一隅的家学，发展为兴盛一代的思潮。龚自珍认为名物训诂与探求义理皆各有所用，但是归根结底二者是手段与目的的关系，如果将圣人之道比作宫墙，则文字训诂犹如通入宫墙之门径，门径有误，则"跬步皆岐"，难入宫墙之内，因而不重视章句，如天马行空，所得根据则缥缈而无根基，"高则高矣，户奥之间未实窥也"。但是，圣道义理乃是治学之根本，若只浮于辞章名物之学问而不论圣道，则"又若终年闭寝馈于门庑之间，无复知有堂室矣"②。龚自珍虽然持居中的观点，但是这种折中论也反映出士大夫政治的责任感和对政治的关注度上升，他们对于国家状况的忧虑和政治腐坏的不满，使得学界逐渐开始抛弃远离现实与政治的冷漠态度和治学之道，开始寻

---

① 杨向奎先生说："清代从庄存与到陈立这一批公羊学者中，可以称作思想家者当推龚自珍"。杨向奎：《清代的今文经学》，《清史论丛》第一辑，中华书局 1979 年版，第 196 页。陈立（1809—1869），字卓人，又字默斋，江苏句容人，道光二十一年（1841）进士，历任翰林院庶吉士、刑部主事、刑部郎中、云南曲靖知府，以研究公羊学闻名，著有《公羊义疏》、《白虎通疏证》等。

② （清）阮元：《拟国史儒林传序》，《擘经室集·一集》卷 2，商务印书馆 1937 年版，第 32 页。

求"圣道"以求应世救时。龚自珍"首开风气"、"慷慨论证"的文章可归为三类范畴。一则为援用经学，以论学形式议政。二则为尖锐揭露政治、社会矛盾，注重社会批判。三则记载史事与掌故的碑传、记事杂文，捕捉当时政坛的侧影①。三类治学路径虽各有侧重，但都渗透着今文经学家深刻的经世理念和救世情怀。以此三类资料为体系，龚自珍的今文经学思想主要包含三方面的内容。

1. 推演充实"三世说"，提出衰世之论

"三统"、"三世"是公羊家的核心议题。龚自珍在常州刘逢禄处接受了常州学派系统的今文经学教育，秉承了公羊家的"三世说"而又有所突破，他的"三世说"深具特色。公羊学的政治批判功能和强调变革的精神，集中体现在"三世说"中。"三世说"强调历史发展与变化的规律，主张历史的永恒变迁与社会的发展而终将实现理想社会。换言之，"三世说"寻求进步与变化，而这种宝贵的创新与变革精神，正是龚自珍苦于追寻的救世之道。龚自珍接触公羊学说后，深刻体悟到其中所蕴含的救时之道，因此，志在以究时弊而裨益于当世，经世务实的龚自珍于公羊学说中最为重视阐发"三世说"的微言大义，从而为其批判时弊，倡言改革寻求经学基础与理论支撑②。龚自珍在《乙丙之际著议第九》中提出了自己"治世——乱世——衰世"的"三世说"模式，曰："吾闻深于《春秋》者，其论史也，曰：书契以降，世有三等，三等之世，皆观其才。才之差，治世为一等，乱世为一等，衰世别为一等"③。龚自珍的"三世说"，借用了何休所注解的"据乱世——升平世——太平世"的传统"三世说"，但是从内容上而言，他又超越和改造了公羊学的传统"三世说"，开创了一套独特的"三世说"理论模式。陈其泰认为龚自珍对于公羊"三世说"最大的贡献在于龚自珍的"三世说"摆脱了以往经注的束缚，具有崭新的内容，反

① 参见（清）龚自珍，王佩诤编校：《龚自珍全集》，上海人民出版社1975年版，第4页。

② 郑任钊：《龚自珍与清代公羊学风的转变》，《中国哲学》第二十六辑，辽宁教育出版社2010年版，第493页。

③ （清）龚自珍著，王佩诤编校：《龚自珍全集》，上海人民出版社1975年版，第6页。

映出民族危机的紧迫感 ①。

龚自珍推演传统公羊说而建立的"三世说"具有四个显著特征：第一，强调"衰世"到来之社会危机。龚自珍认识到了封建经济的衰弱，封建经济的由盛而衰侵蚀着清朝的根基，经济基础贫弱的大清帝国更加摇摇欲坠。社会贫困，物价飞涨，龚自珍曾描绘京师之地民众贫穷，生活潦倒的萧条景象："崇文门以西，彰义门以东，一日不再食者甚众，安知其无一命再命之家也" ②。龚自珍敏锐地察觉到西方资本主义入侵带来的巨大冲击，西方国家由最初的国家间稀疏正常的交往，扩大至频繁的经济贸易往来，最后西方国家为了满足原始积累时期的对外侵略扩张的要求而引发的侵略行为和军事冲突，西方资本主义以坚船利炮打开了通往东方封建帝国的古老国门，这种撞击与冲突，最终使得国运衰微的清王朝濒于全面崩溃，不但人民生活困苦，就连下层官吏也衣食难继。龚自珍不仅评断衰世，更苦求救世良方以告别衰世，终结"万马齐喑"的专制长夜。1841 年，龚自珍清醒地领会到了国运衰微的气息，尖锐地提出"衰世"以界定当时的清王朝行将覆灭之末世厄运，他在《尊隐》中指出清朝统治的日暮途穷之颓势："日之将夕，悲风骤至，人思灯烛，惨惨目光，吸饮暮气，与梦为邻" ③。是年，龚自珍猝然离世，他去世前，无奈地认识到清王朝内外交困，矛盾丛生的时代特点，哀叹道："即使英吉利不侵不叛，望风纳款，中国尚且可耻而忧，愿执事且无图英吉利" ④。龚自珍的"三世说"提出了三种划分社会状况的标准与尺度，他认为当时清朝已然处于衰世之中，如果统治者仍不思危而图治，改革求变，那么乱世就在眼前。龚自珍极大地拓宽了"三世说"的范围，改春秋之法为万世之法，将特殊规律升格为大千世界之万事万物所普遍遵循的规律。在龚自珍的推演下，传统"三世说"的应用范畴被突破了，开始转变成一种用于批判现实政治、反思社会现况，以及警醒世人末世之运的哲

① 参见陈其泰：《公羊三世说与龚自珍的古代社会史观》，《浙江学刊》1997 年第 5 期。
② （清）龚自珍著，王佩诤编校：《龚自珍全集》，上海人民出版社 1975 年版，第 30 页。
③ （清）龚自珍著，王佩诤编校：《龚自珍全集》，上海人民出版社 1975 年版，第 87 页。
④ （清）龚自珍著，王佩诤编校：《龚自珍全集》，上海人民出版社 1975 年版，第 341 页。

学武器，龚自珍在"三世说"的框架中所强调的"衰世"之说，是将传统公羊"三世说"改造成为阐论社会变迁、危机意识的思想资源。西汉古老而传统的公羊学重新焕发出时代意义与批判精神。第二，龚自珍三世的演变顺序为"治世——乱世——衰世"的"三世说"，相较于何休的传统"三世说"即"衰乱——升平——太平世"而言，从时间顺序来说是迥然不同的，龚自珍重新排列"三世说"的演化顺序，既是为警醒世人衰世之到来，求变之迫切，也寄托着他希望通过改革实现国家由乱而治的愿望，但绝不是在政治体制外的改革，而是在现存的政治体制下的自我完善。第三，龚自珍认为经世与救世当为第一要务，他的"三世说"之精髓在于求变通从而扭转衰世之厄运，救世之道必须求变。龚自珍拓宽了"据乱世——升平世——太平世"的具体解释，同时又突出了"三世说"的核心与精髓，即求变的精神。第四，龚自珍认为"世有三等"为治世、乱世、衰世，且他提出了三世之划分标准则"皆观其才"，以人才任用之标准而作界定，借用公羊抨击清王朝扼杀人才之昏庸无道、末路之治。疾呼"我劝天公重抖擞，不拘一格降人才"，对清廷窒息思想以致造成思想界"万马齐喑"的沉闷局面激烈批驳。

2. 引《公羊》义讥切时政 ①

清王朝现状不断恶化，政治压力与日俱增，外困内忧的时境，触发了一系列现实难题，这些问题激起了一部分有识之士的危机意识与道德责任感。龚自珍的议论时政之武器出自今文经学，导源于"非常异义可怪之论的公羊学"，有学者曾质疑龚自珍的今文经家之界定，认为龚自珍援经议政在时间上存在质疑之处。龚自珍受公羊学自刘逢禄时28岁，而《明良论》等批判现实之作成于此前，因而认为梁启超对于龚自珍今文经学家的界定实属牵强。笔者认为，与他相熟知的魏源曾说他"于经通公羊春秋"，不能因为他批判社会最为犀利之作成于受教刘氏之前，而否定龚自珍今文经学家的地位。但不可否认，龚氏在一些论经的文字间，也有今古文经学并举之情况，但清早期的今文经学家多

①　梁启超：《清代学术概论》，广西师范大学出版社2010年版，第89页。

治经广博而少有门户之隔，不若后继之经学家，由于今古经之争具有政治堡垒意义而态度鲜明、立场尖锐。虽然龚自珍早期治学上专经世之务而肆意著述，贯穿百家，但自师从刘逢禄受公羊春秋，明微言大义后，以受公羊影响为最大。龚自珍与当时的今文经学家宋翔凤、魏源等人为同道好友，深受影响。更重要的是，一是他的论著具有鲜明的推崇《公羊》而攻击古文之今文经立场，二是他阐释发挥三统三世之公羊核心言论，自然应冠以今文经学家之名。

3. 倡言改革

龚自珍改造公羊说的最终目的和追求，是为了"贩古丹而医时弊"，认为时代危局中的救世之道，就是进行"自改革"。龚自珍在阐论公羊诸说时，对于"三世说"尤为着力，其根源就在于他发现了"三世说"的精髓"变"，而将其改造成一种进行社会改革的理论基础，以"探世变"而自改革。龚自珍认为清王朝应当不拘祖宗之法，不惮千夫之议，应时变革，方得保存政权。他警醒统治者："一祖之法无不敝，千夫之议无不靡，与其赠来者以劲改革，孰若自改革。抑思我祖所以兴，岂非革前代之败耶？前代所以兴，又非革前代之败耶？"①一个朝代肯于变革弊政，存利除弊，才能避免朝代兴替而永享其利。针对改革倡议，他提出了相应的变革举措，丰富繁杂②。龚自珍阐发公羊学微言大义，援经议政，批判社会现实，大倡改革之风，使得几成绝学的今文经派蓬勃复兴。可以说，龚自珍的努力标志着今文经学从学术领域进入政治领域的风向之转移，今文经学不再偏安一隅，而是成为一个时代中的先进知识分子讥议时政、诋诽专制的理论利器，鼓动心系时局，学以致用之学术风尚。"一事平生无猗歔，但开风气不为师"，龚自珍作为第一代今文经学家在首开风气，批判现实，倡言改革方面之功绩不可磨灭。梁启超曾说"今文学派之开拓，实自龚氏"③。

总之，龚自珍对于清代今文经学的推动集中体现于他的引公羊议政、推演

① （清）龚自珍著，王佩诤编校：《龚自珍全集》，上海人民出版社1975年版，第6页。

② 参见（清）龚自珍著，王佩诤编校：《龚自珍全集》，上海人民出版社1975年版，第343页。

③ 梁启超：《梁启超论清学史二种》，复旦大学出版社1985年版，第61页。

充实"三世说"的政治意涵，从而使今文经论开始成为一种社会批判和倡导社会改革的思想资源与理论基础。

（二）综一代典和成一家言

魏源早年获知于宋学之姚学塽①，汉学之胡承珙②，虽然魏氏早年未入公羊派，但他在治学上不注重东汉疏经之风，倒颇似公羊学风。而后，魏源与龚自珍同门受教于刘逢禄处，他与龚氏交流切磋，结为至交，同门受教公羊学，在这种师友传承之渊源下，魏源成为清今文经学复兴潮流中的一员干将，他确立了鲜明今文经学立场。相较龚自珍而言，魏源对经学的兴趣与研究则更是甚于龚氏，具有很深的经学造诣。可以说，魏源既是传统今文经学文化的继承扬弃者，又是清代阐发经籍、经世议政的发轫者。魏源在今文经学方面的论著颇丰，本书需探讨之主要观点及理论贡献扼要简述如下。

1. 魏源今文经公羊学的核心在于"变易观"

魏源将矛头对准《古文尚书》、《毛诗》，分别作《书古微》、《诗古微》，辨伪古文"尽黜伪古文十六篇，并尽黜马、郑之说"，同时又发明"齐、鲁、韩三家之微言大义"，重树西汉"大义为先，物名为后"的治经精神和"贯经术、政事、文章于一"的治学方法。道光九年（1829），魏氏著《董子春秋发微》③，然而正文佚失，仅余序目可得章节名目。自庄存与公羊开派首发先声后，刘逢

---

① 姚学塽（1766—1826），字晋堂，浙江归安（今湖州）人。清嘉庆元年（1796）进士，历官内阁中书、兵部主事，著有《竹素斋集》。

② 胡承珙（1776—1832），字景孟，号墨庄，安徽泾县人，嘉庆十年（1805）进士，累官至台湾兵备道，著有《永是堂诗文集》、《毛诗后笺》、《小尔雅义证》、《仪礼古今文疏义》、《尔雅古义》等，《清史列传》有传。

③ （清）魏源：《董子春秋发微序》，《魏源集》，中华书局1976年版，第135页。《董子春秋发微》一书已经散失，仅存序目，今已不见，只能从序文中推其旨趣。魏源十分推崇董仲舒之学，认为《春秋繁露》宏通精深，认为董子"抉经知心，执圣之权，冒天下之道者，莫如董生"。因而，学界虽然对于魏源思想的研究资料十分丰富，但详涉今文经学内容的文章不过三十余篇。

禄开始致力于精研何休的《春秋何氏解诂》，至魏源作《董子春秋发微》，将经学脉络上溯至西汉董仲舒，他强调口传微言大义对于《春秋》的重要性远胜于章句："春秋之有公羊氏也，岂第异于左氏而已，亦且异于谷梁。史记言春秋上记隐，下至哀，以制义法，为有所刺讥褒讳抑损之文不可以书见也，故七十子之徒口受其传指。汉书言仲尼没而微言绝，七十子丧而大义乖。夫使无口受之微言大义，则人人可以属词比事而得之，赵汸、崔子方何必不与游、夏同识；惟无其张三世、通三统之义贯之，故其例此通而彼碍，左支而右绌。是故以日月名字为褒贬，公、谷所同，而大义迥异，则以谷梁非卜商高弟，传章句而不传微言，所谓中人以下不可语上者。此江公与董生齐名，而董生之业卒显欤！"① 在《春秋》三传中，扬公羊之意明显，可以知道其倾向。

魏源树立了鲜明的变革旗帜，他的今文经学思想的核心就在于"变易观"。魏源的变革理论正是一步步上推，希望恢复汉代古老今文经学"微言大义"以救弊当世的思路中提出的，可谓以复古为解放。这些思想与理论启迪了康有为，康氏著有阐论公羊观点的"两考"以及《春秋董氏学》等，直奔董仲舒之公羊学正体现了思想的传承。

2. 魏源在治经路径上更注重阐发微言大义

魏源在治经路径上大体因循公羊派家风，虽然重视经文原典，但是更注重治经之主观体悟，寻求思想之内涵，发掘经文之微言大义。他清醒地认识到专于训诂的考据之学没落已是必然，在当前政治危机加剧、社会空前动荡的时代，应当务经世之学以寻求救世良方，推行政治改革以稳固王朝统治，比学术上的考证更为迫切，因而当务之急，首先当重新强调春秋之义，重建公羊之学。他批判汉学的考证之琐碎，更认为汉宋之争在社会危机之前无足挂齿，不必拘泥于门户之隔。艾尔曼认为，从这一点来说，早期的今文学家对古文经和今文经的态度并不像康有为一般激烈，考据学有时也可以作为提出新思想的工具。19 世纪初的今文学家与考据学主流派的相通之处是超过了后来康有为的。

---

① （清）魏源：《公羊春秋论下》，《魏源集》，中华书局 1976 年版，第 132—133 页。

从最终目的而言，康氏的思想寻求的是对现存政治制度和思想文化的一体更新，而龚自珍、魏源等早期今文学家的目标则集中于清王朝现存政治制度框架内的行政改革，终极目标的差别也体现于治经路径的细微不同上①。这些细微的不同，必然也会导致改革的理念不同。

3. 魏源为变革寻求经义基础

魏源虽然对于今文经学具有很深的造诣，但是他的经世倾向亦是十分强烈，绝不是一位书斋中的经师。"他利用自己所处的显要位置，把经世思想和今文经学的社会改革主张融为一体"②。魏源在《皇朝经世文编序》中写道："善言古者，必有验于今矣"③。在《国朝古文类钞叙》里，又提出"文章与世道为污隆"④，主张文章贵能联系实际，治学著述之关键在于应当因时、因势契合世道而不与现实脱节。在政治方面，道光五年（1825），魏源返京应贺长龄之邀，为其担纲《皇朝经世文编》的编纂，这部文编标明了经世学者的两大主张，一则研究当代制度之利弊损益，回溯历史沿革之兴衰成败。"通当代之典章"、"考历朝之方策"，是济世救时的必要之举措。二则注重效验功用之发挥及利于民物技术之发展。在具体的改革措施中，魏源主张除弊变法，在现有的框架之下，革除制度之痼疾，内除弊政进而变法方为最为合理的改革方案，认为："天下无数百年不敝之法，无穷极不变之法"⑤。政治改革是魏源政治思想的核心，而他的变革思想也正是以今文经学为理论基础的。

4. 魏源经学思想对传统夷夏观念的颠覆

魏源的经世态度还体现在对西学的积极汲取上。"师夷长技"表面来说，虽然不能直接视为魏源经世思想的内容，但从认识根源来说，之所以能够提出

---

① ［美］艾尔曼：《从理学到朴学：中华帝国晚期思想与社会变化面面观》，赵刚译，江苏人民出版社 2012 年版，第 242 页。

② ［美］艾尔曼：《从理学到朴学：中华帝国晚期思想与社会变化面面观》，赵刚译，江苏人民出版社 2012 年版，第 186 页。

③ （清）魏源：《皇朝经世文编序》，《魏源集》，中华书局 1976 年版，第 156 页。

④ （清）魏源：《国朝古文类钞叙》，《魏源集》，中华书局 1976 年版，第 229 页。

⑤ （清）魏源：《筹鹾篇》，《魏源集》，中华书局 1976 年版，第 432 页。

学习西方的主张，与他遵循经世致用的今文传统，不能不说有密切联系。"因为'经世致用'就其作为一种他的治学原则而言，其根本精神在于反对为学问而学问、为学术而学术，强调关注社会现实问题、解决现实难题才是治学的惟一目的，则一个治学不以'经世致用'为根本目的的学者，当然不可能在鸦片战争爆发不久，就提出'师夷长技以制夷'的自救纲领"①。

魏源对于西学之态度较之龚自珍、包世臣、林则徐等人更为开明，他积极投身于"筹制夷之策"，将眼光展望于西方，提出师夷长技以制夷，不仅要采西学，更应"习长技"，举凡有利于国计民生、强国富民之西方科技成果，皆应学习之。有学者认为："若按照是否能够主张向西方学习技术科学这个标准划分上派别的话，那么完全有资格归入近代意义上的先驱派者，就只能是魏源和冯桂芬"②。魏源《海国图志》终成 100 卷，系统译介并记载了西方国家的历史沿革、社会现状，这一巨著的编纂，为世人学习西方指示了方向。魏源认为师夷长技则"必筹夷情"，此本"为以夷攻夷"、"以夷款夷"之作，虽然多处是"师夷长技"，但是其中也不乏魏源自己思想的阐发，他在《筹海篇·议战》对英美国家先进军事制度的议论，肯定了外夷强大技术力量背后的制度框架之先进："人但知船炮为西夷之长技，而不知西夷之所长，不徒船炮也"。王韬认为此书深具倡言先声之功，"当默深先生时，与洋人交际未深，未能洞见其肺腑，然师长一说，实倡先声"③。梁启超评价此书："其论实支配百年来之人心，直至今日"④。

当时士大夫对于西方的知识之获取渠道是匮乏的，"郑和下西洋和明代欧洲人首次来到中国所留传下来的民间知识被草率地连同错误、误解以及其他一切抄写出来，并被当成 1800 年有关欧洲的信息"⑤。这些经过无数次转抄，纰

---

① 蒋国保、余秉颐、陶清：《晚清哲学》，安徽人民出版社 2002 年版，第 41 页。

② 苑书义：《论近代中国的进步潮流》，《近代史研究》1984 年第 2 期。

③ （清）王韬：《扶桑游记》，湖南人民出版社 1982 年版，第 202 页。

④ 梁启超：《中国近三百年学术史》，东方出版社 1996 年版，第 349 页。

⑤ ［美］费正清、赖肖尔主编：《中国：传统与变革》，陈仲丹等译，江苏人民出版社 2012 年版，第 238 页。

漏百出而又已经过时的知识，成为清代士大夫及有识之士仅有的知识资源。在缺乏准确翔实资料的情况下，"19世纪早期中国的研究者们把千百年来在与亚洲邻近民族打交道中产生的旧框框套在欧洲人和美国人身上"[①]。显然这些旧体系与落后的知识，已然不能够适应并解决现实的问题，时代对于有识之士提出的命题，开始转向如何认识并了解西方，如何"睁眼看世界"。"当一些如魏源那样的与众不同的人打算了解西方的时候，他们只好寻找西方著作的译本。中国尚未发现事情的真相，具有扩张性的西方使中国大吃一惊，四个世纪以来一直行之有效的处理对外关系的方式突然失灵，丝毫不起作用"[②]。魏源的《海国图志》在一定程度上超越了传统士大夫对西方的了解，书中所介绍的西方知识在当时也是极为先进的，虽然还未完全跳脱"华夷"之别的思维定式，但是他所界定的外夷之概念，早已与迂腐旧儒口中之蛮夷迥然不同。

当然，魏源的思想也不可避免地受历史之局限，尤其是其政治思想，依然囿于天子与日月合其明，天地定位等说，认为政治的变革只能在原有制度稳固的大前提下作局部变制改革。他的经世精神和注重效验的原则，也是在有限度的变法前提之下，对于社稷民生进行改善而提出的。即便是如此，也跨出了非凡的一步，而这一步却能够吸引后来之人。

三、康有为今文经学思想的继承与超越

（一）康有为对经世风习的继承

龚自珍、魏源相比于庄存与、刘逢禄等前人而言，更加注重经世经验，寻求治世之道是他们治经问道的旨趣。公羊派的经世之风渐成思潮，这一学术潮流不仅兴盛一代，且影响深远、启迪后人。康有为从中汲取了重要的思想资

---

① [美] 费正清、赖肖尔主编：《中国：传统与变革》，陈仲丹等译，江苏人民出版社2012年版，第236页。

② [美] 费正清、赖肖尔主编：《中国：传统与变革》，陈仲丹等译，江苏人民出版社2012年版，第239页。

源，承袭了今文经派治学治经的门径风气。可以说，康有为的思想深受龚自珍、魏源经世思想和今文经学的启迪与影响，是一脉相承的。

大谷敏夫认为清末的经世思想有两股潮流，一是魏源所开创的公羊经世学，二是曾国藩所领导的义理经世学，单以公羊经世派来看，常州学派自宋翔凤、刘逢禄而各成体系，分别发展。从经世谱系上来说，龚自珍和魏源受业于刘逢禄的公羊说，康有为的公羊学上乘龚自珍、魏源而来，在经世思想的发展脉络上是同根同源的①。从今文经学的发展历程上来看，梁启超曾将此理论一脉相承的过程描绘为前后相继，渐成潮流之过程。清代公羊学自龚自珍、魏源开始，逐步实现了今文经学的历史转折与时代嬗变，西汉时期的古老学说在理论基础上经历了常州学派的重建后，在二人的推动下又开始向更广阔的政治范畴蔓延，焕发出新的时代活力。龚自珍和魏源以经世思想与今文经学为思想资源，借用公羊学说进行政治批判，倡言政治改革。由此肇端，公羊学作为一种政治学说逐渐风靡于世，成为晚清学术界的主流。康有为深受经世思想的启迪，公羊学说在康氏的思想资源中转变成为变法改制的哲学基础，并且成为维新变法的理论支撑。

（二）康有为对龚自珍、魏源今文经学理论的继承与超越

龚自珍和魏源对于公羊学的推进正是公羊学从家学的私门中走出来，以具有时代意义的全新面貌走向历史舞台的转折点。龚自珍和魏源实现了对常州学派的超越，但这种超越并不体现于二人经学造诣或经学著述上，而是体现在对常州学派治经方法的扬弃上，而此种有别于传统今文经师的治经路径，也深深影响和启迪了康有为。

龚自珍与魏源两人的今文经学思想体系中，公羊义法开始成为现实批判和倡言改革的理论工具，凸显了公羊学的时代意义。龚自珍、魏源对于微言大义的阐发，更直接地通过"援经议政"的形式体现出来，突破了庄存与、刘逢禄

---

① ［日］大谷敏夫：《清末经世思想的两大潮流》，《东洋史研究》1991 年 9 月 50 卷 2 号。

隐喻间接的学术研究式的治经方法，更大胆地将公羊说与政治批判和制度改革联系起来，促使公羊学从书斋中走出来，成长为社会主流思想，并汇聚成一种时代思潮。这股今文经学的思潮深刻地影响了晚清社会，康有为从二人的经学思想中汲取了宝贵的资源。公羊学在康有为的改造下进一步发展，其时代意义也不仅是龚、魏手中救敝当世的良方，更成为推动维新变法，攻击传统思想的强大理论武器。康有为的"三世说"与龚自珍的"三世说"一脉相承而又有所扬弃[1]。龚自珍对公羊说进行了独特的发明："三世"配"八政"，将抽象的三世进化发展过程与现实制度更紧密地联系起来，将传统公羊"三世说"进一步从书斋中解放出来，成为具体化、时代化的学说。龚自珍对"三世说"的改造理论，深刻启发了康有为将"三世说"与不同社会制度相联系的思路。

　　龚自珍、魏源等早期的今文经学家，相对于那个时代中一味法祖、因循旧制、反对变革的顽固派而言，他们具有明确的变革思想和强烈的经世倾向，实属可贵，但思想仍然具有明显的时代局限性。如龚自珍即便清醒地认识到王朝末世之厄运暮途，但仍寄希望于因时变革而永保政权，同时又反复强调变革之循序渐进："可以虑，可以更，而不可以骤"[2]。康有为对变法改革的主张，则更明确而坚决。虽然龚自珍与康有为都主张政治变革，但是从本质上而言，康有为完成了对龚自珍政治改革的超越，仿古与托古是二人最大的不同。龚自珍倡言政治变革，但是面对变革的思想与方向、制度与策略等具体问题应当如何寻觅救世良方时，龚氏认为变革思想应当效法古时，于传统中获得答案，"何敢自矜医国手，药方只贩古时丹"。仿古是龚自珍改革的核心，而康有为则更进一步。康有为的政治改革思想中，融会了中西古今合乎所用的各种资源，传统理论是改制运动的一件合法外衣，是所谓"托古改制"。康有为虽然是在《公羊传》和传统今文经学的框架中展开政治改革活动的，但具体改革方案与内容突破了"古时丹药"的传统范畴，开始援入西学等新鲜资源。康有为对魏源提

---

① 申屠炉明：《论魏源"春秋公羊学"及其对康有为"三世说"的影响》，《江苏社会科学》2010年第1期。

② （清）龚自珍著，王佩净编校：《龚自珍全集》，上海人民出版社1975年版，第79页。

出的"师夷长技"和"以夷攻夷"、"以夷驭夷"的思想也完成了超越。魏源对于西方的学习，说明了他开始认识到中国"不如夷"的方面，是有识之士走出传统的理性觉醒，所认识的事实还是局限于"技不如夷"，虽然肯定了外国制度的先进，但是这种肯定仍囿于军事制度方面，而缺乏对政治制度、思想文化等方面的学习意识。"师夷技"而不"采西学"，是魏源对中西局部比较后作出的选择，其价值导向是单向度的，而非一个"总体性的文化选择纲领"①。康有为对于西学的认识则远迈魏源一步，他更加清晰地认识到外夷之所以先进背后的强大制度原因，主张不仅要言西技，更要学习济世安民之法，学习治理邦国、管理社会的政治制度和经济制度，最终将学习西方导向了"举维新之政"。

龚自珍、魏源的思想在当时的历史环境下，无疑是最先知的见解。他们的思想虽然没有像康有为那样掀起改革之澎湃浪潮，但就是这两位"科场失意"的读书人，打破了传统的"天下观"，提出了"自改革"的方案，中国虚妄的居天下中心之传统世界观，被清醒而又残酷地打破了，"他们有限的思想资源，电光火石，照不亮幽暗的专制长空，却留下了极为可贵的火种"②。正是这些在"衰世"之中的可贵思想资源，对当世人和后来者之震撼和启迪力量是巨大的，对洋务运动和维新运动都产生了直接而显著的推动作用，吹响了近代思想界呼吁变革的第一声号角。龚、魏开创风气之举，犹如漫漫长夜之荧荧火光，照亮了后继有识之士为告别衰世，为经国纬民，为华夏救亡而奔波探索的征程，实为变法之萌芽。

总之，龚自珍、魏源一代的今文经学家，强调与突出公羊说中的历史演进规律，用以阐发"改革"之务，由此，公羊学的时代生命力重新焕发，社会影响力急剧扩大。在龚自珍和魏源的推动下，今文经学终成思潮，取代乾嘉学术而成为晚清学术的主流，对康有为的今文经学思想产生了深远的影响。

---

① 蒋国保、余秉颐、陶清：《晚清哲学》，安徽人民出版社 2002 年版，第 97 页。

② 傅国涌：《别了—衰世—重说龚自珍魏源》，《经济观察报》2007 年第 2 期。

第三节　廖平的知圣与辟刘

一、廖平经学六变

廖平是晚清著名的今文经学家，少年专心古学，从事训诂文字之学，深得张之洞赏识[①]。后因王闿运的引进，入尊经书院讲学，"院生喜于得师，勇于改辙，宵昕不辍，蒸蒸日上"，受王闿运影响，廖平开始有志于春秋公羊学[②]，逐渐"厌弃破碎，专求大义"[③]。

廖平"经学六变"思想，是其治经之路与经学体系中重要的思想特征。前人治经，多自始而终，不改初衷，但廖平治经则论调先后六次改易，次数频繁而内容大变，引发了剧烈影响。张秀熟认为廖平的经学六变中，由一变到六变，不断推翻与更新自己过去的见解而重建新说，乃是治经的最大特点，"实在是中国第一人"[④]。廖平经学一变的内容，并不是指其自身经学思想的前后变化，而是对自东汉以来延续千余年的混合古今的经学思想予以变化，以制度为划分标准，改东汉郑玄以来"混合古今"为"平分古今"，以求正确地分辨今古文经。廖平认为前人说经多兼采今古，不守师法，"乾嘉以前，如阮、王两《经解》所刻，宏篇巨制，超越前古，为一代绝业。特淆乱纷纭，使人失所依据。如孙氏《尚书今古文注疏》，群推为绝作，同说一经，兼采'今''古'，南辕北辙，自相矛盾"[⑤]。廖平认为治经不可斟酌古今、择善而从，"说经则当

[①]　廖平有志于《春秋》后，张之洞曾出言劝戒，"风疾马良，去道愈远"，认为廖平经学造诣颇深，然而误入治经歧途，去道愈远。

[②]　廖幼平：《廖平年谱》，巴蜀书社 1985 年版，第 20 页。

[③]　廖平：《经学初程》，巴蜀书社 1911 年版，第 12 页。

[④]　张秀熟：《献词——是对孔子、儒家、经学作总结的时候了》，载《廖平学术论著选集》，巴蜀书社 1989 年版，第 1 页。

[⑤]　廖平：《初变记》，《廖平学术论著选集》，巴蜀书社 1989 年版，第 545 页。

墨守家法，虽有可疑，不能改易，更据别家为说"①。因而不论采今易古，或是今注古学等混同今古的说经之道，都无异于"相者嫌一人耳目不好，乃割别人耳目补之，不惟无功，而且见过"②。廖平认为郑玄、许慎说经不分今古的做法，不仅尽绝先师之法，而且更是导致今古之派汉末而绝的直接原因。廖平指出："今古二派，各自为家，如水火、阴阳，相妨相济"。不仅应当"听其别行，不必强自混合"③，更应当"治经以分今、古为大纲"。廖平的经学一变时期对于今古文经并未作出价值上的优劣判断，《初变记》讲："今古两家所根据，又多同出于孔子，于是倡为'法古''改制'，初年、晚年之说"④。此时他认为今古学之区别在于二者是"孔子一人之言前后不同"，正所谓"平分今古"，还没有尊古或尊今之价值判断。"过去的人知道今古文经之分，是由于所用本子不同的倒是多数（主要是当时的文字之不同），但是至于知道所处地位的不同的就少了（西汉时期），知道由于所处地区不同的就更少了（今文皆在齐鲁，古文出自燕赵），知道由于所说制度的不同的，不说许慎、郑玄诸人无此见识，就连西汉大儒亦不明斯旨"⑤。所以，廖平划分古今的标准与论断之提出确实可以说是他在经学史上的创见⑥。

---

① 廖平：《今古学考》，《廖平学术论著选集》，巴蜀书社 1989 年版，第 67 页。

② 廖平：《今古学考》，《廖平学术论著选集》，巴蜀书社 1989 年版，第 67 页。

③ 廖平：《今古学考》，《廖平学术论著选集》，巴蜀书社 1989 年版，第 67 页。

④ 廖平：《初变记》，《廖平学术论著选集》，巴蜀书社 1989 年版，第 546 页。

⑤ 李耀仙：《廖平经学思想述评》，载《廖平学术论著选集》，巴蜀书社 1989 年版，第 3 页。

⑥ 蒙文通指出，廖平因提出以"礼制"分今古学的理论，成了学术史上"划时代的人物"。"自先生今古之辨明，天下盖莫之能易。然《六经》儒家之学，何由而有二派之殊，则人各异论，先生固亦屡变其说而莫可定，然终以《王制》、《周官》为之主，则未始有异，则先生之说虽变，而谓之不变亦可。""先生於《今古学考》以今为改制，古为从周；古为孔子壮年之学，今则晚年素王之制，此一说也。继疑《周官》为刘歆伪书，而今学乃孔子嫡派，作《古学考》，此二说也。及寻诸《大戴》、《管子》，与所谓《删刘》之条，皆能符证，则斥为歆伪之论不可安，於是以今古为孔子小统与大统之殊，此三说也。三变之说虽殊，而皆以《王制》、《周官》为统归。"可见，蒙文通对廖平以"礼数"、"礼制"分今古的理论的评价是很高的。

　　廖平在经学二变中颠覆前说的关键，就在于改变了"平分今古"的观点，推崇"尊今抑古"，认为："旧以孔子晚、壮为今古之分。铁江师以为未合。此因说有两歧，误为此说"①。廖平开始提出古学乃是刘歆颠倒五经的伪造之作的观点，怒称其为"庠序天魔"②，假借莽势、同恶相济，为新莽政权聚集党羽，流毒后世之学，改窜孔子真经，致使古文经书流传之说愈来愈远，愈远愈误。相对于经学一变时期的"平分今古"，廖平此时开始倾向于尊今文说而攻击古文说。"天下之事，是非不能两立"，必须要辨明真伪。两汉时期，虽然已有今古文之分，并逐渐成为儒学的内部派别，但是今文派与古文派之鸿沟并不如此之巨大，且今文派并未直言古经为伪经而彻底否定对方，因而这种对抗性始终局限于学术之争端，还未到是非两立的地步。廖平的尊今抑古则认为刘歆伪造孔子六经，毒害千余年之学界，其是非争论不止则真经不能明，于是廖氏认为这个辨伪存真，求诸真经的任务正落在了今文经学派之上，"诚于今学多一分功夫，则古学多露一分破绽。今学大明，则古学不攻自破"③。廖平"考究古文家渊源"后作"两篇"以辨除伪经，寻得真经，"所有'古文家'师说，则全出刘歆以后据《周礼》、《左氏》之推衍。又考西汉以前，言经学者，皆主孔子，并无周公；六艺皆为新经，并非旧史。于是以尊经者作为《知圣篇》，辟古者作为《辟刘篇》。故据《王制》以遍说群经，于《周礼》中删除与《王制》相反者若干条"④。

　　廖平经学二变时期的《辟刘篇》、《知圣篇》，致力于攻击古文和尊崇孔子。正是这"两篇"由于内容和观点上与康有为经学思想具有相似性，而被后人认为是"两考"对其"抄袭"的理论来源。廖平自二变后，由于政治环境的影响，开始讳言改制，而转向天人之学。"三变说大小统，杂古今文理与百家语，持说已乱经例；又自惊劫后，颇惜余生，讳言改制，改说疆域，从当时的政治标

---

① 廖平：《古学考》，《廖平学术论著选集》，巴蜀书社 1989 年版，第 119 页。

② 廖平：《古学考》，《廖平学术论著选集》，巴蜀书社 1989 年版，第 131 页。

③ 廖平：《古学考》，《廖平学术论著选集》，巴蜀书社 1989 年版，第 131 页。

④ 廖平：《廖平学术论著选集》，巴蜀书社 1989 年版，第 547 页。

准来衡量，显系倒退"①。廖平的三变是迫于政治压力，为避时局之乱而讳言改制，以回避变法之冲击，撇清与维新派在学术上的渊源关系。"廖平自三变后始而学分天人，终而沉迷天学，好为臆度"，其学术研究也日渐远距现实，脱离实据，其治经路径亦开始走入"空冥玄幻、混同仙佛"之道，最终流于荒诞不经、蹈入空疏臆断之式②。回顾廖氏的经学六变之演变过程，最大的理论贡献有二：一为"平分今古"的《今古学考》③，二为"尊今抑古"的"两篇"。梁启超评价廖平经学六变曰："廖平之学，早岁实有心得，俨然有开拓千古，推倒一时之概；晚节则几于自卖其学，进退失据矣"④。

廖平经学六变的过程并没有通过创立新见而实现经学的繁荣，反而路途暗淡，走向末路，因而有学者认为，他的经学六变，愈变愈暗淡，直到变无再变，这个变化的过程标志着旧时代经学的结束，自此之后，经学必须予以改造，始能获得新的生命。黄开国认为廖平在经学六变中逐渐倾向于空幻，通过对传统经学变无可变之时建构出孔经天人的理论，实现了对传统经学的反向超越，"最终完成了对经学反面的终结"。而康有为则正是在经学面对末路厄运之终结关头上，尝试着对经学进行改造与重建，寄托于新内容的输入力求实现经学重新焕发出时代的生命力，当然，这个尝试是否完成了康氏的设想，抑或是完全背离了他的初衷是另一问题，将在后文中予以展开。

---

① 李耀仙：《廖平经学思想述评》，载《廖平学术论著选集》，巴蜀书社 1989 年版，第 27 页。

② 黄开国：《廖平评传》，百花洲文艺出版社 2010 年版，第 237 页。

③ 廖平于今、古文经学的诸多分歧和差异中，独探大源，抓住了今、古二学在礼制上的不同这一基本差异，即今文经学以《王制》为纲，古文经学以《周礼》为纲。章太炎《程师》一文曾说："井研廖平说经，善于分别今古，盖惠（栋）、戴（震）、凌（曙）、刘（逢禄）所不能上。"蒙文通在《经学导言》中曾说："一部《今古学考》，真是平分江汉，划若鸿沟，真是论今古学超前绝后的著作。"蒙氏充分肯定了廖平《今古学考》一书以礼制区分今、古文经学之论，将其与顾炎武对于古音的研究、阎若璩之于《古文尚书》的考辨并列为"三大发明"。见蒙文通：《经史抉原》，上海出版集团 2006 年版，第 13 页。

④ 梁启超：《中国近三百年学术史》，东方出版社 2004 年版，第 66 页。

二、康有为、廖平之间的学术公案

廖平对康有为的学术转向之影响和二人间的学术纠葛人尽皆知。目前学者多认为康有为的经说有剽窃廖平之嫌，学界认定康氏抄袭廖平之经学思想主要集中于《新学伪经考》和《孔子改制考》，与后者的《知圣篇》、《辟刘篇》之间关系的微妙。"两考"的确与廖氏的"两篇"存在雷同相似之处①。学界多认为康氏所作"两考"，皆是抄袭廖氏"两篇"所作而成②。《新学伪经考》是循《辟刘篇》抑古之意而作，而《孔子改制考》则是依照廖平《知圣篇》尊今之意而成。如马宗霍认为康有为窃取廖平之意而作《新学伪经考》、《孔子改制考》，但同时又认为二人区别在于康有为之意在于维新变法，而考证经学恐仅是虚晃一招。诚然，后人皆知康氏"两考"一出，引发思想界之大震动，至圣无法的千年古经随之受到剧烈冲击，一时间朝野哗然，学界翻腾，人心动摇。然而孰先孰后？谁是原创者？谁是抄袭者？更有知情学者直斥康有为剽窃廖著③，已然成为学术界的一桩公案。

---

① 廖平（1889 年经学"二变"时期）应恩科会试中试，殿试中了进士，钦点以知县用。廖平应粤督张之洞邀赴广州编纂《国朝十三经疏》，分任"左传疏"，住在广雅书院。这时他身边带着新作《知圣篇》、《辟刘篇》（下简称"两篇"）。这年年底，康有为在北京第一次上皇帝书不达，满怀愤懑，回到广州。从友人沈子丰处读到廖平的《今古学考》，极为钦佩，引为知己。专与友人黄季度到广雅书院访廖平，廖平即以"两篇"相示，自后有书信往还。次年（1890 年）初，康住城南安徽会馆，廖平还访，面谈秦皇焚书，六经并未焚毁的证据，大为康所折服。他们在 1889 年冬和 1890 年春两次在广州互访交谈，廖以"两篇"示康。《新学伪经考》成书于 1891 年，开端即述"秦焚书六经未尝亡缺考"明显受廖说影响。1892 年《孔子改制考》成书。

② 钱穆在《中国近三百年学术史》中说："长素辨新学伪经，实启始自季平。此为长素所深讳，而季平则力揭之"。见钱穆：《中国近三百年学术史》下册，商务印书馆 1997 年版，第 715 页。

③ 钱穆说康有为对这件事的反应"藏喙若嗫"："（康）长素《伪经考》一书，亦非自制、而特剽窃之于川人廖平"。"长素书继《新学伪经考》而成者，有《孔子改制考》，亦（廖）季平之绪论，季平所谓《伪经考》本之《辟刘》，《改制考》本之《知圣》也。（原注：今刻《知圣篇》，非廖氏原著；原书稿本，今藏康家，则颇多孔子改制说。顾颉刚亲见之）见钱穆：《中国近三百年学术史》下册，商务印书馆 1997 年版，第 718 页。

以当时争端双方而论，廖平和他的弟子都认为康有为的"两考"是受廖平的"两篇"引申亦甚至是照搬。廖平曾明确说《新学伪经考》是二人会面后示康有为以《知圣篇》和《辟刘篇》，康氏其深受启迪之作："广州康长素奇才博识，精力绝人，平生专以制度说经。戊巳间从沈君子丰处得《学考》，谬引为知己。及还羊城，同黄季度过广雅书局相访，余以《知圣篇》示之。驰书相戒，近万余言，斥为好名鹜外，轻变前说，急当焚毁。当时答以面谈，再决行止。后访之城南安徽会馆，黄季度以病未至，两心相协，谈论移暑。明年，闻江叔海得俞荫老书，而《新学伪经考》成矣"①。而后，廖平在写给康有为的信件中说道："吾两人交涉之事，天下所共闻知。余不愿贪天之功为己功，足下之学自有之可也。然足下深自讳避，使人有向季之谤，每广庭大众中一闻鄙名，足下进退未能自安，浅见者又或以作俑驰书归咎，鄙人难以酬答，是吾两人皆失也"②。可见廖平对于康氏"深讳"之态度颇有微词。根据廖平弟子胡翼记载，康有为的"两考"刊布成名后，"张之洞有书责廖平，指康有为其嫡传弟子，梁启超为再传弟子"，虽以此断言康有为抄袭不免言之过激，但也侧面反映康有为思想受廖平之启发而承继其说以及二人学术之渊源。另一方康有为本人则对此事避而不谈，更从未在口头和文字上谈及自己的"两考"及弃古文从今文之学术转向是源于廖平的影响，据康有为《年谱》讲，他于光绪六年（1880）开始治公羊学，"是岁，治经及公羊学，著《何氏纠谬》，专攻何劭公者。既而悟其非，焚去"。但是他的高足梁启超在《清代学术概论》中则毫无避讳地肯定了康有为的学术转向受到廖平的影响，"有为早年，酷好《周礼》，尝贯穴之著《政学通议》，后见廖平所著书，乃尽弃其旧说……有为之思想，受其影响，不可诬也"③。

后代学者对于康、廖之间的学术官司争论颇多，各持一端，不一而论④。

---

① 廖平：《古学考》，《廖平学术论著选集》，巴蜀书社 1989 年版，第 447 页。

② 廖幼平：《廖季平年谱》，巴蜀书社 1985 年版，第 122 页。

③ 梁启超：《清代学术概论》，广西师范大学出版社 2010 年版，第 92 页。

④ 目前学界对于康、廖二人之间的学术公案仍然存在很大争议。有学者认为康有为的"两考"就是抄袭之作，如范文澜在《经学史讲演录》中说："广东的康有为，原是搞古文学的，他

多数学者抱有持中的观点，认为廖平的两篇说显然启迪了康有为的思想，但是若以抄袭论则言之不当。也有学者认为康、廖之说，是互为影响的，如杨向奎说："晚清今文经师大家皮、廖、康，盖皮氏受廖氏《王制》为今文说的理论的影响，而以为素王改制之书；而康氏受廖之影响，遂由平分今古，而尊今抑古，转而影响廖氏，又有《古学考》及《知圣篇》，三人互有影响，而康氏说恣肆，廖说善变，皮氏说较谨严"①。诚如此说，虽然廖平早先自述以《知圣篇》示之，暗指康有为抄袭，但随后廖平在致信友人江叔海时又说："足下谓吾崇今摈古，以《周礼》、《左传》为俗学云云，此乃二变。康长素所发明者，非原书所有"。廖平认为康有为的《新学伪经考》中辨伪古经、尊今抑古，并非抄袭自己的学说，而是康有为所"发明"。根据廖平自己的说法，在他的经学二变中"旧用古说，以为五经皆为焚书，有佚。康长素非之。今按：康说是也"②。廖平自己不讳言在秦焚书坑儒而六经未尝亡缺之观点，采用了康氏的考证结论。在后文中说道："今先考明其真者，然后伪说可祛。必先洗涤伪说，然后可以治经"。关于今人治经何为真伪之说，廖氏在《古学考》中直言"《新学伪

想从《周礼》中找治乱的根据，看到廖平的著作，大为感动，即援廖例，作《新学伪经考》，反对古文学。"也有学者认为康有为完全没有抄袭廖氏的"两篇"，只能说略有影响，如房德龄在《康有为和廖平的一桩学术公案》中指出："康有为在1886年所写的《教学通议》中已经阐述过。由于观点相近，所以康有为阅读《今古学考》以后，便引廖平为知己。1889年秋他离京返粤，于1890年初在广州两次会晤廖平。廖平这时的学术思想已发生变化，从'平分今古'转向'尊今抑古'，康有为受其影响，此后完全转向今文经学，并以今文经学的形式建立起他的不'拘常守旧'的新学说。"舒大刚在点校《知圣篇》与《辟刘篇》时曾说廖平："客广州广雅书局，以两书稿本示康有为，有为颇受影响。"他认为"两考"是康、廖之会晤后，康有为受"两篇"中今文经思想的启迪而作，但并未直言康氏抄袭。刘巍在《〈教学通义〉与康有为的早期经学路向及其转向——兼及康氏与廖平的学术纠葛》中认为："他（梁启超）对康有为廖平学术纠葛的判断也过于简单，事实上，康有为即使在确定了攻古经的方略后，也没有'尽弃其旧说'，他认为康氏早期的《教学通议》中也有'孔子改制'的内容"。

① 杨向奎：《清末今文经学三大师对〈春秋〉经传的议论得失》，《管子学刊》1997年第6期。

② 廖平：《古学考》，《廖平学术论著选集》，巴蜀书社1989年版，第125页。

经考》甚详”①。

笔者认为康有为思想的发展过程受到廖平的启发毋庸置疑。一方面，康有为经分今古，"尊今抑古"的今文经学立场受廖平启迪是应当承认的。梁启超承认康有为"见廖平所著书，乃尽弃其旧说"，足见廖氏对康有为思想形成轨迹影响之大，但康氏是否尽数剽窃廖平的"两篇"而作"两考"，则还需推敲，此争议影响甚大，无疑是晚清学术史上最大的版权官司，有待历史之证实。保守估计，如朱维铮所言："如没有更原始的材料予以否证，那么廖平至少充当了康有为理论体系的助产士，是可以肯定的"②。但是，廖平经学初变及二变的影响并非关之康氏思想的全局，康有为思想体系自有其发展过程与宗旨大义，并非尽数照搬或全然引用廖平之学说，用"抄袭"一词评价康有为对廖平思想的吸收，不免苛刻。不仅如此，全面比较二人的治经旨趣、经学思想、对待西学的态度等方面可以发现，二人的经学思想存在着诸多不同，也可侧面反映康氏今文经学思想的独特性。

三、康有为与廖平今文经学思想的区别

（一）康有为与廖平在治经目的上大相异趣

廖平所走的是矢志经学之道，康有为是以政治目的为旨归，以颠覆传统落后思想为己任，诠释发挥经籍要义而不守儒家绳墨，与埋首经籍的"书蠹"、"迂儒"，可谓云泥之别。康有为治经的确经历了兼采古今，向专宗今文辨伪古文的转变，但是观察康有为的治经问学过程，不难发现一以贯之的影响因素是

---

① 康有为在撰写完《新学伪经考》之前，还写过《毛诗伪证》、《周礼伪证》、《说文伪证》、《尔雅伪证》等证伪的著作，时间也是在 1890 年左右，虽然现在难以弄清这些著作是写于会晤廖平之前，还是之后，然而这些大量证伪的著作的存在，至少说明，即使是受到廖平的影响，康有为自己对新学伪经的怀疑，也绝非是无源之水，否则在极短的时间内写出这么多的著述，是不可能的。

② 朱维铮：《重评新学伪经考》，《复旦学报》1992 年第 2 期。

"经世精神"。康有为早期冲破记诵之学的桎梏，到寻求援经议政的理论工具的过程，是由于康有为经世观念的影响，而并不是抄袭廖平《辟刘篇》而来的。康有为的今文经学立场并非单纯的辨伪尊孔，而是借公羊说微言大义的精神内核，针砭时弊，经世致用，推崇孔子"托古改制"则是为当时的政治改革寻求依据，为变法维新铺垫出权威的道路。正是由于两人治经旨趣的不同，康有为的"两考"引发了更大的社会影响，而非两人经说刊行先后能够解释的。张秀熟认为康有为孔子改制之说受廖平影响，但是其时代意义又胜于廖氏。

回顾康有为治学过程，可以发现经世致用是康氏治经道路上一以贯之的精神。康有为幼时受传统儒学教育，中学功底深厚，赴京乡试失败后，在归途中于上海及沿江等地游历，购进大量外籍书物而吸纳西学，始终关心政治时事。二次赴京试落选后，毅然以布衣上书直言变法之事。康有为以一介书生之微薄绵力，投身于公车上书言事之举，致力于以治经为维新变法张本，在学术与政治之间的奔命游走，其初衷与旨归与时局危殆、政治实践息息相关。反观廖平则更倾向于一个纯粹的经师，他毕生治学未出经学的学术圈子而远离政治，后期更是由于趋避政治而讳言改制，转向天人之学。廖平可以说是一位为治经而治经的学者，这种本质的区别，决定了二人治经旨趣的不同。

（二）康有为与廖平对待西学的态度迥然不同

二人知识体系的构成是不同的。从思想的知识来源而言，康有为的思想融会中西，不仅中学根基深厚，且广泛涉猎西学，西学知识是他改造传统经学的重要资源。康有为经学思想对西学的吸收是其治经的独到之处，顽固派的学者叶德辉曾批评他"貌孔心夷"①，认为西方思想学说是康有为理论的内核，足见康氏治经对西学的吸收与借鉴。廖平的今文经学则更笃守今文家说，是传统的经师。

二人在对待西方的态度上是截然不同的。廖平仍然保有"天朝上国"的

---

① 顽固派学者叶德辉曾批评康有为："其貌似则孔也，其心则夷也"。在晚清保守派眼里，华夷之辨是非常的重要，西方国家在他们眼中，也只是"夷"，叶德辉清楚地认识到康有为学术的内核部分是混合着西方思想学说。

优越感，依然认为西方乃蛮夷之地，未开化之族，认为："今日泰西，中国春秋之时"，当时之西方社会正是中国古时之春秋，未有孔子垂经立教，社会秩序混沌。"西人君臣之分甚略，以谋反、叛逆为公罪；父子不相顾，父子相殴，其罪为均；贵女贱男，昏姻自行择配；父子兄弟如路人；姓氏无别，尊祖敬宗之义缺焉"①。此种社会无序之景象，皆是由于孔子未建纲常之序以拨其乱、反其正，所以说"孔子未生以前，中国政教与今西人相同"。康有为对西学的态度相比廖氏而言更开放和积极。康有为购进大量西书，广览外籍读物，更是难掩对西人治国之法度的欣然向往之情，"得《西国近事汇编》、李圭《环游地球新录》，及西书数种览之。薄游香港，览西人宫室之瑰丽，道路之整洁，巡捕之严密，乃始知西人治国有法度，不得以古旧之夷狄视之"②。很显然康有为比廖平了解西学要多，意识也必然会出现差异。

（三）康有为与廖平今文经学思想的诸多差异

1. 治经内容的侧重点不同

廖平与康有为虽同列今文门墙，专宗《春秋》，但是从治经内容来说，二人各有偏重。廖平认为《谷梁传》笃信谨守，而《公羊传》则多谶纬之论，他虽笃守今文家说，以《公羊传》为正宗，但就治经倾向而言，则是先《谷梁传》而后《公羊传》③。廖平弟子言乃师"专治谷梁春秋"④。而康有为则喜言公羊，

---

① 廖平：《廖平学术论著选集》，巴蜀书社 1989 年版，第 219 页。

② 康有为著，楼宇烈整理：《康南海自编年谱（外二种）》，中华书局 1992 年版，第 9 页。

③ 廖平列三传优劣，"《公羊》传学在鲁、燕之间，又著录稍晚，传习渐染，人思兼取，其杂用《左传》古学，盖在秦火以前，非必汉初弟子所为也。旧为《三传异同表》以《谷梁》居上，《左氏》次之，《公羊》在下，以二家皆专门，《公羊》则附于二大之间，惟命是听。故于《公羊》，但注其同《谷梁》、同《左传》而已，不详录也"。根据廖平的说法，比较《春秋》三传优劣则以《谷梁》为其春秋学之正宗，廖平指责《公羊》消息于今古之间，不为专门之学，故三传优劣，以《谷梁》为上，《左传》次之，以《公羊》为下。廖平的《春秋》学与康有为的《春秋》学并不相同。

④ 廖幼平：《廖季平年谱》，巴蜀书社 1985 年版，第 21 页。

提出"传世惟有一公羊"之说，认为比较三传优劣则公羊为上，谷梁次之，左传为后。康有为认为："惟公羊独详素王改制之义，故春秋之传在公羊也"[①]，《左传》详述史料，不传春秋微言大义，《谷梁》不明春秋王鲁诸义，故"传《春秋》之道而不光焉"[②]。可以看出，从今文经学内容上来说，二人虽都专宗今文，同为今文学之大师，但治经的侧重内容是不同的。

2.经学传承不同

廖平的公羊说"远绍陈寿祺、乔枞父子、出王周运之门，专就礼制立言，以《谷梁》、《王制》为今文学正宗"[③]。康有为则上承常州学派，受龚自珍、魏源的经学思想影响更深，属于公羊经世派，连廖氏弟子都说康氏之学实以龚魏为依归。从辨伪古经而言，康有为说："吾向亦受古文经说，然自刘申受、魏默深、龚定庵以来，疑攻刘歆之作伪多矣，吾蓄疑于心久矣"[④]，认为自己从学术传承上的疑古辨伪之思路源自龚自珍、魏源。诚如康氏所言，清初阎若璩辨伪《古文尚书》首开疑古之风后[⑤]，龚自珍、魏源对于古文经都有怀疑和揭发之作，断言康氏辨伪古经的《新学伪经考》是抄袭《辟刘篇》的思路并无充分根据[⑥]。况且，就《新学伪经考》和《辟刘篇》所引发的社会影响而言，钱玄

---

① 康有为著，楼宇烈编校：《春秋董氏学》，中华书局1990年版，第1页。

② 康有为著，楼宇烈编校：《春秋董氏学》，中华书局1990年版，第1页。

③ 蒙文通说："廖氏有陈寿祺、乔枞父子，考《今文尚书》及《三家诗》遗说，而疏证《五经异义》；有陈立，作《公羊义疏》而并疏《白虎通义》；都能洞究家法而明于礼制，廖氏之学实远于常州而近于二陈，故廖氏及刘氏（申叔）教人初学治经宜读陈氏书。"见蒙文通：《廖季平先生与清代汉学》，《经学抉原》，上海人民出版社2006年版，第55页。可见蒙文通认为廖平之经说更近于二陈，从学术渊源上而言两人并非一脉。

④ 康有为：《新学伪经考》，中华书局2012年版，第379页。

⑤ 于语和：《阎若璩〈尚书古文疏证〉辨伪方法评析》，《南开大学学报》1994年第4期。

⑥ 魏源的《诗古微》中，攻击《毛传》和《大小序》，认为是晚出的伪作；邵懿辰著《礼经通论》，称古文《逸礼》三十九篇为刘歆伪造；刘逢禄著《左氏春秋考证》，认为《左传》一书乃是记事，而非解经，其解经的部分，皆是刘歆伪造。所以梁启超说："刘书出而《左传》真伪成问题，自魏书出而《毛诗》真伪成问题，自邵书出而《逸礼》真伪成问题"。这些著作在攻击古文经伪造上，都可以说是廖平与康有为的先声，同时也可由此看出，古今文经之辨，已经在清代汇聚为一种学术潮流，即便是廖平，也很难脱离此学术背景。

同认为："就《新学伪经考》这书而论，断不能与廖平的《今古学考》等书相提并论"①。以孔子改制之说而论，公羊家说中"孔子改制"是重要的命题，刘逢禄、龚自珍等人针对公羊家的"非常异义可怪之论"也进行了相应的发明，对于"张三世"、"通三统"、"绌周王鲁"、"受命改制"等命题也早有阐发，所以孔子改制说实非启自廖平。常州学派首开今文门径后，公羊研究始终未断，康有为将"张三世"、"通三统"等今文家核心命题的阐发，可以追溯至常州学派的今文诸家，而未必是廖平的素王改制之说。因此，康有为的《孔子改制考》在学术渊源上并无证据证明是抄袭《知圣篇》而作。因此，以康有为的"两考"是廖平"两篇"的"引申"之作来评断康、廖学术思想关系，显然有失妥当。

3. 公羊学说阐发不同

从学术传承和今文内部渊源而论，廖平与康有为的经学传承是两根脉络，因此，两人虽都治《公羊》，思想内容中也存在相暗合之处，是所谓"所治同，而所以治之者不同"。康有为的今文经学立场，并非单纯的辨伪尊孔，而是借公羊的微言大义精神内核，针砭时弊经世致用；推崇孔子"托古改制"则是为当时的政治改革寻求依据，为变法维新铺垫出权威的道路。廖平对《公羊传》的阐发则具有两个特点："一是以阐发《春秋》微言大义为宗旨，二是以笃守今文家法、复明两汉师说为旨归"②。从内容上，二人同样阐述孔子改制，内容有暗合，也有分歧。康有为的公羊说在于讲三世和变法，廖平的公羊说在于讲制度与改制。例如两人都说孔子托古改制，但是康有为借托古改制为变法寻求政治实践的理论基础，成为维新变法的先声。廖平的托古改制则是为了阐发孔子微言大义，以《王制》为素王新制之论。梁启超在提到康有为学术与廖平的差异时讲道："康先生之治《公羊》治今文也，其渊颇出自井研（廖平），不可诬也。然所治同，而所以治之者不同。畴昔治《公羊》者皆言例，南海则言义。惟牵于例，故还珠而买椟；惟究于义，故藏往而知来。以改制言《春秋》，

① 钱玄同：《重论经今古学问题》，《钱玄同文集》第四卷，中国人民大学出版社 1999 年版，第 138 页。

② 赵沛：《廖平〈公羊〉学的特点》，《东岳论丛》2009 年第 11 期。

以三世言《春秋》者，自南海始也"①。公羊学本身就是包涵着丰富而微妙义法的体系，从内容上来讲是内涵复杂、意义丛生的一种学说，传统今文公羊学的解释和内涵在不同的经师笔下具有了不同的意义。叶德辉认为："清末有四人同讲公羊，王壬老讲公羊，廖季平讲公羊，康有为讲公羊，我也讲公羊，但我们各有各的公羊，内容绝不一样"②。从内容上来说，康有为辨伪古经是为了颠覆传统，而廖平古今之变则为门户家法；康有为的"三世说"是为维新张本，是一种历史进化观，而廖平的"三世说"则在于发掘孔子微言大义，是一种历史循环论。正如陈其泰所言，廖平虽然讲公羊之"微言大义"，却不是他理论贡献的核心，以制度说今文而忽视义理的发挥，实际上并没有把握住今文经学的核心命题③。概言之，廖平的经学贡献在于《今古学考》中发今古学之绝异，二者之泾渭分明更得彰显。与其说康有为受廖平思想学说之影响深远，不若说康氏思想受廖平的经学一变之影响更为准确。

儒学是传统的官方政治哲学，广义上的经学也正是统治学说的主流。朱维铮曾经提出判断一种政治学说是否是统治学说，可以参照三个衡量标准：是否长时间地支配中国的思想文化领域；是否为政权所认可；是否具备国定宗教的特征，只许信仰，不许质疑。简言之，可以归结为一种思想成为统治学说应当基本包括三个因素：支配性；权威性；信仰性。那么经学作为一种思想，在近代以前，的确具备了成为统治学说的因素。它自从西汉"表彰六经，罢黜百家"以来，孔子和儒家学说始终是王朝政权进行统治的思想工具，占据着中国思想的统治地位。在"两考"刊行之前，不论今文或古文，但凡孔子之说，经生们只有记诵研读与顶礼膜拜，是一种单向的崇拜与信仰，这种精神是宗教式的，而断不会质疑乃至推翻，这都被看作是离经叛道的忤逆之行，而为人唾弃，因而经学的权威性与神圣性使得后人们唯有诵习，而无一人质疑真伪，故其作为一种统治学说存在，而非仅是一种思想学说。

---

① 梁启超：《论学术思想变迁大势》，上海古籍出版社 2019 年版，第 153 页。

② 黄开国：《〈孔子改制考〉与〈知圣篇〉之比较》》，《孔子研究》1992 年第 9 期。

③ 参见徐光仁、黄明同：《论廖平与康有为的治经》，《广东社会科学》1988 年第 3 期。

康有为和廖平在治经上而言，都是大胆不经的，不拘泥于古人治经的成说，创立新说，自成一家，不断提出新的见解，而究其内容而言，也都可算作瑕瑜互见。回首中国经学的历史演变与发展脉络，从两汉经学到宋明理学，经说流派可谓汗牛充栋，五花八门。两位今文经家都致力于探求经学之真谛，敢于过问儒家之真相，孔子之真面目，然而廖季平与康有为终其一生治经之说，也没有做出完全的解答，而只能在混沌中完成各自的诠释与努力。但是换一个角度视之，如果将二人的全部著作和学术成就看作一个整体，那么他们的治学之途和治经之道，也正是在于将经学的嬗变在时代迁延中展现于世人眼前，而最终也就宣告了经学的终结。廖季平和康有为的经学学说，具有了终结的功能与意蕴。可以说，两个人的学说殊途同归，最终都宣告着经学的结束，只不过廖平将这个尝试寄托于对孔经天人这一新经说的建构，而康有为则寄托于利用西学对今文经学进行改造。因而无论是使经学趋于荒诞，还是使经学脱离了原本的风貌，经学的时代都过去了。

经学，是以儒家经籍为研究对象，以解经注传为经学传统的古老学问。晚清时期，这一专门的经典学术传统，在时代的挑战与冲击中，完成了自身的变革，从常州学派重开公羊门风，重张今文大旗，主张通经致用，到龚自珍、魏源等有识之士以经术为治术，大开援经议政之风，至康有为时期进一步阐发经义，重述公羊，今文经学开始成为其揭橥变法，鼓动维新的理论武器。晚清的今文经学在时代变局中，不断实现着自身的变革，而康有为的今文经学则进一步突破了传统的范畴，以政治实践为目的，以西学为援用资源，最终传统的今文经学"因其实践指向终至因转型而终结"①。

---

① 蒋国保、余秉颐、陶清：《晚清哲学》，安徽人民出版社 2002 年版，第 401 页。

第三章　康有为今文经学思想的理论体系

第一节　弃古文经学而治今文经学

康有为在早期的经学道路上经历了一次转折，早在光绪六年（1880）就研读公羊学，所以梁启超说"有为早年，酷好《周礼》"①。康有为的经学思想经历了由好古到尊今的转折，在走上专宗今文的治经之路，求诸援经议政的公羊学说之前，经历了经学方向上的徘徊与困顿。康有为为济人救世、经邦纬国而寻求经学资源，最终归于今文门下的过程中，其老师朱次琦的学术品格之影响，《教学通义》所显露的今文倾向，都为康有为最后专宗今文，喜言公羊，著成"两考"埋下了伏笔。

一、朱次琦的扫去汉宋门户之分

（一）朱氏"以经世救民为轨"的治经理念

朱次琦②是晚清岭南大儒，与龚自珍、林则徐、魏源等先驱思想家齐名南

---

① 梁启超：《清代学术概论》，广西师范大学出版社 2010 年版，第 92 页。

② 朱次琦（1807—1882），字效虔，又字子襄，号稚圭，广东南海九江人，清末著名学者，世称九江先生。咸丰二年（1852）任山西襄陵知县 190 天，晋人称之"后朱子"。朱次琦是名贯海内的一代名师，被学者奉为岭表大儒，被称之为"南海明珠"。咸丰八年（1858），朱次琦开馆于广东南海九江，康有为、梁耀枢、简朝亮等出自门下。著作有《国朝名臣言行录》、《国朝逸民传》、《性学源流》、《五史实徵录》等七本书，他去世前尽数焚去，仅余诗文散篇四十。

北、饮誉朝野。朱氏硕德高行，学问深厚，品诣与顾炎武、王夫之相近，人称"九江先生"。朱次琦曾任山西襄陵知县，后目睹官场"政以贿成"之腐败，愤而弃官。正所谓"达则兼济，穷则传道"。朱次琦渐萌退意后辞官归里，隐居讲学于九江礼山草堂。朱次琦讲学在教学内容上，主张孔子之学应包括修身与读书两方面，所谓"四行五学"。修身为四行，要求弟子遵行敦行孝悌，崇尚名节，变化气质，检摄威仪四种美行。读书则应掌握五学，即经学、史学、性理之学、掌故之学和辞章之学，其中又以经、史之学最为重要。康有为后投于其门下，学习三年，系统接受了朱次琦四行五学的施教理论，深受其治经之道的影响与启迪，"年十九，应乡试不售，遂执于同邑朱次琦（九江）之门，九江之理学，程朱为主，而兼采陆王，又主济人经世，有为从之学者垂三年"①。康有为投于九江门下之时，朱次琦虽年近古稀，但是精神矍铄，志在教学，而康有为则年方弱冠，风华正茂。"他每天天未明便起床读书，深夜才眠，刻苦砥砺，遍览书海，通读宋儒之书以及经学、小学、史学等，兼收并蓄，读书以寸计，博通今古，杂采众家，又与同窗门人相互交流，之前所得之博杂学问得以焕然贯通"②，成为康有为著书立说的有用之学。

朱次琦主张治经应当脱离八股制艺的藩篱，文章应当突破破承起比的格式，治学不应以"朱注六经"为归依，而当以"济人经世为旨归"，圣贤之道著于修身治国。从治经旨趣上看，朱次琦的学问重心在于学术经世，主张通经致用，以圣贤之道肃正人心，涤化风俗，匡扶名教。朱次琦认为读书当致力于国家之用，"读书者何也？读书以明理，明理以处世，处世先以自治其身心随而应天下国家之用"③。他鄙薄汉学家专务考据之偏狭，"彼考据者，不宋学而汉学矣，而猎璵文，蠹大谊，丛脞无用，汉学之长有是哉"④。可见，朱次琦认为"士不通经，果不足用"，通经是为致用，因而十分反对汉学家刻意于琐碎

---

① 汤志钧：《清代传记丛刊》卷一，台湾明文书局 1986 年版，第 5 页。
② 黄正雨：《康有为读书生涯》，长江文艺出版社 1997 年版，第 21 页。
③ 简明亮著，王云五主编：《清朱九江先生次琦年谱》，台湾商务印书馆 1978 年版，第 57 页。
④ 简明亮著，王云五主编：《清朱九江先生次琦年谱》，台湾商务印书馆 1978 年版，第 49 页。

考证，而拆解文章大义的治经之道。朱次琦认为六经中唯《春秋》传孔子大义，"古之学者六艺而已，于易验消长之机，于书察治乱之际，于诗辩邪正之介，于礼见圣人之行事之大，于春秋见圣人断事之大权"①。朱次琦虽然学问根底在于宋明理学，但治学讲求微言大义，注重躬行实践，而不止于性理的钻研，更注重经世致用而对历代沿革颇有研究。朱次琦讲学有两个核心：经世与尊孔。正是朱次琦"归宗孔子"的经学观点和经世济人的治学旨趣，深深启迪了康有为，对于康氏走上今文经学的治经道路和通经致用的实践精神，产生了深远影响。康有为在《朱九江先生佚文序》一文中，盛赞朱师学术品格与德行，"其行如碧霄青云，悬崖峭壁；其德如粹玉馨兰，琴瑟彝鼎；其学如海，其文如山；高远深博，雄健正直。盖国朝二百年来大贤巨儒，未之有比也。梨洲精矣，而奇侠气多；船山深矣，而矫激太过；先生之学行，或于亭林为近似，而平实敦大过之"②。康有为在朱次琦处接受了正统的经学教育，其治经始终贯穿经世致用精神，鄙薄训诂名物，阐发微言大义等治学特点源发于此。康有为决然突破科举之文的限制，树立了经世报国的人生目标，在治学上摆脱门户之偏狭，厌弃科举八股之藩篱，并逐渐认识到考据之学无经世之用，而为问道求索能够经世济民的今文经学资源燃起了思想的火苗。

（二）破除汉宋门户和"归宗于孔子"

在朱次琦讲学的咸、同年间，汉宋之争已在清代延续百年，汉宋两家都声称是孔门正传而相互攻讦③。一方面，朱次琦不满汉学家非议朱熹之学的言论，他认为："汉之学，郑康成集之。宋之学，朱子集之。朱子又即汉学而精之者也。宋末以来，杀身成仁之士，远轶前古，皆朱子力也。然而攻之者互起，有明姚江之学，以致良知为宗，则攻朱子以格物。乾隆中叶至于今日，天

---

① 简明亮著，王云五主编：《清朱九江先生次琦年谱》，台湾商务印书馆 1978 年版，第 61 页。

② 康有为著，陈永正编注：《朱九江先生佚文序》，载《康有为诗文选》，广东人民出版社 1983 年版，第 583 页。

③ 蒋志华：《晚清醇儒朱次琦》，广东人民出版社 2007 年版，第 76 页。

下之学，以考据为宗，则攻朱子以空疏。一朱子也，攻之者又矛盾。呜呼"①。
朱次琦提出"非汉非宋，亦汉亦宋"，旨在打破汉宋门户之隔，认为汉宋之学
各有偏颇，汉学有考据名物之琐碎，宋学有玄想心学之流弊，实则汉学之正统
在于经世致用，宋学之正统在于朱子之学，因而"学孔子之学，无汉学，无宋
学"②。治学之根本在于得孔子之道，因而不妨打破门户之隔，兼采汉宋之风。
朱次琦兼采博览的治学特点，开启了康有为的治学思路，也对他以后治经之路
上博采众家，贯通中西，尽取合乎己用之说为己所用产生了影响。

　　另一方面，朱次琦不但主张扫去门户之见，还提出治经当以孔子为归依，
治学必首尊孔子③。朱次琦不仅批评汉宋门户偏狭之见，而且提出了解决的方
法。在朱次琦看来，汉宋之学都是孔子学说的传承，不应当囿于门户家法之
争。"古之言异学也，畔之于道外，而孔子之道隐。今之言汉学、宋学者咻
之于道中，而孔子之道歧。果其修行读书薪之于古之实学，无汉学，无宋学
也"④。朱次琦认为孔子之外的学问是离经叛道，则孔子之道隐没，而如今的汉
宋门户之争无异于经道之上的内部喧扰。孔子之道上的两家相争致使圣人之道
出现分歧，真乃天下之大不幸。朱次琦苦思摆脱汉宋之争的方法，认为求同存
异乃是最好的解决办法，既然汉宋两家都尊孔子，那么扫去汉宋门户之见的最
好出路，就是一切归宗于孔子，以孔子之学消弭门户之争。朱次琦扫去门户之
见而归宗于孔子的观点，对康有为影响至深。康有为在自编年谱中说："先生
壁立万仞，而其学平实敦大，皆出躬行之余，以末世俗污，特重气节，而主济
人经世，不为无用之空谈高论"，"会同六经，一权衡四书，使孔子之道，大

---

① （清）赵尔巽：《儒林传一·朱次琦传》，《清史稿》卷 480 列传 267，中华书局 1977 年版，
第 13159 页。

② 简明亮著，王云五主编：《清朱九江先生次琦年谱》，台湾商务印书馆 1978 年版，第 49 页。

③ 根据朱次琦的学生字桥舫回忆，朱次琦有一个习惯，每次上课必置一册《论语》于案上，
并非讲解《论语》，而是视《论语》为雷鸣警众的木铎。见蒋志华：《晚清醇儒朱次琦》，广
东人民出版社 2007 年版，第 96 页。

④ （清）赵尔巽：《儒林传一·朱次琦传》，《清史稿》卷 480 列传 267，中华书局 1977 年版，
第 13169 页。

著于天下"①。康有为的"两考"中一则以《新学伪经考》辨伪古经，归宗于孔子，一则以《孔子改制考》宣扬素王改制，立孔子为万世教主，回溯康氏的治学历程，不难发现，在九江草堂的初步学习阶段中，他意欲横扫古文经典而归宗于孔子的念头，与变法改制的离经叛道之精神，在朱次琦的教学中便埋下了伏笔。

康有为始终不甘于做一名书斋中的经师，抱负宏远，志在宏图伟业，虽然通览群经，但是并非囿于经籍、皓首穷经之人。其思想独立，绝不盲从，甚至为学颇为狂傲。朱次琦虽主张归宗于孔子，但在学问上精于古文，"以理学为宗专主程朱而兼采陆王，文风则上溯秦汉，对后来者甚称韩愈之文"②。康有为虽听从师说，但是随着学习时间的推移，开始越来越意识到从朱九江处无法获得自己所需要的知识资源。康有为不愿做心无旁骛、俯仰苦读、空得著述盈室而无救于苍生困苦的传统儒生。对于康有为而言，于九江门下学习两年有余后，开始进入了"飞魔入心，求道迫切，而尚无归依之时"，最终，康有为决定辞别老师，结束了在九江门下的学习。虽然由于道不同而离开朱次琦门下，但是三年的学习积累，为康有为筑造了深厚的中学根基。朱氏归宗于孔子的治经观念与经世救民的治经情怀，深深影响了康有为的经学思想。

二、《教学通义》的早期今文观

《教学通义》收录于《康有为全集》中，据编者推断撰写时间为 1886 年，早于《新学伪经考》的刊行，其中阐论的观点反映了康有为早期的经学思想以及经学转向的轨迹。《教学通义》一书，对于辨析康有为的早期经学思想与立场意义重要。梁启超认为康有为早期思想是尊崇古文，尤见于《教学通义》，"有为早年，酷好《周礼》，尝贯穴之著《政学通议》（应为《教学通议》）"③。

---

① 康有为著，楼宇烈整理：《康南海自编年谱（外二种）》，中华书局 1992 年版，第 6 页。

② 蒋志华：《晚清醇儒朱次琦》，广东人民出版社 2007 年版，第 72 页。

③ 此书实则为《教学通义》，此处或为梁启超笔误或记忆偏差之由。

目前学界对于《教学通义》之经学立场，仍是争议颇多。朱维铮认为康有为在《教学通义》中存在论点自相抵牾的问题，可能是修改过后的版本。张灏认为："保守倾向在《教学通义》中居主导地位"①。房德龄则认为："在康有为的早期著作《教学通义》中已经明确地展现出经今文学的倾向"②。汤志钧认为康有为早年酷好周礼，转而专宗今文，并以其为维新张本是经历了思想上的探索过程，他在今古文之间的徘徊与今文立场的确定与其救亡图存的政治实践活动密切相关③。黄开国认为："《教学通义》中的许多理论与康有为思想的主脉是不一致的"④，因此得出结论，认为康有为由于受廖平经学的启迪而对《教学通义》进行过修改，以致造成了康氏经学立场上的模糊与争议。刘巍认为："《教学通义》所反映出来的，实际上是一种基于经世理念的今古学兼用的取向"⑤。陈其泰认为："《教学通义》中一些观点与廖平《今古学考》相似，其中也包括了康有为《新学伪经考》、《孔子改制考》二书中的一些基本观点，比如对于三传的比较，康氏认为《左传》不传经义，惟有《公羊》、《谷梁》才得孔子微言大义，并且阐释《春秋》素王改制之论，已经表现出鲜明的今文经学立场"⑥。《教学通义》中康有为崇古或尊今立场的争议，主要集中于文中康氏三方面的理论阐释，一为"尊周公或是尊孔子"是否明确，二为文中是否具有公羊家"求变"之精神，三为《教学通义》中是否阐释了《春秋》素王改制之义，如果上述三点皆有展现且较为明确，则可以说明康有为早期理论中，今文经学的思想因子

① ［美］张灏：《危机中的中国知识分子：寻求秩序与意义》，高力克、王跃译，新星出版社 2006 年版，第 32 页。

② 房德龄：《论康有为从经古文学向经今文学的转变——兼答黄开国、唐赤蓉先生》，《近代史研究》2012 年第 2 期。

③ 汤志钧：《重论康有为与今古文问题》，《近代史研究》1984 年第 5 期。

④ 黄开国、唐赤蓉：《〈教学通义〉中所杂糅的康有为后来的经学思想》，《近代史研究》2010 年第 1 期。

⑤ 刘巍：《〈教学通义〉与康有为的早期经学路向及其转向——兼及康有为与廖平的学术纠葛》，《历史研究》2005 年第 8 期。

⑥ 陈其泰：《清代公羊学》，东方出版社 1997 年版，第 295 页。

已然萌发。

（一）尊周公还是尊孔子悬而未决

1.发明经今古文之异

在《教学通义》中，康有为说："今修《礼案》，欲决诸经之讼，平先儒之争，先在辨古今之学。今古之学，许叔重《五经异义》，何休《公羊解诂》辨之，近儒陈左海、陈卓人详发之。古学者，周公之制；今学者，孔子改制之作也。辨今古礼，当先别其书。今学者，周公之制，以《周礼》为宗，而《左》、《国》守之。孔子改制之作，《春秋》、《王制》为宗，而《公》、《谷》守之"①。从《教学通义》来看，周公之学为古学，孔子之学为今学，康有为发今古文之异的观点并不独特，且与廖平《今古学考》亦有相似之观点。在其早期的思想中，康有为对于尊孔子或尊周公还是悬而未决的，从古学还是从今学亦是彷徨未定。那么康有为的早期论著《经学通义》中，是否蕴含着明确的经学立场呢？刘巍认为："康有为早期'崇周礼，尊周公'，是受章学诚《文史通义》中着力阐发的'六经皆史'论之影响，因而在早期对'经'的看法上徘徊于尊古或是尊今的立场之间"②。根据刘氏之说，康有为深受章学诚经世精神之启迪，同时也一并接受了章氏发明的六经是周公为先王政教而作，孔子有德无位、"述而不作"的论断。值得注意的是，廖平的平分古今经学一变之后，经学古今之别开始泾渭分明，而此前则甚少门户之见，因而前人治经多兼采古今或以古宗今。所以在康有为早期的经学思想中，并未显露出明确的经学立场，也并不难理解。

2.《春秋》为孔子所作

学界一般认为康有为早期思想受到章学诚经世精神的启迪，也兼采章氏"六经皆史"理论，故而展现出古文经的立场。章学诚"六经皆史"理论，虽

---

① 康有为撰，姜义华、张荣华编校：《康有为全集》第一集，中国人民大学出版社 2007 年版，第 50 页。

② 刘巍：《〈教学通义〉与康有为的早期经学路向及其转向——兼及康有为与廖平的学术纠葛》，《历史研究》2005 年第 8 期。

然深刻地影响了康有为，但是章学诚"六经皆史"论中，既然认为孔子述而不作，那如何解释《春秋》之意义呢？① 根据章学诚之说，"六经皆史"论认为"孔子述而不作，信而好古"，六经皆是周公制作，然而《春秋》为孔子根据鲁史笔削而成，又何为"述而不作"呢？康氏面对这一理论困境，采取了非常直接而简明的解决办法，他继承并扬弃了"六经皆史"论，主张虽然六经皆是周公制作，但是唯独《春秋》是孔子之作。"诸经皆出于周公，惟《春秋》独为孔子之作，欲窥孔子之学者，必于《春秋》"②；"惟《春秋》则孔子因鲁史而笔削，则全为孔子自著之书"③。康有为不仅主张《春秋》为孔子笔削鲁史而成，在后文中进一步提出《春秋》为孔子改制之作，《王制》为素王改制之书，"素王改制"是今文经学的核心命题。以此观之，他的思想已经开始具备今文经学的倾向。

3. 始疑刘歆作伪

康有为对刘歆篡伪真经的怀疑思路，来自他对秦焚书坑儒之真伪的怀疑，认为："昔尝疑秦焚书而书存"，故而继续质疑，"夫秦始焚书，而'六艺'、'九流'灿然并在"④。可见他已经开始对于"秦火毁经"的真实性和刘歆窜乱之可能性产生了质疑。虽然康有为还并未像后书《新学伪经考》中一般系统考证该说，但是却为质疑古经的思路埋下了伏笔。这一思想苗头延续至《新学伪经考》，康氏始得提出了"秦焚六经未尝亡缺"这一震撼世人的观点。康有为怀疑六经未曾焚烧，但是对于孔子真经是否湮灭的具体问题并未深究，他在后文

---

① 钱穆曾非常敏锐地指出章学诚"六经皆史"理论有一个他本人没法解决的大"破绽"：孔子明明作《春秋》，如何说孔子有"述"无"作"呢？所以《文史通义》开首即有《易教》、《书教》、《诗教》、《礼教》各篇，而独缺了《春秋教》。章氏治学，重史又过于重经，《春秋教》一篇，万不该不作。大抵章氏遇到这题目，实苦于无从著笔呀！见钱穆：《两汉经学今古文平议》，商务印书馆 2001 年版，第 262 页。

② 康有为撰，姜义华、张荣华编校：《康有为全集》第一集，中国人民大学出版社 2007 年版，第 39 页。

③ 康有为撰，姜义华、张荣华编校：《康有为全集》第一集，中国人民大学出版社 2007 年版，第 37 页。

④ 康有为撰，姜义华、张荣华编校：《康有为全集》第一集，中国人民大学出版社 2007 年版，第 44 页。

中又提道："《周礼》容有刘歆窜润"①。虽然有学者指出联系前后文义，康氏此语的重点并不在于刘歆窜润，而在于后语"《大司乐》章则魏文侯乐人窦公之所献，其为周典无疑"。主张康氏在《教学通义》中所表达的核心思想还是尊崇周礼的，但是不可否认，他对《周礼》的真伪已经产生了怀疑，虽然《教学通义》是以周代教学制度为研究对象，但是"秦焚书"和"刘歆篡伪"这两点思路的产生，乃是疑古思想的先声，至少说明他具备了今文经学思想发展的理论主线和思维准备。当然，康氏《教学通义》的基本观点还是尊崇周礼的，因而虽然具备了疑古辨伪的思想因子，却并没有形成系统的理论，故而他在后文中又出现了"汉人搜遗经于烬火屋壁之中"、"秦禁儒业"等说法。因此，康有为的疑古倾向虽然在早期思想中出现，但这些灵光一现的念头并没有经过严谨的论证，并且由于不是阐论的重心而不得彰显。可以说康有为早期虽然没有确立鲜明的今文经学立场，但是已然具备了由古文经向今文经转变的思想要素。

（二）古礼并不可行于今

1. "言古切今"思想的阐释

康有为在《教学通义》卷首开宗明义地指出："善言古者，必切于今"②。虽然康有为此处并非确立明确的今文经倾向而宗今文以改制，但是改制求变的思想已经趋于明朗。康有为撰写《教学通义》，虽然尊崇周公，其意并非借由尊周公、崇周礼而阐发古文经，而是首先声明自己的治学倾向：言古是为了切合今用，若言古而不能为今所用，则谓之"清谈"，学而不用则为无用之学。在《教学通义》后文中，康有为开始逐步明晰观点，求变之思想更为明确。他盛赞周公制礼之教学大备，"盖黄帝相传之制，至周公而极其美备，制度典章集

---

① 康有为撰，姜义华、张荣华编校：《康有为全集》第一集，中国人民大学出版社 2007 年版，第 27 页。

② 康有为撰，姜义华、张荣华编校：《康有为全集》第一集，中国人民大学出版社 2007 年版，第 19 页。

大成而范天下，人士循之，道法俱举"①。康氏又指出周公制礼而垂范天下，是政教秩序的集大成者，但是典章制度并非要一成不变的。守先王之道就是通变以宜民，亦即守道就是通变，法古就是从今。康有为变革的思想强烈而间接地表达出来，守道的正途是通变，法古的内涵则是从今，貌似复古，实则创新。康有为还引用朱子之言曰："古礼必不可行于今，如有大本领人出，必扫除而更新之。至哉！是言也"②。既然不能拘泥于古礼，则必然从孔子之学的今学，但东汉以来，经学烦琐空疏而难当经世，所以对今学的回归必须返璞归真，返回"原典"，最终康有为走上"归今文经于孔子"的理论道路。康有为借古言今，以求变通的做法，也体现了今文经派的治经特点。

2. 求变意识的萌发

《教学通义》一书，虽然着力于阐述周公教学制度之完备，但是其阐论重心并不局限于"尊周公、崇周礼"。"虽然书名是《教学通义》，但是并不在于推崇旧制，并非仅限于尊周。通读全书即可发现'教学'另有深意，虽然名为周代教学之推崇，实指整个政教文化秩序，此处的'学'并非教学而是指官绅士民学习政教文化的努力"③。康有为《教学通义》的阐论重心在于宣扬周公在沿袭旧制的基础上，创设了完善的政教文化秩序以敷教民众，制定了完备的典章制度以垂范天下。在康氏看来，周制教学制度美备，政教文化秩序井然，故而能够教化民众德行，实现民化而国治，然而随着周室衰亡，周制不复，而后两千年来一直未能恢复周公之道，教学之义不修而天下治之不举④。可见，康有为撰写《教学通义》的主旨大义在于，以教学大备的周制为思想资源而援古刺今，借以批评社会现实，要求改革现行教学制度。"师古"不是为"泥古"，

---

① 康有为撰，姜义华、张荣华编校：《康有为全集》第一集，中国人民大学出版社 2007 年版，第 21 页。

② 康有为撰，姜义华、张荣华编校：《康有为全集》第一集，中国人民大学出版社 2007 年版，第 45 页。

③ 汪荣祖：《康有为论》，中华书局 2006 年版，第 36 页。

④ 参见康有为撰，姜义华、张荣华编校：《康有为全集》第一集，中国人民大学出版社 2007 年版，第 80 页。

而是为"求变"。康有为在《教学通义》中尊周公与周制的思想，不宜直接解读为对古文经学的尊崇，他崇古思想的阐发是以师法古意，予今所用为前提，以变革现有政教文化秩序为目标的。以此观之，康氏早期的思想已体现出强烈的求变意识，并非因袭传统的保守者，而是力求变革的改革者。

(三)《教学通义》中的公羊改制之论

康有为虽然在《教学通义》中尊崇周公，但是又不同于古文经学家"六经皆史"论，认为《春秋》为孔子制作，虽未尊孔子，但是对《春秋》之微言大义开始涉及。康氏认为在《春秋》三传中，《左氏》为史，不传经义，唯有《谷梁传》、《公羊传》中可得孔子之微言大义①。康有为对《春秋》微言大义的阐发，能够看出早期常州学派理论的影响，其后期春秋学的端倪也由此显露。康氏引用孟子对《春秋》微言大义之阐释，虽未直接言明《春秋》是传孔子微言大义之作，但是也认为孔子作《春秋》是行天子之事，继王者之迹。"孟子述舜、禹、汤、文、周公而及孔子，则曰：王者之迹熄而《诗》亡，《诗》亡而后《春秋》作。其辟许行，亦以孔子作《春秋》，继尧、禹、周公之事业，以为天子之事"②。同时又引用董仲舒之说，提出改制之论。"孔子亦曰'知我'以之，'罪我'以之。良以匹夫改制，无征不信，故托之行事，而后深切著明"③。这些观点都带有鲜明的今文经家说的特点，可见康有为早期的经学著作中已经蕴含着今文经学的治学特点与理论学说。钱穆认为清代今文公羊改制之论与章学诚的学术存在渊源，"公羊今文之说，其实与六经皆史之意

---

① 康有为说："《左氏》但为鲁史，不传经义。今欲见孔子之新作，非《公》、《谷》不可得也。"见康有为撰，姜义华、张荣华编校：《康有为全集》第一集，中国人民大学出版社 2007 年版，第 39 页。

② 康有为撰，姜义华、张荣华编校：《康有为全集》第一集，中国人民大学出版社 2007 年版，第 39 页。

③ 康有为撰，姜义华、张荣华编校：《康有为全集》第一集，中国人民大学出版社 2007 年版，第 39 页。

相通流"①。早期经学家治经甚少门户家法之束缚，在康有为的《教学通义》中既有古文立场的"尊崇周公"，又有孔子改制的公羊家说，也就不足为怪了。汪荣祖认为："《教学通义》既系师古而非复古，故尊崇周公之外，另外标出孔子改制"②。

三、康有为确立今文经学思想于《新学伪经考》、《孔子改制考》

（一）《教学通义》中蕴含着今文经学的思想雏形

从《教学通义》中阐述的思想主旨来看，一方面《教学通义》中《春秋》一节重点阐论了公羊家的主要义理系统，如果从内容上判断其经学立场则已然是以"今学为主"。康有为的《教学通义》中虽然没有鲜明的今文立场，但是在文中他反复强调"新制"、"变礼更制"等改制思想，非常直接地显露出康氏求变意识的萌发，效古以矫今的用心。另一方面，对于《教学通义》主旨大义的阐论，可以进一步了解康氏早期"尊崇周礼"到"专尊孔子"的学术转向。可以说，康有为的思想在三十岁之前已见雏形，其主要内容集中于以改革为手段求中国之富强。《教学通义》中已经具有了今文意识的思想因子，撰写此书在于明教学之义，作化民之法，借用周公教学制度批评两千年的社会旧制，是谋求变革以求富强的努力。对于康氏在古文与今文思想之间的杂糅，可以说是"正因在同一世界观里，故康氏可自由来往于两者之间，于不同时间，或强调或搁置"③。故而，康氏早期的思想雏形中具有了今文经的因素，而后康氏在此思想雏形基础上进一步充实与发展，撰成"两考"，确定了今文经学的立场。

---

① 钱穆甚至谈到晚清今文家说与章氏理论的相通关系："经生窃其说治经，乃有公羊改制之论，龚定庵言之最可喜，而定庵为文，固时袭实斋之绪余者。公羊今文之说，其实与六经皆史之意相通流，则实斋论学，影响于当时者不为不深宏矣。"见钱穆：《中国近三百年学术史》上册，商务印书馆1997年版，第393页。

② 汪荣祖：《康有为论》，中华书局2006年版，第23页。

③ 汪荣祖：《康有为论》，中华书局2006年版，第42页。

康有为的今文经学立场的《新学伪经考》，确立了专宗孔子的立场和专治今文的路径，将早期思想雏形中经历的徘徊与犹豫一笔扫去，归咎于受刘歆迷惑。"近世会稽章学诚亦谓周公乃为集大成，非孔子也。皆中歆之毒者"①。康氏《孔子改制考》也摒弃了章学诚六经皆史的说法，归六经于孔子。"章学诚直以集大成为周公，非孔子"②。康有为以"两考"的撰写，彻底完成了在治经之路上由古文经学向今文经学的学术转向。

（二）由"褒贬"向"真伪"的命题转换

康有为《教学通义》已经具有了阐释《春秋》微言大义的今文观点，但是对传统义理的阐发，显然不能够满足康有为变法改制的理论需求。"传统的观念不可能由此改变，隐喻褒贬的春秋式方法，并未在根深蒂固的政治及学术圈中产生巨大的影响，因此，急于救时的知识分子开始由褒贬转向真伪之争了"③。

清代中叶疑古思潮渐开，"真伪"问题并不是康有为独创，康氏的疑古思路与对伪经的怀疑也不足为奇。但是，敢于正面否定和彻底批判两千年来的正统学术、挑战与质疑孔子权威，并进行考证，就需要不凡的勇气与胆魄了。康有为正是敢于冒天下之大不韪，正面向传统古文经发起攻击的第一人。康有为攻讦古文经，愈发明确今文立场，实际上是针对当时政治及学术上面临的内忧外患之困境有感而发的，"是对于时局与学术之困境无力感的一种反应"④。康有为逐渐意识到发明古今之分异，或是褒贬春秋义理，并没有带来根本的改变，想要"创为惊人之论，给予停滞迂腐的政治与学术思想以当头棒喝还需要另辟蹊径"⑤。康有为认为："今之学者，尊圣人之经而不求之经纬天人，体察伦

---

① 康有为：《新学伪经考》，中华书局 2012 年版，第 118 页。

② 康有为：《孔子改制考》，中华书局 2012 年版，第 164 页。

③ 孙春在：《清末的公羊思想》，台湾商务印书馆 1985 年版，第 98 页。

④ 孙春在：《清末的公羊思想》，台湾商务印书馆 1985 年版，第 97 页。

⑤ 孙春在：《清末的公羊思想》，台湾商务印书馆 1985 年版，第 99 页。

物之迹，而但讲'六书'，动成习气，偶涉名物，自负《苍》、《雅》，叩以经典大义，茫乎未之闻也。徐干中论曰：'凡学者大义为先，物名为后，大义举而物名从之。然鄙儒之博学也，务于物名，详于器械，考于诂训，摘其章句，而不能统其大义之所极以获先王之心，此无异乎女史诵诗，内贤传令也，故使学者劳思虑而不知道，费日月而无成功。'迂滞若是，欲不亡灭，其可得乎！此亦识者所为远念也"①。可见，康有为极为不满当时思想上淤滞不前之学风，政治上固守千年之旧制，希冀振衰起敝以改弦更张，主张通过改革而实现学术与政治的一体更新。"但是对于当时的知识分子而言，尚且没有能力跳脱儒学的范畴，他们所提出的新学统仍然必须奉孔子为祖师"②，但同时这种新学统又必须与孔子旧学划清界限。在这样的心态下，康有为选择走向今文经学的道路，也就不难理解了。康有为于 1889 年撰成《新学伪经考》，主要探讨古文经的真伪问题，彻底划清了与古文的界限，而后刊行的《孔子改制考》，又在古文经的废墟之上"发今文之正"。"两考"的一破一立，超越了传统今文经学褒贬《春秋》以阐发义理的议政手段，更加直接地以孔经真伪问题论政，故而于政治与学术界激荡起千层波澜。

（三）康有为改造清代今文经学义理的《新学伪经考》、《孔子改制考》

在义理方面，清代今文经学的思想资源为康有为所继承下来并予以发扬。庄存与首言孔子并非仅为汉制法，称孔子为万世制法；刘逢禄提出孔子以《春秋》当新王；龚自珍重张三世之说；康有为主张尊孔子为教主，为万世制法。康有为之前的公羊学者，虽然治经多非常异义可怪之论，但是驰骋纵横、治经为学仍然以经籍为界限。康氏的治经之道则盛谈改制，重在变法。康有为由公羊今文学而推衍为《新学伪经考》，辨伪古经，确立了鲜明的今文经学立场；由《新学伪经考》而《孔子改制考》，提出孔子素王改制，为万世立法的理论。

---

① 康有为：《新学伪经考》，中华书局 2012 年版，第 142 页。
② 孙春在：《清末的公羊思想》，台湾商务印书馆 1985 年版，第 97 页。

　　回顾康有为早期的经学思想，虽然经历了由古文向今文的重大转变，但是促成康氏转向今文经学的思想因子于康氏早年的思想中已见端倪。"思想不会由真空中诞生而来，更不可能不孕而育"①。康有为于晚清的社会危机与困境中，完成了专宗今文的治经转向。面对晚清变局之中社会政治秩序崩坏，思想文化凋敝的破落景象，康有为在深思应对之道的过程中，将目光投向蕴含着怀疑精神与改制意识的今文经学，有其历史必然性。领会康有为经世之旨归，通晓《教学通义》大意，也就不难发现康氏由早期思想雏形，向专治今文的学术转向，是符合历史与逻辑的过渡。

第二节　古文经之伪的考据证实

　　清代今文经学派复兴后，刘逢禄辨伪《左传》，作《左氏春秋考证》，致力于揭露刘歆作伪之迹，返求圣人真意；魏源指斥《毛诗》为伪，作《诗古微》、《书古微》力求廓清古经，显露真经本貌。今文经学家返求孔经，扫荡旧说，主张古经不足以彰显孔子本意，故而力排古说，使今文经学重新归于西汉大昌时期的首席之位，成为清代今文学家的目标所在。但是，这种出于构建孔子圣经而涤荡经说的过程，至康有为时期出现了逆转。随着晚清变局的到来，外夷内患使得变法图存的要求更加急切。康有为的变法主张是在孔子权威之下提出的，对他而言，将孔子古老迂腐的旧形象剥离下来，赋予其热情救世的变法者之新生命，首要工作就是清洗旧说，排除古经。康有为以《新学伪经考》为理论工具，向代表传统守旧的古文经学开战，全面否定古文经，将其全盘划为伪经范畴，虽然前有所承，但其辨伪范围之广则前无古人②。

---

① Isaiah Berlin, Vico and Herder: Two Studies in the History of Idea, London:Chatto & Windus, 1976, p. 65.

② 路新生：《中国近三百年疑古思潮研究》，上海人民出版社 2001 年版，第 480 页。

一、刘歆以"新学"窜乱真经

自清代辨伪疑古活动以来，就不断有今文经学家怀疑古文经中的《周礼》与《左传》之真伪，并将怀疑的焦点集中于刘歆。将刘歆的活动作为辨伪古经的思路早有由来。刘逢禄强调刘歆颠倒五经，伪窜孔子再次凸显了以刘歆为古文辨伪核心的思路，康有为在《新学伪经考》对刘歆彻底而严酷的批判，也就有了基础。

首先，康有为在开篇即开宗明义地提出了震撼世人的观点，直指刘歆为伪经的始作俑者，而郑玄亦是"布行伪经"、"篡孔统者"，因而两千余年来人们"诵读尊信，奉持施行"① 的圣法，二十朝崇严的礼乐圣制，无一人悖逆的官方学说，通通成为康有为口中的"伪说"。康有为哀叹两千年来之通经大儒皆受此迷惑，而自己则誓以一己绵薄之力，摧廓伪说，拨云雾而见青天，"孤鸣而正易之"②。他激烈抨击刘歆为"圣经之篡贼，国家之鸩毒者"③。康氏提出秦焚书坑儒，为刘歆伪造诸经提供了可乘之机。"后世'六经'亡缺，归罪秦焚，秦始皇遂婴弥天之罪，不知此刘歆之伪说也。歆欲伪作诸经，不谓诸经残缺，则无以为作伪窜入之地，窥有秦焚之间，故一举而归之。一则曰：'书缺简脱。'《汉书·艺文志》、《楚元王传》。一则曰：'学残文缺。'《汉书·楚元王传》。又曰：'秦焚《诗》、《书》，六艺从此缺焉。'《汉书·儒林传》、《史记·儒林传》亦窜入。学者习而熟之，以为固然，未能精心考校其说之是非，故其伪经得乘虚而入。蔽掩天下，皆假校书之权为之也"④。康有为指出刘歆为助王莽篡位，巩固新莽政权，以伪造《周礼》为新朝改制寻求合法依据；又伪《左传》以佐证其伪迹。刘歆为掩人耳目，以秦火焚书为契机，觅得障目之方，提出秦火毁经，古文经藏于孔壁之中而后复得，实则"孔壁既虚，古文亦

---

① 康有为：《新学伪经考》，中华书局 2012 年版，第 2 页。
② 康有为：《新学伪经考》，中华书局 2012 年版，第 2 页。
③ 康有为：《新学伪经考》，中华书局 2012 年版，第 2 页。
④ 康有为：《新学伪经考》，中华书局 2012 年版，第 5 页。

赝"①，古文悉数为刘歆伪造。

其次，康有为开始阐论刘歆作伪经籍的政治目的，认为刘歆伪造古文经的真正目的在于"饰经佐篡"。刘歆作为王莽政权集团中的核心，为了媚莽佐篡，为新莽窃乱政权寻求合法性的理论根基，故而发挥颇通古文之优势，变乱儒家之道，窜入孔子真经。康氏提出刘歆"身为新臣，则经为新学"，而"新学"即是"伪经"。他在开篇即自问自答地提出了此贯穿全书的核心论点，"后汉之时，学分今古，既托于孔壁，自以古为尊，此新歆所以售其欺伪者也"②，以回答"伪经何以名之新学？"的问题。康有为既然指出刘歆为佐莽篡政而伪造孔经，因而伪经不黜则正道不著，必须要"别伪文，正新名"③。

再次，康有为不仅断言刘歆作伪，且将矛头对向贾、马、许、郑等汉学大儒。"后世汉、宋互争，门户水火。自此视之，凡后世所指目为汉学者，皆贾、马、许、郑之学，乃新学，非汉学也"④。在康氏看来，贾逵以帝师之位抬高古文经地位，巩固刘歆声势；东汉的古文家马融，为伪经作注，延续伪学；郑玄混合今古，助歆作伪。康有为对于郑玄的批驳尤厉，认为刘歆是伪乱圣制的始作俑者，而郑玄便是以古文经取代今文经的"篡孔统者"。郑玄主宗古文经兼采今文经学，利用古今经文学之"通和"布行伪经，篡改孔统⑤。康氏指斥他们延续刘歆之伪作，层层递进，以伪经乱圣制，以假籍遮盖真章，拾刘之薪火而供伪经之余焰，助刘歆之伪造阴谋，笼罩中国长达两千年之久。断言古文经为刘歆伪造之作，刘歆的"新学"正是窜乱六经的伪经，而非儒家正统的汉学，而传世古文经依靠刘歆作伪集团而得以代代相传，殊不知清儒所服膺的汉学，是贾、马、许、郑之学，是新学的流毒，而并非是孔子的真传。

---

① 康有为：《新学伪经考》，中华书局 2012 年版，第 3 页。
② 康有为：《新学伪经考》，中华书局 2012 年版，第 3 页。
③ 康有为：《新学伪经考》，中华书局 2012 年版，第 3 页。
④ 康有为：《新学伪经考》，中华书局 2012 年版，第 3 页。
⑤ 康有为撰，姜义华、张荣华编校：《康有为全集》第一集，中国人民大学出版社 2007 年版，第 355 页。

刘歆作伪是《新学伪经考》的理论核心，古文经的辨伪工作正是在此理论框架之下进行填充和展开的。康有为以刘歆作伪而辨伪古经的方法是"工于心计"的巧妙障眼法 ①。刘歆是辅佐王莽篡汉有"政治"污点的"历史罪人"，在正统史观的衡量下，对于刘歆的攻击是不嫌其恶的，既不意外也十分有效。正如毛西河所言："欲攻人作伪，而先伪造一人以实之"。为恶人增加恶名，不会徒招是非，康有为指斥刘歆"篡伪真经"，将其窜乱六经的行为与助莽篡汉的政治恶行联系起来，进一步凸显正统史观为刘歆所冠"大逆不道"罪名，不但谋逆篡权，而且制作古文经学，湮灭了孔子微言大义。故而，古文经学是伪学的论断，在很大程度上被刘歆的政治角色掩盖住了，更具有迷惑性和可信性。可以说，康有为选择以刘歆为切入点攻讦古文经有其独特的考量。一方面刘歆与经学发展有过密切的关联，康有为重提西汉旧案，一旦证实刘歆作伪，则刘歆所建立的古文经系统一体受到冲击；另一方面，在传统观念中刘歆是襄助篡权者王莽建立新朝的祸首，康氏选择将其作为篡改孔经的千古罪人，所受阻力较小，容易为人信服。

二、秦焚书而六经未尝亡缺

在《新学伪经考》中第一章即为"秦焚六经未尝亡缺"②，此开篇之论断实则为全文立论之根基。此说若不成立，则通篇难以证明，后面的文章更是难以自圆其说。"秦焚书坑儒而六经未尝亡缺"之说如若成立，则千年来今古文之争论自然不辩而明，康氏之今文说不必再纠缠于今古文之争的泥沼，又将古文学之根基一言铲断，宣称统治中国千余年的至圣之说尽是赝作伪经。为证明六经未失则这一前提必须成立，才能够继续进行古文经的辨伪，因而"秦焚书六经未尝亡缺"是全书的理论起点。康有为力证秦始皇焚书坑儒，但六经未尝亡

---

① 路新生：《中国近三百年疑古思潮》，上海人民出版社 2001 年版，第 480 页。
② 康有为：《新学伪经考》，中华书局 2012 年版，第 5 页。

却之缘由，言之确凿，认为《史记》足以坐实古经之伪，他历数如下证据。

（一）秦焚书为愚民而自智

康有为认为秦始皇焚书之目的指向愚民，实在没有全部付之一炬的理由，否则岂非不但愚民反而愚己。康有为考证《史记》记载秦焚书之令，由"非博士官所职，藏者悉烧"[①]，而提出质疑，秦所焚为民间之书，所愚为民智而非自愚，因而康氏推断"博士所职，保守珍重，未尝焚烧"[②]。《史记》有记载："若欲有学以吏为师"[③]，康有为以《李斯传》佐证认为"法令"二字，为刘歆伪造，其所学实为未焚毁之六经。至此，秦焚书坑儒之灾祸却未尝断绝儒学，一则，博士有守职之藏书，因而六经未亡得以保存；二则，学者可以吏为师而受业并未断绝。因而他推断汉书记载"秦焚《诗》、《书》，'六艺'从此缺焉"[④]，此论纯属妄谈。康有为并不认同秦以吏为师所受为当世之法令，他以秦博士孙叔通为例证，其门下儒士三百余人若不学习《诗》、《书》，则何谓博士弟子，且若无"以吏为师"之诏令，则百余儒生怎敢冒朝廷之大不韪而以私学号相聚乎？因此推断以吏为师传续的是《诗》、《书》，六经并未亡缺。根据以上证据，康氏得出结论：六经并未如常人所言毁于秦火，实则保存下来，但是秦焚书坑儒这一历史却被刘歆所利用，成为遍伪古书的契机，得以窜乱六经。

（二）六经未毁于秦火

康有为提出嬴政焚书坑儒，但所坑者是 460 个咸阳方士，非尽儒者。因而虽有坑儒之故，但未尽除儒者，伏生、申公、辕固生、韩婴、高堂生等，虽皆经焚书坑儒，然而至汉初仍然健在，可见一斑。而焚书之说，并末尽除六经，盖因所焚之书乃私藏，换言之，未焚之书、未坑之儒多矣。因此六经未尝亡

[①]　康有为：《新学伪经考》，中华书局 2012 年版，第 5 页。

[②]　康有为：《新学伪经考》，中华书局 2012 年版，第 5 页。

[③]　（西汉）司马迁：《史记》卷 87《李斯列传》，中华书局 1959 年版，第 2546 页。

[④]　康有为：《新学伪经考》，中华书局 2012 年版，第 5 页。

缺，儒士未尝断绝，儒学亦得以传续。康有为以《史记》、《汉书》中的记载历数秦火未毁六经之八条证据：其一，博士所职"六经"之本具存，七十博士之弟子当有数百，则有数百本《诗》、《书》矣，此为"六经"监本不缺者一；其二，丞相所藏，李斯所遗，此为"六经"官本不缺者二；其三，御史所掌，张苍所守，此为"六经"中秘本不缺者三；其四，孔氏世传，"六经"本不缺者四；其五，齐、鲁诸生"六经"读本不缺者五；其六，贾祛、吴公传，"六经"读本不缺者六；其七，藏书之禁仅四年，不焚之刑仅城旦，则天下藏本必甚多，若伏生、申公之伦，天下"六经"读本不缺者七；其八，经文简约，古者专经在讽诵，不徒在竹帛，则口传本不缺者八。有斯八证，"六艺"不缺，可以见孔子遗书复能完，千岁论说可以，铁案如山，不能摇动矣①。因此康有为得出考证结论："博士所职，六经之本具存，七十博士之弟子当有数百，则有数百本《诗》、《书》矣"②。加之民间藏书，口头流传，"六艺不缺"，已是"铁案如山，不能动摇矣"③。简言之，康有为力证六经未尝毁于秦火，孔子真经保留了下来。在康氏的论证体系下，湮灭孔子大义的并非秦之焚书，而在于刘歆的窜乱。

（三）力辨孔壁中出土古籍之不实

康有为在《汉书河间献王鲁共王传辨伪》中质疑"河间献书"④与"共王坏

---

① 康有为：《新学伪经考》，中华书局 2012 年版，第 14—15 页。

② 康有为：《新学伪经考》，中华书局 2012 年版，第 15 页。

③ 康有为：《新学伪经考》，中华书局 2012 年版，第 15 页。

④ 河间王刘德，字君道，谥为河间献王，为孝景帝之子。他的生平事迹，最早见于《史记》："河间献王德，以孝景帝前二年用皇子为河间王。好儒学，被服造次必于儒者。山东诸儒多从之游。"见（西汉）司马迁：《史记》卷 59《五宗世家》，中华书局 1959 年版，第 2093 页。《史记》中记载甚为简略，且其中未提及古文经之事。《汉书》中记载则与《史记》大相径庭，且颇为详尽。《景十三王传》曰："河间王德，以孝景前二年立，修学好古，实是求是。从民间得善书，必为好写与之，留其真本，加金帛赐以招。由是四方道术之人，不远千里，或有先祖旧书，多奉以奏献王者，故得书多，与汉朝等。是时，淮南王安亦好书，所招致率多浮辩。献王所得书皆古文先秦旧书，《周官》、《尚书》、《礼》、《礼记》、《孟子》、《老子》为之属，皆经传说记、七十子之徒所论。其学举六艺，立毛氏《诗》、左氏《春秋》

壁"①，二事如此重大，《史记》竟无记载，着实令人生疑。康氏在此章开篇即指出："余读《史记·河间献王》、《鲁共王世家》，怪其决无献王得书、共王坏壁事，与《汉书》绝殊。窃骇此关六艺大典，若诚有之，史公何得不叙?"② 因此认为《汉书·河间献王传》中所谓"献王所得书皆古文先秦旧书，《周官》、《尚书》、《礼》、《礼记》、《孟子》、《老子》之属，皆经传说记，七十子之徒所论"的记载，出自刘歆之伪造。同时，康氏又指出，孔壁中所得之孔经是虚构的，历史中此事并未发生，实际上是刘歆利用奉命校订官藏书的机会，为了媚莽篡权而伪造古文经，为不合法的新朝寻求孔子经籍为王朝正名。康氏认为"《汉书》实出于歆，故皆为古学之伪说，听其颠倒杜撰，无之不可，其第一事则伪造河间得书，共王坏壁也"③。

经过以上证据的罗列综合，康有为最终得出结论：古文经是刘歆窜乱六经之伪作，唯有今文经学才是孔子真经。根据康有为的说法，秦焚书的确毁损了六经，但是所焚毁的是民间的经书，官方所保存的经书遗留了下来，儒家的六经真本并没有毁损于秦火，汉代今文经学博士所研读的正是由先秦遗留下来的

博士。修礼乐，被服儒术，造次必加儒者，山东诸儒多从之游。武帝时，献王来朝，献雅乐、对三雍宫，及诏第所问三十余事。其对推道术而言，得事之中，文约指明。立二十六年薨。"见（东汉）班固撰：《汉书》卷53《景十三王传》，中华书局1962年版，第2410页。是故，根据《汉书》记载，河间王刘德开献书之路，积聚六艺群书，广得古文经书。

① 鲁共王好治宫室，坏孔子旧宅，从宅壁中得到古文经传，后由孔安国献上。鲁恭王孔壁古文的发现，《汉书》、王充《论衡》、荀悦《汉纪》、许慎《说文解字》、郑玄《六艺论》等汉世文献都有记载。《汉书》卷53《景十三王传·鲁恭王刘馀传》曰："恭王初好治宫室，坏孔子旧宅以广其宫，闻钟磬琴瑟之声，遂不敢复坏，于其壁中得古文经传。"见（东汉）班固撰：《汉书》卷53《景十三王传》，中华书局1962年版，第2411页。二王之事均不详于《史记》，但《汉书》的《河间献王传》和《鲁恭王传》则大谈古文经之事。由是，"河间献书"与"共王坏壁"之事并未写进《史记》之中令康有为深感质疑，他认为倘若真有"开壁"、"献书"之事，司马迁不可能不记载在《史记》中，这一怀疑也成为《新学伪经考》的书写动因，他由此发出疑问："此关六艺大典，若诚有之，史公何得不叙?"见康有为：《新学伪经考》，中华书局2012年版，第120页。

② 康有为：《新学伪经考》，中华书局2012年版，第120页。

③ 康有为：《新学伪经考》，中华书局2012年版，第120页。

孔经真传。

三、辨伪古经与回归今文

西汉时期，经学开始作为官方统治哲学渐成系统，一改前代抱残守缺，各守一艺的传经之道，古文经与今文经各成派系。西汉末年，在刘歆的努力下古文诸经联系密切，系为一体，一荣俱荣，一损俱损。康有为欲将古文经全盘否定，故而重提西汉今古文之争，而以刘歆为篡伪真经的始作俑者，在古文经"真则俱真，伪则俱伪"的连带关系下①，对古文经进行了全面的清洗和涤荡。

从辨伪的范围上来说，康有为对古文经的打击范围是深彻而全面的。在《新学伪经考》中，康有为指出凡是西汉流传的汉博士所职之六经乃是孔子真传，因为西汉今文经学传自秦博士藏书，这部分经籍并未毁于秦火，不属于焚书范畴之内，故而保全下来，是孔子所传的真经，对比之下，孔壁藏书及全部古文经籍就都成了伪经。据此，康有为指出刘歆请立于官学的几乎全部古文经典，《周礼》、《逸礼》、《古文尚书》、《毛诗》、《左传》都是其伪造之作。不仅如此，康有为认为刘歆也窜乱了《史记》和《汉书》，但凡《史记》中出现过"古文经"的记载，康有为便认为是刘歆的增添作伪。例如，康氏认为《史记·儒林传》中刘歆进行了篡伪。"《儒林传》虽粹然完书，然云，'秦时焚书，伏生壁藏之，其后兵大起，流亡。汉定，伏生求其书，亡数十篇，独得二十九篇，即以教于齐、鲁之间。'又云：'孔氏有《古文尚书》，而安国以今文读之，因以起其家，《逸书》得十余篇，盖《尚书》滋多于是矣。'又云：'《礼》固自孔子时而其经不具，及至秦焚书，书散亡益多，于今独有《士礼》，高堂

---

① 梁启超说："初时诸家不过各取一书为局部的研究而已；既而寻其系统，则此诸书者，同为西汉末出现，其传授端绪，俱不可深考，同为刘歆所主持争立；质言之，则所谓古文诸经传者，皆有连带关系，真则俱真，伪则俱伪；于是将两汉今古文之全案，重提覆勘，则康有为其人也"。见梁启超：《清代学术概论》，广西师范大学出版社2010年版，第90页。

生能言之.'此三条是刘歆窜乱以惑人者"①。再如，康有为认为虽然从文字考证上而言《汉书》中的《河间献王刘德传》有先秦篆文的记载本，而且《鲁恭王刘馀传》的确有重建孔宅时从壁中偶然发现古文经的记载，但是《汉书》中对于这一大事的记载还是令康有为生疑，而康氏主要怀疑的立论点就在于他认为历史上倘有此大事发生，缘何《史记》中并无记载。《史记》与《汉书》由于成书年代和记事侧重之差异，成为康有为怀疑刘歆的关键。以此继续展开怀疑，认为刘歆窜乱了《汉书》。但是，康氏认为《史记》与《汉书》也是刘歆作伪，在考证过程中很难避免这样的理论困境：一方面康有为主张以《史记》足以坐实刘歆伪造古经之说，但另一方面康有为又提出《史记》中刘歆也动了手脚，那么这个考证过程陷入了自相矛盾而难圆其说的理论境地之中②。

王汎森说："如果将这些散论在《新学伪经考》中的这类辨伪的议论聚合起来，真可谓一张涤荡古经的清单"③。古文经皆属"新学"，"新学"便是伪经。康有为重提西汉旧案，乃是"正名"，借挞伐刘歆表达自己的政治立场，籍儒学经典寄托变法改革的用心，他全面否定古文经的直接目标在于肯定今文经为孔子真经，其终极目标则在于以辨伪古文经发展为由，对古文经衍生而来的两千年传统政教文乐制度之怀疑。康有为辨伪古经的目标还在于通过推翻古文经籍，回归今文，彰显今文经之孔子真经的地位，通过回归并抬高今文经学的地位，重新张扬经世致用精神。康氏辨伪古经，不仅成为攻击思想沉疴的前奏，也是其拨乱反正，恢复经世传统的必要步骤，通过对古文经典的全盘否定，他同时实现了对刘歆以后经学形态中讲求考据，空泛义理的排拒，在讲经形态上力求返还真经而经世致用，通过"经世即政事"的解经形态，走向维新变法。康有为声称孔子圣道颠覆，六经窜乱伪造，孔子之道不著，光明之世不存，千年以来人们受伪经迷惑，以至人心大坏，政治淤滞，造成了如今国家内忧外困

---

① 康有为：《新学伪经考》，中华书局 2012 年版，第 29 页。

② 朱维铮：《重评〈新学伪经考〉》，《复旦学报（社会科学版）》1992 年第 2 期。

③ 王汎森：《古史辨运动的兴起》，台北允晨文化 1987 年版，第 98 页。

的局面。通过此番考证，康氏成功实现了从孔子六经的"真伪之辨"转向社会现状批判，既然伪经是祸乱华夏的根源所在，那么唯有在学术上，扫荡古文经之遗毒，重树今文经之权威，才能归真经于孔子。在政治上，革除旧制，厉行变法改革，方能改变立于伪经之上的传统旧政，重归孔子之道，故而，证明刘歆作伪六经，成为康有为为维新张本的理论起点。

晚清时期，奉为神圣的六经已无力挽救专制制度的沉疴，变革维新呼之欲出。康有为将全部的经书从本质上一划为二，一为孔子所作的真经，二为刘歆篡改之伪经。康氏将经学的内容进行正误真伪的鉴定工作，一则为构建新思想寻得孔子真经之名义的庇护，一则将与新思想相悖的内容归咎于伪经，而声讨批判。由此，既是为维新思想摇旗造势，又将违背潮流的传统思想归为伪经的流毒遗祸，名正言顺地讨伐推倒，造成了以"孔子抗衡孔子"的现象①。可以说，康有为的经学思想是以今文而抗衡古文，以孔子而对抗孔子。

第三节　康有为古经辨伪的评价与反思

一、《新学伪经考》的辨伪方法与归类分析

（一）《新学伪经考》的辨伪方法

清代随着辨伪风潮的兴起，学术回归原典的治学目标，发挥着重要的导向作用，在此环境之下，考据学大兴，形成了系统而成熟的考证方法和严谨的治学原则，为辨伪活动提供了丰富的路径与方法，疑古与返真的精神为后世学者辨伪古籍拓展了广阔的顺延空间②。清代辨伪学中发展出了以实物、实地、地

---

① 张勇：《也谈〈新学伪经考〉的影响——兼及戊戌时期的"学术之争"》，《近代史研究》1999年第 5 期。

② 于语和：《阎若璩〈尚书古文疏证〉辨伪方法评析》，《南开学报》1994 年第 5 期。

理沿革、典礼制度、文字文体、句读文义等方法为主的丰富而系统的辨伪体系，形成了以古人行文惯例、古人传注之义、古人引书之义、以文字之严谨、以时代思想与风尚、以官制、礼制之不同、以汉人经学之师承家法派别、以伪书者之心理、情理等方法为手段的辨伪考证体系[①]，可谓不厌其详。清代的考据学发展出一系列辨伪方法流传下来，成为后世学者辨伪古经的理论路径，康有为在《新学伪经考》中主要运用了以下方法来辨伪古籍，证明刘歆作伪[②]。

1. 以古文而判其为伪书

康有为的新学伪经考中认定《史记》中出现"古文"二字，便是刘歆窜乱《史记》，为窜改六经而避人耳目之痕迹，例如："总之不离古文者近是"[③]，将其中有古文者八条都解释成刘歆窜入而作伪之证据。康有为辨伪《春秋古文》曰："余读《春秋古文》、《吴世家》、《春秋古文》者，《左氏传》耳，《儒林传》、《河间献王世家》无之。此忽出之，其为谰言易见。则论言弟子籍出孔氏古文近是"[④]。在此辨伪方法下，康有为的辨伪古经的范围形成了"伪经传授表"，由此而来，古文经的《费易》、《古文尚书》、《毛诗》、《周官》、《通学》、《左氏春秋》、《古论语》、《小学》和《孝经》等一网打尽，都归于刘歆作伪的范畴。康有为还指出刘歆窜乱六经后，经历代传授释文逐渐形成了贯穿为一、系统庞大的"伪经传授集团"[⑤]。古文经的首传者刘歆，既然是窜乱六经，饰经佐纂的始作俑者，那么古文经就与伪经画上了等号。

2. 以文字流变规律考证刘歆作伪

从考证文字流变规律的角度入手，康有为将刘歆作伪的范围继续扩展。康

---

① 尹继佐、周山：《相争与相融：中国学术思想史的主动脉》，上海社会科学院出版社 2003 年版，第 350 页。

② 杨旭敏：《中国辨伪学史》，天津人民出版社 1999 年版，第 216 页。

③ 康有为：《新学伪经考》，中华书局 2012 年版，第 32 页。

④ 康有为：《新学伪经考》，中华书局 2012 年版，第 33 页。

⑤ 彭明辉：《疑古思想与现代史学的发展》，台湾商务印书馆 1991 年版，第 37 页。

氏认为文字的流变，皆因自然，非有人造之也①。他主张所谓文字流变有一定的规律，篆书是秦汉通用的文字，字体在过去一直没有发生重大的变化，孔子撰写经书时所用的文字是篆书，从这一点看来，经书应该没有古文与今文的区别。康有为认为刘歆"好博多通"，不仅壁中所得经籍为他伪造，而且出土的钟鼎文字也是其"歆既好博多通，多搜钟鼎奇文以自异，稍加窜伪增饰，号称'古文'，日作伪钟鼎，以其古文刻之，宣于天下以为征应。以刘歆之博奥，当时不能辨之，传之后世，益加古泽。市贾之伪，不易辨其伪作，况歆所为哉！"②经过此番论证，康氏再次强调但凡古文经皆为伪经，皆是刘歆欲夺孔子真经而作伪的。

3.作伪者的心理与情理上推测

在《新学伪经考》中，康有为以刘歆作伪的可能动机与目的为出发点而揣测，进行刘歆作伪活动的考证，并得出结论，也是康氏辨伪方法中的一种。例如，康有为在辨伪《左传》时，提出"及歆校秘书，见古文《春秋左氏传》，歆大好之"。认为刘歆尤好古文，故而对春秋三传中以古文书写之《左传》产

---

① 符定一在《新学伪经考驳谊》中说："康南海氏《伪经考》，乃举经古文群经而辟之，故欲攻康氏之书，亦必先通贯群经而后可，否则支离破碎，无济也。当年张之洞曾欲攻驳康氏之书，乃先物色能辟康书之人物，当时有以章太炎炳麟荐者，张氏乃礼聘之，但章氏精于《尚书》及《左传》，他经皆非所长，故所得殊浅。自晤张之洞后，在武昌荏苒数月，迄无所就，乃托故而去沪。若太炎者，乃晚近唯一经学中正统派之大师，对康著尚且难于著笔，他人更无足当其任矣。而最近（1931年）又有钱氏玄同为康书《伪经考》新刊本作长叙，以扬其余波，而伪经之说乃益形炽烈。余兹以今学引古经者，以证古经之不伪，如矢破的，凡举三十一事，虽未具体，其荦荦大者，则驳斥无遗矣；其小者，则无待喋喋之词费也。如《汉书·地理志》，康氏已承认为今学，其中古文字凡十一见，《禹贡》字凡三十八见，其云《禹贡》者，乃古、今文《尚书》相同，其云古文者，乃古文《尚书》也。康氏既谓《史记》之古文字为刘歆所窜改，其于《地理志》之古文字，则一字不提及。非不知而遗之，乃故以《地理志》载莽曰某地者，触处皆是，其征引三家诗者极为明显，无法诋为刘歆所作，且亦无法不承认其为今文字也。"符定一（1877—1958），字宇澄，号梅庵，衡山人。受奖举人暨中书科中书。历任岳麓书院山长、湖南省教育总会会长、湖南省立第一中学校长、湖南师范学校校长。著有《新学伪经考驳谊》、《说文本书证补》等。

② 康有为：《新学伪经考》，中华书局2012年版，第110页。

生了兴趣。康氏认为："《左氏传》多古字古音，学者传训故而已；及歆治《左氏》，引传文以解经，转相发明，由是章句义理备焉"。康有为又推断说《左氏春秋》是刘歆治经之时引传文以解经，"则今本《左氏》书法及比年依经饰《左》缘《左》，为歆改（左氏）明证"。刘歆作伪《左传》后，为掩盖作伪《左传》的事实，故而又辨伪群经以抹杀证据。"既已伪《左传》矣，必思征验乃能见信，于是遭伪群经矣"①。在《新学伪经考》中，康有为对于刘歆心理活动与动机的推测，在证伪刘歆的论证中随处可见。

4. 以篇章数量考证

康有为辨伪《古文尚书》时，对于孔壁所藏《古文尚书》将其从篇章数量上与《今文尚书》相比较。他认为《古文尚书》经四十六卷，为五十七篇，相较于《今文尚书》多出十六篇，因此康有为得出结论："十六篇皆歆所偷窃伪造至明"②。再比如，康有为说："《诗》不过三百五篇，《书》不过二十八篇，为文甚简，人人熟诵，诚不赖书本也。若专赖壁藏之简而后二十九篇得存，则《诗》、《春秋》未闻有壁藏之简，何以三百五篇之文，二百四十二年之事得全乎？若谓《诗》有韵语，讽诵易存，《书》文聱牙，非简不存，则《春秋》及二传岂有韵语乎？故《隋志》之言曰：'至汉，唯济南伏生口传二十八篇，又河内女子得《泰誓》一篇献之。'曰'口传'，曰'二十八篇'，曰'河内女子得《泰誓》一篇'。其说出《论衡》，此必今学家之说，足以破壁藏流亡失数十篇之谬，并足破伏生得二十九篇之误矣。今学以《尚书》二十八篇比二十八宿，以后得《泰誓》一篇比北斗，其说可据。且伏生为秦博士，秦虽焚书，而博士所职不焚，则伏生之本无须藏壁而致亡也。知此，则壁藏亡失之说更不待攻，而二十八篇为孔子未经秦火之《书》愈明矣"③。康氏认为《诗》、《书》数量上的记载变化，证明孔壁藏书之说是不成立的，提出《诗》三百五篇，《书》二十八篇，人人诵读而依口传留存，如果真的依靠藏于孔宅壁中而保留下来，

---

①　康有为：《新学伪经考》，中华书局 2012 年版，第 147 页。

②　康有为：《新学伪经考》，中华书局 2012 年版，第 58 页。

③　康有为：《新学伪经考》，中华书局 2012 年版，第 30 页。

则为何不像古文家所说流亡数十篇，并且《诗》与《春秋》并未听闻有藏壁之简。篇目未尝有损，所记载二百四十二年之事并无缺漏，所以他认为《诗》、《书》、《春秋》篇目数量之考证足以破孔壁藏书之谬。

5. 以训诂为考证手段

在考证《周易》时，康有为指出："《序卦》肤浅，《杂卦》则言训诂，此则歆所伪窜，并非河内所出，宋叶适尝攻《序卦》、《杂卦》为后人伪作矣"①。再如，康有为在辨伪《汉书·王莽传》时以训诂为考证手段，认为刘歆遍伪群经，伪造《尔雅》，并借此将经学义理拆解为训诂名物。"考《尔雅·训诂》，以释《毛诗》、《周官》为主。《释山》则有'五岳'与《周官》合，与《尧典》、《王制》异；《王制》：'五岳视三公。'后人校改之名也。《释地》'九州'与《禹贡》异，与《周官》略同；《释乐》与《周官·大司乐》同；《释天》与《王制》异；祭名与《王制》异，与《毛诗》、《周官》合。若其训诂全为《毛诗》，间有'敏拇'之训，'长'之释。《释兽》无'驺虞'之兽，《释木》以'唐棣'为'栌'，时训三家以弄狡狯。然按其大体，以陈氏《毛诗稽古编》列《尔雅毛传异同》考之，孰多孰少，孰重孰轻，不待辨也。盖歆既遍伪群经，又欲以训诂证之而作《尔雅》，心思巧密，城垒坚严，此所以欺绐百代者欤！然自此经学遂变为训诂一派，破碎支离，则歆作俑也"②。

（二）辨伪古经的三段论推理模式

综观《新学伪经考》，虽然辨伪的论断不免武断狂妄，但是逻辑结构十分清晰，颇具匠心。康有为的考证过程的展开，围绕着特定的逻辑顺序：秦焚书六经未尝亡缺；《左传》、《周礼》、《古文尚书》皆属古文经学；《左传》、《周礼》、《古文尚书》皆为刘歆伪造。在这个三阶段的推论过程中，"秦焚书六经未尝亡缺"是全书立论的逻辑起点，由此，康有为推论出刘歆伪造古文经学以助莽篡

---

① 康有为：《新学伪经考》，中华书局 2012 年版，第 52 页。
② 康有为：《新学伪经考》，中华书局 2012 年版，第 98 页。

汉，故而在刘歆媚莽窜乱真经的理论前提下，拓展出一个可以包罗万象，对古文经一网打尽的外延。两千年来经学典籍中，但凡康氏认为不利于其阐论政见的经学典籍，都被其归于刘歆造伪之古文经典的范畴内，也就是康有为所宣称的"新学"。

（三）康有为辨伪考证方法的局限性

康有为在《新学伪经考》中，以《汉书河间献王鲁共王传辨伪》辨伪孔壁出书之伪为起点，以《汉书艺文志辨伪》辨伪刘歆窜乱六经为中心理论，以《书序辨伪》、《汉书儒林传辨伪》、《经典释文纠谬》、《隋书经籍志纠谬》四篇互为补充，以丰富的材料和精审的论证，坐实刘歆作伪六经之论断，在学术上对于辨伪与疑古起到了巨大的作用。但是，《新学伪经考》由于在辨伪方法上的过度推演和揣度，而致使对伪经怀疑和驳难过程难以令人信服。例如，康有为在书中提出："当时《春秋》赖口说流传，《诗》则以其讽诵，皆至公羊寿、申公、辕固生、韩婴乃著竹帛。以故《公》、《谷》二传，鲁、齐、韩三家《诗》，文字互异，良由口说之故。且古人字仅三千，理难足用，必资通假，重义理而不重文字，多假同音为之，与今泰西文字相近。譬由番绎，但取得音，不能定字。一'英吉利'也，而可作'英圭黎'；一'法兰西'也，而可作'佛琅机'；一'西班牙'也，而可作'日思巴尼亚'"[1]。康氏主张对六经考证"重义理而不重文字"，在文字训诂以外又主张以六经所传之义为考证手段，然而孔子微言大义本身，就是隐而不发的微妙义理系统，以此为考证标准，实则为考证的妄断与随意留下了契机。康有为在考证刘歆篡伪六经这一核心结论时说："歆既好奇字，又任校书，深窥此旨，藉作奸邪，乃造作文字，伪造钟鼎，托之三代，传之后世，征应既多，传授自广。以奇字而欺人，借古文为影射，《左氏春秋》，乃其窜伪之始；共王坏壁，肆其乌有之辞。见传记有引未修之书篇，托为《逸书》以藏身；窥士礼之不达于天子，伪造《逸礼》以创制。遭逢

---

[1]　康有为：《新学伪经考》，中华书局 2012 年版，第 30 页。

莽篡，适典文章，内奖暗干，以成其富贵之谋；外藉威柄以行其矫伪之学。上承名父之业，加以绝人之才，故能遍伪诸经，旁及天文、图谶、钟律、月令、兵法，莫不伪窜。作为《尔雅》、《八体六技》之书以及钟鼎，以辅其古文之体"①。康有为还认为刘歆不仅篡伪古经，而且为了配合古经之礼，还伪造了天文、历法等古籍资料，连上古时代的钟鼎，也是刘歆为伪造古文字体一并伪造而成的，这些考证结论不免荒诞。

二、康有为辨伪古经的经学价值与理论局限

（一）康有为辨伪古经在今文经派中的地位

从今文学派的内部地位而言，康有为的《新学伪经考》发扬了常州今文派的疑古传统，在今文经派攻击古文经的思想渊源中发挥了重要的影响。清代以来，不论是刘逢禄疑《左传》，还是魏源辨伪《毛诗》、《古文尚书》，都是立足于一部古文经籍向古文经学发难，可以说疑古的范围局限于古文经学的某一典籍之上。但是康有为在《新学伪经考》中提出了颠覆性论断，以刘歆遍伪古文为理论核心，对于古文经学实行一网打尽的全面攻击。《新学伪经考》认为但凡古文典籍皆是刘歆伪造，直接忽略了西汉时期今文经和古文经学之间杂采兼用的事实，而将古文经学全部划入伪经的范畴，将清代今文经学的疑古传统继承并发扬至极致。至此，今文经学两派泾渭分明、真伪两立的观点确立下来。因此，康有为《新学伪经考》是今文经学派全面确立疑古观点，激烈否定古文经学的标志。康有为不仅承继并发扬了今文经派的辨伪疑古思想，而且将今文经家的疑经引向疑古，由疑古走向疑制，将今古文之争发展成为颠覆性的扫荡古经之学术要求，并最终发展成为改革旧制、维新变法的理论工具。经学到康有为时期已经走到了极致，走向嬗变与转型。就公羊学来说，康有为是今文学派的殿军。就疑古思潮这一历史线索而言，康有为全面否定古文经学的

_____

① 康有为：《新学伪经考》，中华书局 2012 年版，第 60 页。

《新学伪经考》，却成了思想解放的先锋。

（二）康有为辨伪古经促进疑古思潮的发展

汤用彤认为"返求真经"与"辨伪疑古"之间存在着密切的关系，因而他以宗教演进中"返求圣经"这一现象解释西汉的经学的兴盛。返求真经与疑古辨伪之间的关联是密切的，而且频现于中国历史进程中，"返本与疑古的关联在整个中国的历史上不断地发生着，只是时间与面向各有不同，他们或者直接返求圣经，或者返求圣人本意，每当这类运动大规模发生时，便会对当时的学术现状带来巨大的冲击，因为他们大都相信古代的面貌并非今人所理解的样子，而每个人都自信能够了解他们理解中的孔子真义，所以在解读圣经时往往敢于'以意度之'，继而认为与自己解读六经不合的资料便不是古代的真相，因而在尊孔卫道的旗帜之下，时常就会展现出激烈的辨伪疑古活动"[1]。康有为的辨伪与求诸真经的活动同样体现了此番过程，他尊孔立道的工作首先需要返求真经，返求真经过程中的辨伪活动却逆向地诱发了对于传统的大规模怀疑与否定，发展成激烈的辨伪疑古思想。疑古之风一开，则思想解放之启蒙功能，就显现出来了。康有为在尊孔卫圣的大旗下，全盘推翻上古史，大力删削先秦文献，名为尊孔重道，实则对于传统破坏巨大。康有为主张刘歆窜乱六经，对孔子经典进行大量删节与伪造，指斥汉学为刘歆伪造之"新学"，湮灭孔子大义，不得孔子真传。尽管康氏对于古文经的辨伪方法中存在武断、简略的问题，然而超越这种学术局限性的闪光点，在于康有为辨伪的精神深具启蒙意识与怀疑胆识，将思想解放的锋芒指向君主专制制度的思想基石，将人们对于经文宗教式的信仰打破了，由宗经引向疑经，又声称"咸奉伪经为圣法"，将疑经引为非法，对君主专制制度与正统学术思想大胆颠覆与挑战，"康有为的辨伪疑古思想之锋芒直指古文经学，他的考证活动中充满了启蒙思

---

[1]　王汎森：《古史辨运动的兴起》，台北允晨文化 1987 年版，第 101 页。

想家的怀疑精神"①。

（三）康有为辨伪"其论也悍，其辩也肆"

康有为《新学伪经考》辨伪活动十分彻底而激烈，但凡阻碍他证明刘歆作伪的历史资料，都可断言其为伪造，但凡经籍中与康有为之今文经学相矛盾的内容，都能够冠之以刘歆造伪的罪名。这种逻辑方式与辨伪方法，可以说是康有为网罗不合其用的思想资源悉数攻击，尽取合乎己用的观点予以阐发的便捷途径。这种理论模式正可谓"其论也悍，其辩也肆"。

康有为对于古文经的考证多是参照《史记》与《汉书》之记事。康氏考证《史记》与《汉书》记载的异同后，便将《汉书》中关于古文经的记载一概视作刘歆之伪造，这种观点实则非常武断的②。《史记》与《汉书》各有来历之不同，记载史事上的差别，由于成书历史背景之不同而各有侧重，也是情理之中。两书在记事上的差异，原本是由于"成书年代之不同，今古文地位之不同而各有侧重，《史记》成书的西汉年间，得立于官学者为今文经学，班固作《汉书》之时古文经学逐渐为人们接受，而今文经学式微，故而《史记》凸显今文，忽略古文，《汉书》彰显古文，而略述今文是有其相对应的历史缘由的"③。康有为《新学伪经考》则以《史记》的记事为今古文真伪的衡量准则，根据《史记》与《汉书》记载的异同为证据，得出但凡《汉书》中出现古文经的记载，便悉数归咎于刘歆造伪，这种考证方法不仅主观臆断，而且证据的主观性和考证的肆意性，大大降低了考证结论的可信度。

---

① 杨旭敏：《中国辨伪学史》，天津人民出版社 1999 年版，第 232 页。

② 洪良品读过《新学伪经考》后在致梁启超的信中指出："在贵师明智超识，何尝不知《史》、《汉》有来历，不同杜撰，特歆于魏默深《诗、书古微》之冒称绝学，欲于二千年后特标一帜，而无如二千年以上事实，见于史策者昭昭，因见近儒解经不通，则必藉口刘歆窜入，因附会《王莽传》、《西京杂记》、《史通》诸书，以入其罪，然后经典可以肆其抨击"。见（清）苏舆：《洪右成给谏答梁启超论学书》，《翼教丛编》，上海书店出版社 2002 年版，第 18 页。

③ 杨旭敏：《中国辨伪学史》，天津人民出版社 1999 年版，第 230 页。

三、《新学伪经考》的政治影响与历史价值

（一）《新学伪经考》为维新变法之先声

《新学伪经考》不仅是康有为经学思想之表达著述，更是带有强烈浓厚的政治气息，对于笃守旧学、恪守组训的保守思想发起了激烈的攻击。《新学伪经考》大开疑古思潮，撼动了君主专制主义的理论基础。康有为宣称数千年来人们奉为圣法的儒家经籍并非孔子本经，而是刘歆助莽篡权的伪造本，从理论根基上动摇了古文经学"述而不作"的传统理念，冲荡了禁锢变革思想的牢笼。康有为在《新学伪经考》中力断刘歆伪造圣经，以致孔子微言绝而大义乖，湮灭圣人真言而"天地反常，日月变色"[①]。为了"返求真经"[②]，康有为立志"起亡经，翼圣制"[③]，重树孔子权威，返于圣人正道。姑且不论刘歆是否以"新学"窜乱真经，也暂且搁置《新学伪经考》的考证"好为臆度"之弊端，但是康有为大胆不经的断言古文经学皆是刘歆伪造，人们诵读膜拜的经籍咸为伪经，故而《新学伪经考》一出，则千余年来的神圣之古籍经典被斥为伪经，礼乐制度不过为伪经余绪，圣经贤传的权威与光环一朝不再，从经典中衍发而来的治国之本——纲常礼教，也因之失去正统而丧失了合法性。"在非圣无法之语的背后，隐藏着不仅经国之器要变，治国之本更要变的主张"[④]。《新学伪经考》的政治目的显露出来，为维新张本、为变法摇旗，冲击传统旧制之思想根基的第一步就此迈出。《新学伪经考》这一思想大飓风的影响力，又何能止于学界呢？

由时间线索视之，《新学伪经考》刊行于康有为第一次上书清帝不达后，而又距"公车上书"之发生不远，此时维新变法呼声日益高涨。康有为于此时撰著并发表《新学伪经考》，援用经籍以为政术之路径可谓明显。呈于世人眼

[①]　康有为：《新学伪经考》，中华书局 2012 年版，第 2 页。

[②]　康有为：《新学伪经考》，中华书局 2012 年版，第 2 页。

[③]　康有为：《新学伪经考》，中华书局 2012 年版，第 2 页。

[④]　吴雁南等：《中国近代社会思潮》第一卷，湖南教育出版社 1999 年版，第 221 页。

前的《新学伪经考》，不仅关注今古文经之真伪的命题，更带有浓厚的政治气息。康氏在书中提出了不少石破天惊的大胆议题，此书开启维新变法之先声，可以说是振聋发聩，是康有为援用今文经学"经世致用"之作。康有为将学术研究的旨趣建基于变革现实之上，将公羊家的今文经学与维新变法的政治主张紧密联系，《新学伪经考》论断与思想因而不仅具有了学术意义，更被赋予了鲜明的政治斗争之价值和时代使命之意义，成为康有为运用今文经学宣传政治改革的理论利器。"无可否认，把古文经典均说成是刘歆伪造说服力不强。但问题在于，康有为疑经，关键不在于经伪，而在于既成的经学传统既无用且有害。其真实的理由在于依经而治的政制腐朽没落"①。康有为疑经的范围表面虽然止于古文经籍，但怀疑的思路一开，则冲击的对象脱离了经学的范畴，"由疑经而疑制，由疑制而变法"，是《新学伪经考》为维新张本的关键所在。康有为将刘歆指斥为篡孔统者，立志于肃清旧案，其根本目的在于一旦能够坐实刘歆伪造真经之论断，则刘歆作为古经与传统的代表一概被贴上了真经篡贼、孔门罪人的标签。"其实刘歆不过是康有为为传统诿过的替罪羊"。康氏选择刘歆，也足可见其基于政治上的考量，刘歆作伪六经是为了佐莽篡权，新莽政权的不合法性，成为康有为借攻击刘歆与古文而向传统旧制开战的最好理由。《新学伪经考》一经刊行，便在社会上引发了巨大反响，顽固派叶德辉斥责康有为叛经离道，惑乱人心，甚至对友人表示宁肯让魏忠贤享配孔庙，也不能让《新学伪经考》乱道殃民。清廷曾两次下令焚禁此书，顽固守旧派纷纷弹劾康氏"惑世诬民"、"非圣无法"，请求焚毁《新学伪经考》②。安维、余联沅先后奏请焚毁禁行该书，认为该书"私意害道，邪说诬民"，奏请严旨查办毁板。余联沅在奏折中指斥康有为自号长素，寓意长于素王孔子，政治野心可见一斑，而又推翻古文经籍，实乃"承其狂吠，僭号长素，力翻成案，痛诋前人，荒谬绝伦"。指责康有为重提西汉旧案，辨伪古文经籍，无异于"圣贤之蟊贼，古今

① 陈少明等：《被解释的传统》，中山大学出版社 1995 年版，第 35 页。
② 参见茅海建：《从甲午到戊戌：康有为〈我史〉鉴注》，生活·读书·新知三联书店 2009 年版，第 38 页。

之巨蠹"①。顽固派的激烈反对与攻击，也恰恰从侧面反映了《新学伪经考》对传统社会秩序的破坏之巨大，触及了专制统治的思想根基与政治秩序，故而引发了激烈的反对与压制。

（二）《新学伪经考》的学术解放意义

1.《新学伪经考》辨伪古文经学的学术价值评价

《新学伪经考》阐明了康有为鲜明的今文经学立场，其中最独特最核心的论断，提出即"孔子六经不亡于秦政之烧书，而乱于新歆之校书"。书中的核心论断与鲜明立场，带来了巨大的震撼力。以学术的角度审视康有为的辨伪之作，其对群经的辨伪是全书立论的基点，更是掀起思想飓风的源头，也是其招致批评最多的地方。对于《新学伪经考》考证过程与结果的可靠性，诸家评论不一，饱受质疑争论。学界无外三种态度：第一类为大体赞成而亦有批判的态度。如康氏的高足梁启超在回忆帮助乃师作《新学伪经考》时，对他为学的主观武断性格评价道："有为之为人也，万事纯任主观，自信力极强，而持之极毅，其对于客观的事实，或竟蔑视，或必欲强之以说我"②。梁启超虽然承认乃师有"万事纯任主观"，"好博好异之故，往往不惜抹杀证据或曲解证据，以犯科学家之大忌"的妄断之问题，但是就该书而言则"大体精当，其可议之处乃在小节目"③。可见，梁启超倾向于肯定《新学伪经考》之思想解放功能，而讳言其学术价值。第二类为推崇尊信者，如崔适认为《新学伪经考》"字字精准"，主张《新学伪经考》材料丰富，显示出康氏博学广约之知识，立论新颖，在文献比较和考证方面尤见匠心。钱玄同对于康氏的"两考"都进行了深入的研究与评价④，在学

---

① 参见茅海建：《从甲午到戊戌：康有为〈我史〉鉴注》，生活·读书·新知三联书店 2009 年版，第 39 页。

② 梁启超：《清代学术概论》，广西师范大学出版社 2010 年版，第 93 页。

③ 梁启超：《梁启超论清学史外二种》，复旦大学出版社 1985 年版，第 64 页。

④ 钱玄同：《重论经今古文学问题》，转引自刘琅：《精读钱玄同》，鹭江出版社 2007 年版，第 151 页。

术上对于《新学伪经考》进行了肯定与褒扬，并不认同康氏考证之弊端，相反认为这部书的考证是"全用清儒的考证方法——这考证方法是科学的方法"①。钱氏认为此书"证据之充足，论断之精核"，不仅毫不逊色于顾炎武、戴震、钱大昕等近人，且"眼光之敏锐尚犹过之"，求诸前代亦可与郑樵、朱熹、崔述等人相抗衡。钱玄同认为康有为对于伪经的考证手段完全是大胆假设，小心考证，也着实该是"铁案如山摇不动，万牛回首山丘重"。钱玄同认为从学术上而言，《新学伪经考》的出世，坐实了汉古文经确为伪造之定论，而对于书中饱受诟病的考证之粗疏、武断，则认为只是"有些地方被康氏忽略了，有些极好的证据未被康氏注意"，同时又指出"毕竟瑕不掩瑜，我们应该做的是匡正他，而不是批驳他，否定他"②。钱玄同还详尽阐论了《新学伪经考》在学术上的精当与错误部分，其精当部分主要有"重大的发明二点"，一为"秦焚六经未尝亡缺"，一为"河间献王及鲁共王无得古文经之事"。对于这两部分观点的考证，可谓"没有一条证据不是极确凿的，所下的断语没有一条不是极精审的"。错误的部分则主要在于康氏辨伪其他古经的证据与论断，钱氏又列举数条证据补正康氏的观点。顾颉刚则持较中和的态度，他虽然承认康有为对清代怀疑精神发挥得淋漓尽致，但同时又指出了康氏考证之流弊："康、崔两家的考据方法是不尽严密的，他们的说法固然对的很多，但是附会武断的地方也不少"。顾氏指出："我们正确的方法应当是取了他们的怀疑精神而作进一步的细密则可，倘全取他们的方法而做他们的肖子，那就是阻碍学术的进步了"③。第三类则持强烈的否定与驳斥态度，认为文中不乏武断、跳跃、专任己见之论点。钱穆对康有为考证手段的批驳可为代表，他指出康氏的考证为"极端之怀疑论"、"标新立异"、"妄肆疑辨"、"厚诬古

---

① 钱玄同：《重论经今古文学问题》，转引自刘琅：《精读钱玄同》，鹭江出版社 2007 年版，第152 页。

② 钱玄同：《重论经今古文学问题》，转引自刘琅：《精读钱玄同》，鹭江出版社 2007 年版，第152 页。

③ 顾颉刚：《清代汉学家治学精神与方法》，《播音教育月刊》创刊号，1936 年 11 月 1 日。

人"①。符定一撰《新学伪经考驳谊》一书，对于康氏考证中存在的逻辑混乱、推断过度等问题，逐一进行说明，对于考量康氏《新学伪经考》的学术价值，提供了重要的参考。

2.《新学伪经考》力图实现对经学形态的拨乱反正

首先，康有为选择今文经学立场，力证刘歆为作伪者，不仅在于辨伪古经，还在于对刘歆之后经学形态的摈斥和排拒，是对考据之琐碎与义理之空疏的排斥。康有为想要实现对今文经学的拨乱反正，就要恢复经学的经世传统并将之以更极限的形式加以发挥。

其次，清代时期的今古经之争到康有为时期已渐成对垒之势，儒家内部学术派别、学术观点之迥异，开始转型为政治斗争中理论工具之用，掺杂了鲜明而对立的政治主张之今古经之争，不再是两派儒士埋首经籍中的笔墨官司，而发展成为守旧派与改革派之间的一场论战，康有为在这场政治论战中，力求重新确立今文经学的学术地位，同时以其学术影响为铺垫，为政治互动造势，使清中后期的今文经学之复兴及今、古文经学之争，具有了更深远的学术价值和历史影响。正如梁启超所说："夫辨十数篇之伪书，则何关轻重？殊不知此伪书者，千余年来，举国学子人人习之，七八岁便都上口，心目中恒视为神圣不可侵犯，历代帝王，经筵日讲，临轩发策，咸所依据尊尚。毅然悍然辞而辟之，非天下之大勇，固不能矣。自汉武帝表章六艺、罢黜百家以来，国人之对于六经，只许征引，只许解释，不许批判研究。韩愈所谓'曾经圣人手，议论安敢到？'若对于经文之一字一句稍涉疑议，便自觉陷于'非圣无法'，蹙然不自安于其良心，非特畏法网、惮清议而已。凡事物之含有宗教性者，例不许作为学问上研究之问题。一作为问题，其神圣之地位固已摇动矣"②。

最后，康有为的辨伪学说无异于在平静沉闷的学术界激起千层巨浪之飓风。清末今文家对于古文经的攻击从未停止，复活公羊家之旗号下的今文经家

①　钱穆对疑古派古史观否定性的评价，可参考钱穆：《两汉经学今古文平议·自序》，《八十忆双亲师友杂忆》，东大图书股份有限公司 1989 年版，第 4 页。

②　梁启超：《清代学术概论》，广西师范大学出版社 2010 年版，第 18 页。

之疑古风气已然开始，但是却从未有人如康有为一般如此直接而尖锐地向传统经典开战，对古文经全面批判推翻。在康有为之前的众经家，如刘逢禄、龚自珍、魏源和廖平等人，都提出过对于古文经的批判，但他们的抨击大抵是片段的、部分的，得出的结论大抵是和缓的、存有余地的。康有为的《新学伪经考》则是向古文经学更为深刻而直接的全面性攻击，"经过康有为的钩沉辑佚、排比鉴别、爬梳剔抉、曲予考辨，尖锐提出了古籍真伪的课题"①。在《新学伪经考》中，康有为将在孔经中占很大范畴的古文经学全部归为伪经的范畴，一概加以否定，"尽管康有为的考据并非全然符合历史实际，但是这一理论的确都成了对中国封建专制统治理论基础的大胆的挑战和突破，具有思想解放的意义"②。

3.《新学伪经考》具有解放学术研究之功能

康有为辨伪古籍绝不仅实现了今文经拨乱反正，而且他攻击古文经更是实现了学术研究之思想解放。正是康有为辨伪古籍的颠覆之举，使得神圣的古经作为学术研究之对象，可批驳，可辨伪，可质疑，可论战，"今不唯成为问题而已，而研究之结果，乃知畴昔所共奉为神圣者，其中一部分实粪土也，则人心之受刺激起惊愕而生变化，宜何如者？盖自兹以往，而一切经文，皆可以成为研究之问题矣"③。可知，康氏辨伪本就扫去了儒家经籍神圣的光圈，而其大胆论证古文经之伪，更是得出两千年来被奉为圣法的儒家经典中一部分是伪造而作的论断。此疑古思潮一开，儒家经典的神圣躯壳之上犹如被撕开了一道裂痕，正是他撕开的这一裂口成为颠覆传统、开辟新境，中国传统文化实现艰难转型的最初表象。"以吾侪今日之眼光观之，则诚思想界之一大解放。后此今古文经对待研究，成为问题；六经诸子对待研究，成为问题；中国经典与外国宗教哲学诸书对待研究，成为问题；其最初之动机，实发于此"④。

---

① 马洪林：《康有为大传》，辽宁人民出版社 1988 年版，第 165 页。

② 姜林祥：《中国儒学史》近代卷，广东教育出版社 1998 年版，第 162 页。

③ 梁启超：《清代学术概论》，广西师范大学出版社 2010 年版，第 18 页。

④ 梁启超：《清代学术概论》，广西师范大学出版社 2010 年版，第 19 页。

从学术发展的脉络而言，康有为《新学伪经考》深刻影响了五四以后的古史辨派之学术观点。《新学伪经考》通过反复考证，甄别伪劣，力主古文经乃是刘歆助莽篡权的伪经，是假借孔子之名的伪造之说，是湮灭孔子"微言大义"的假章。这些观点，十分直接而深远地影响着五四以后的古史辨派，影响着顾颉刚等人对古文经的认识。"今古文之间冰炭难容的观点已然影响着一部分学者，这一问题也由此延续下来，成为学术界仍在孜孜以求，予以理清的一个难点，这一学术分界的有力鼓吹者正是康有为与他的《新学伪经考》"①。

（三）《新学伪经考》开启疑古思潮的闸门

康有为在《新学伪经考》中为了辨伪古经，将刘歆指斥为窜乱圣经的孔门罪人，在历数证据时同样采用了悉数抹杀的辨伪方法，对于上古史进行全面的否定，但凡阻碍其对刘歆控诉的一切历史材料都被其一笔铲去，宣称刘歆集团为了伪造佐篡而伪造了所有的出土史料，这些出土的史料、钟鼎是刘歆集团为了作伪埋葬于土中而后又挖掘出来，以佐证他对古文经的伪造计划。《孔子改制考》为了宣扬孔子素王改制的改革者的形象，认为今文经全部是孔子制作以寄托王心的工具，从另一个理论维度而言，也就承认了虽然今文经是孔子真经，但是有孔子手造的而非历史真实，故而其中的史事也悉数虚假，正所谓"上古茫昧不可考"，这是他在《孔子改制考》中为了树立孔子托古改制形象所必须承认的理论前提，也是书中的重要论点。同时又提出了诸子创教同样遵循了因贱今尊古而虚构上古史，以寄托政治理想的改制之法，故而诸子书中所记载的史事，在康有为的理论体系中也成为诸子伪造以应世的资料，同样也全然不可信。

由此一来，康有为虽然理论重心在于否定古文经之伪，而归真经于孔子，但是经过他的辨伪体系却客观上主张所有出土史料、古文经、先秦诸子史料都

---

① 路新生：《中国近三百年疑古思潮》，上海人民出版社 2001 年版，第 482 页。

是伪造的，所有今文经虽然是孔子真经，但是也是孔子为托古改制而手造的，经过康氏的此番辨伪改造，"过去人们心中被视为天经地义的上古史系统在康有为的思想系统中全部瓦解了，被奉为至上真理的孔子经学之真伪受到质疑与否定"，他的论点暂不论严谨与否，但理论的破坏力是巨大的，如果这个观点为国人所接受，或者能够攫获大量信徒，那么他对于传统的破坏与冲击之厉害可以想见。康有为《新学伪经考》的学术价值争端颇多，究其原因，他的辨伪动机与目的就是极为复杂的，其兴趣并不专于考据之学，自然学术价值因之受损。康氏基于尊孔与变法而进行的辨伪活动，虽然在考证方法和考证结论上有武断妄为之嫌，但是《新学伪经考》在晚清流传甚广，对后世学术界产生的影响不容置疑。纵然"两考"的理论重心并不在此，著书的兴趣也不是考证之学，"他并不是严格意义上的史学工作者，而更倾向于以孔子为教主或者政治家，但是康有为的史学观念却对后世产生了深远影响，尤其是《新学伪经考》中对于上古史的全面否定为后来的学者多继承下来，例如顾颉刚的古史辨伪学的理论根基便是构筑于康有为的'不断伪造'这一观点之上的"[1]。

从思想解放的角度而言，康有为所开启的疑古思潮是深刻而强烈的，神圣不可违背，权威不可质疑的六经，在康氏看来不过是一堆伪经，他大胆不经的说法犹如传统思想坚固的壁垒上出现的缝隙，这一裂口的出现，不仅是对古籍真伪课题的突破，更是打破了盲目尊古的传统观念之束缚，他的辨伪思想启迪了后继知识分子"疑古"之思想，并渐成一股强劲的"疑古"风潮，在康氏的辨伪学说中似乎可以追溯到这一股风潮的重要源头[2]。康有为的"两考"之怀疑精神中蕴含着思想解放的原动力，《新学伪经考》促使了人们对于孔子及其门下之经典的怀疑与考订，一则彻底推翻了从数量占相当大比例的古文经籍，全盘否定古文经学而将其归为伪经。二则《新学伪经考》虽然承认今文经学为

①　王汎森：《古史辨运动的兴起》，台北允晨文化 1987 年版，第 62 页。

②　马洪林：《康有为大传》，辽宁人民出版社 1988 年版，第 165 页。

孔子真经，但是通过考证的过程也就是对孔子经典的怀疑与考订过程，无上至圣之经典由只可信仰不得质疑的权威法则，开始沦为一桩学术问题，孔子的经籍也就变相地走下了神坛。由此意义上而言，《新学伪经考》动摇了整个传统文化秩序的根基，对全部上古史进行怀疑与否定。

总之，康有为利用今文经学的崛起，来阐释自己的政治理论，并寻求诉诸政治实践，以辨伪古经作为逻辑起点，成为一个最合乎时宜，达成自身政治目的的必然之举。概言之，尽管康氏为了自圆其说，不乏歪曲武断之论断，他在治学上的荒诞不经，也限制了《新学伪经考》的学术价值，但是康有为有不少大胆创新，乃至石破天惊的论点，冲破藩篱解放思想之价值不可否认。康有为在考辨古籍中的诸多独特新颖见解，可谓独树一帜，这部浸染着维新派改革变法之政治思想与政治诉求的理论著作，在政治运动上之推动、学术思想上之解放、社会影响之震动等方面，都起到过积极的历史作用。当然，从历史发展的角度而言，《新学伪经考》之政治、学术上的局限性也难以掩饰。正如朱维铮所说，康有为的确气魄够大、勇气惊人，但是，他有勇气否定全部古文经传，却又没有胆量否定全部的中世纪政治学说，甚至可以说他的思想范式就像他的粤中老乡洪秀全一样，擎起反叛的大旗，却难以找到前进的方向①。康有为的《新学伪经考》否定了行世的古文经传，而后便是寻求荟萃孔子原义的真经——今文经学，而如何发挥今文经家"借经术以文饰政论"，则成为康氏另一部著作《孔子改制考》的思路与缘由。《新学伪经考》是发古文经之伪，但是，辨伪并不是目的与旨归，考证文献真伪只是方法，彰显真实文献的意义才是最终目的。康有为的《新学伪经考》动摇了传统经学形态与旧制的合法性根基，但是康氏对于传统的攻击并不在于全盘推翻与彻底抛弃，而是一个解体与重建相并存的过程。康有为重建传统的资源立足于今文经学，在《新学伪经考》的精神废墟上，康有为开始从事重建工作——《孔子改制考》。可以说，康氏的"两考"中《新学伪经考》

---

① 参见朱维铮：《求索真文明》，上海古籍出版社1997年版，第176页。

作为发古文经之伪的工具是其逻辑起点，而《孔子改制考》则是其明今学之正的作品。康有为在传统今文经学的思想资源中，开始为传统寻求与开辟新的合法性资源努力，这一思想过程也正是维新变法展开的理论基础。

第四章　康有为基于今文经学的政治诉求

第一节　春秋"三世说"的推补改造

1898 年，继《新学伪经考》之后，康有为又撰著并刊行了《孔子改制考》，相较于前者而言，该著的政治意蕴更加浓厚。康有为进一步阐发今文家之微言大义，力证孔子为托古改制的素王。以当时的历史环境观之，甲午战后民族危机愈发沉重，维新变法以强国富民、救亡图存的呼声水涨船高。在华夏危亡日甚的艰难时局下，康有为打着今文经学的旗号，呼吁变法改革，厉行中国救亡之要务。维新变法势在必行，然而猝言变革，恐生乱象，而如何减低阻力、推行变法，康有为认为只有依托孔子，重塑孔子托古改制的素王形象，才能使这场变革之旋风不仅能够顺利掀动，而且更具横扫华夏之政治影响。《孔子改制考》所援用的今文家说之核心理论有二：一为公羊"三世说"，二为素王托古改制理论。

一、康有为对"三世说"的理论继承

（一）康有为继承了今文经"春秋三世之义"

"三世说"是今文公羊家的核心理论，按照今文家的讲法，《春秋》不是历

史著作，其撰写目的并不为史事之重建、往古之复呈，而是借历史记载以寄托孔子治国平天下的政治思想。公羊家认为按照具体的历史事件与史实，可以将《春秋》的二百四十二年间分为三世，以孔子诞生为起点，三世分别意指孔子所传闻世、孔子所闻世以及孔子所见世①。当然，这一阶段的划分虽然是基于历史时间与史实为标准，但是其中寄托的寓意却并非历史所能涵盖。因为根据公羊家说，《春秋》是孔子"借历史以表达王心所加之义"笔削而成的，因而《春秋》所划分的三世另有深意。今文经家认为《春秋》托鲁国十二公三世之历史，寄寓着孔子的政治理想与历史观，是表明孔子对人类历史之演进、治世之方法等观点的政治表达。何休将《春秋》所托三世总结为"据乱世——升平世——太平世"，系统阐释了《春秋》"三世说"的历史演进规律。分而论之，"据乱世"是人类历史演进过程中的第一个阶段，孔子在《春秋》中托隐、桓、庄、闵、僖五世为据乱世，在"据乱世"中，政治秩序缺失，篡弑杀戮时有发生，人们在外缺乏礼制的规范与约束，于内教化不兴而道德低弱，国家王道不存，政治无序混乱，人们的生活处于蒙昧状态，其行为全凭本能的指引和强力的迫使，人们的生活没有任何礼法规范进行指引，故而孔子认为在人类迁延的最初阶段，即为低级状态的"据乱世"。历史演进经过第一个阶段之后，开始进入"升平世"，孔子借《春秋》托文、宣、成、襄四世为"升平世"，进入"升平世"之后，相较于前一个阶段的乱世而言，其虽然不是人类社会最理想状态，但是"升平世"已然开始具备稳定的礼法规范，合理的社会秩序，在礼法制度的规范下，民众之礼义程度及道德水平有所提高，国家政治生活开始合乎礼义规范。总之，相对于最初的乱世而言，"升平世"开始趋于稳定平和，是更为进步的阶段。人们社会演进的终极阶段是"太平世"，是最理想和进步的社会状态，在此"太平世"中人们的德行美备，崇信仁义故而王道大明，天下归仁，

① 今文经学家的"三世说"之划分标准为：《春秋》所传闻世历隐、桓、庄、闵、僖五世，相当于孔子高祖曾祖时事，凡九十六年；所闻世历文、宣、成、襄四世，相当于孔子之父时事，凡八十五年；所见世历昭、定、哀三世，相当于孔子自己与其父时事，凡六十一年。

社会井然有序，政治文明先进，是人类社会的终极理想状态①。康有为继承了今文经学家的治经风气，主张"春秋在义不在事"，强调《春秋》中的文与事之外，需彰显义之存在。同时，康有为逐渐认识到春秋三世大义，正是其苦苦求索能够为维新张本，为改制摇旗的传统资源，因此康氏提出春秋"三世说"为孔子大义之根本，能够"概括《春秋》全经"，唯有发明斯义，才能够"通变宜民之道，以持世运以无穷"。由此，康有为继承了传统的"三世说"，并进行拓展与推演，"他对公羊学的发展并无原创性的贡献，也不是一位严谨的经学家；他拥抱公羊学诠释传统，因其最明《春秋》改制之义，足资改造中国，建筑世界乌托邦之用"②。

（二）康有为主张后世对"三世说"有推补之权

《公羊传》自汉代后一直衰微，因此如今可行之计唯有恢复这一伟大的学问。《春秋》之真传在《公羊》，唯有《公羊》为孔学根本，但是《公羊传》文本仅余百条，这些寥寥经文如何在世易时移的历史变迁中，实现制度重建、文化变易而为康有为所用，是康氏首先需要解决的理论问题。

康有为在《春秋笔削大义微言考》中说："今《公羊》、《谷梁》二传，仅余大义二百余条，幸赖董、何一家，得掇拾于十一，然欲以此尽孔子制作，则仍吉光片羽而已"③。于此，康氏一方面主张董、何之说传孔子本义，因而尽可选用今文经家中合乎己用的内容，为自己重新解释经典面对时局铺垫理论渊

---

① 关于太平世，董仲舒在《春秋繁露·俞序第十七》中对于太平世进行了详尽的描绘："故始言大恶杀君亡国，终言赦小过，是亦始于麤粗，终于精微。教化流行，德泽大洽，天下之人，人有士君子之行而少过矣。亦讥二名之意也。"根据董氏的阐释，在太平世当中教化流行、德泽大洽、天下之人均有士君子之行而少过，人类道德极大进步，王道大明，王化普被，人类历史进入理想的最高发展阶段，人们过上了至善至美的生活。见董仲舒著，曾振宇、傅永聚注：《春秋繁露》，河南大学出版社 2009 年版，第 194 页。

② 汪荣祖：《康有为论》，中华书局 2006 年版，第 49 页。

③ 康有为撰，姜义华、张荣华编校：《康有为全集》第六集，中国人民大学出版社 2007 年版，第 49 页。

源。从理论上而言，董、何解经的含意是无法直接从经文中导出的，但是康有为断言董、何之说确实是孔子本意。另一方面，康氏又说后人解经，对于孔子真意也不过"吉光片羽"，因而对于缺漏之处则应当"举其纲目"，"其余条目皆任弟子之推补"，从而为自己改造并利用《公羊传》中的传统义法，构造出合理合法的缘由，平息并回避世人对其解释经典本义的争论与批驳。后学的推补能够实现对经典的补充，但是既然"孔门后学皆有推补之权"①，那么学者各自的补益，也成为经典的一部分，其结果是经典与时变的混杂。今文经学家面对世局而重新解经，各有补益，随着治经者繁多，推补者众，则争论日多，与《公羊传》原义日距甚远，这也是后世学者对今文经学批评之处②。但无论如何，康有为主张的孔门后学"推补之权"，确实能够为其重新解释经典寻得了合法性的依据，以及传统的支持。这是康有为进行诠释必需完成的必要步骤，使得从古由今，众家学说，康氏往来自由，尽取合乎己用之说。

（三）以三世言《春秋》

康有为提出："一部《春秋》，皆如华严十方世界，籍以张治法耳"，故而解读《春秋》则不能以笔法等同于大义的传统阅读方法，解经目的应当在于微言大义之寻求，而非记载事项的指实而论。《春秋》三传中，《左传》体例与《公羊传》是为殊异，又没有相同的微言大义，于康有为无用，因而径指其为伪经。如何为变法正名，《左传》等古文经典是无法达到此目的，而只有《公羊传》的"三世说"能够臻至此目标。康有为今文经学的一切旨归，都在为变法改制寻求基础与依据。有学者认为康有为辨伪古学，而求诸《公羊传》的根本原因，实则为"古学之伪，《公羊》之真，就在于有无三世说"③。"三世说"不仅是《公

---

① 康有为著，楼宇烈编校：《春秋董氏学》，中华书局1990年版，第39页。

② 文廷式颇为鄙薄康氏之学，认为其学疏浅薄："国初人讥宋学家不读书，近时汉学者标榜公羊，推举西汉便可以为天下大师矣！计其所读尚不如宋学者之多也"。见文廷式：《纯常子枝语》卷六，广陵古籍刻印社1990年版，第213页。

③ 汤志钧：《近代经学与政治》，中华书局2000年版，第171页。

羊传》的核心理论，更在于它本身所具有的实践意义，"三世说"对于政治制度合法性的探寻和追问，使得其具有了现实意义上引导政治社会制度变革的可行性，在康氏构造的变法理论体系中存在这样的理论预设：如果《公羊》大行，则中国能够脱离乱世，进入太平世。故而，康有为以"三世言春秋"，抒发政治理想于传统"三世说"。

二、康有为对"三世说"的重新发明

（一）康有为对"三世说"的重新发明在于历史演进标准的转换

康有为认为人类依循着"据乱世——升平世——太平世"的历史演进规律，今文经传统的"三世说"演变，是具有中国特色的进化图式。康有为将传统三世以文明教化和道德境界，作为社会形态演进的标准，进行了概念的转换。康有为主张《春秋》"虽然先以七等例褒贬善恶，又分十二公为三世，展望太平世的政治理想"，认为："据乱则内其国，君主专制世也；升平则立宪法，定君民之权之世也；太平则民主，平等大同之世也"①。故而"康有为政治发展观念中的三世划分标准与界限基本对应政体之不同为界"。根据传统的"三世说"，道德观念是判断三世之区别与演进的重要标准。在康有为的"三世说"中，道德观念不再是判断历史发展的基本标准。人类必须遵守的道德原则，不断进步之历史演进观，在康有为的"三世说"中，被改造成另一番理论体系。康氏的"三世说"将历史演进的标准直接与政治制度相关联，将政治制度的发展完善作为历史发展的标准。

（二）康有为对"三世说"的重新发明在于突破了传统变易观

梁启超认为康氏的"三世说"是中国的达尔文，"三世之义立，则以进化之理释经世之志"，其解释康氏志在"导人以向后之希望，现在之义务"，实则

---

① 康有为著，汤志钧编：《康有为政论集》上卷，中华书局1981年版，第476页。

为中国的进化论。梁氏在《南海康先生传》中谈及乃师的哲学思想，盛赞其为"天禀之哲学者"，他说康氏虽然"不通西文，不解西说，不读西书，而惟以其聪明思想之所及，出乎天天，入乎人人，无所凭藉，无所袭取，以自成一家之哲学，而往往与泰西诸哲相阇合"①。康氏之哲学思想实现了与"泰西诸哲学相阇合"的理想境界，其中之典型则首推"三世说"。梁启超认为康氏"独发明春秋三世之义"，首创历史进化观，肯定了春秋"三世说"是康有为的创造，说中国数千年之学术多厚古薄今，"以为文明世界，在于古时，日趋而日下"，但是康有为却提出了中国之文明世界不在于已然消逝的古代，而在于遥遥未知的明日，是中国的进化派哲学。"盖中国自创意言进化学者，以此为嚆矢焉"。从内容体系上而言，梁启超主张康有为的春秋"三世说"并不是历史循环论，而是先进的进化派之哲学，"孟子言天下之生久矣，一治一乱，其说主于循环；《春秋》言据乱、升平、太平，其说主于进化，二义正相反对，而先生则一主后说焉"②。

西方的进化论与中国的"三世说"之最大不同在于两种历史演进观，一种是进化理论，而另一种则是变易循环观。严复在《论世变之亟》云："尝谓中西事理，其最不同而断乎不可合者，莫大于中之人好古而忽今，西之人力今以胜古；中之人以一治一乱、一盛一衰为天行人事之自然，西之人以日进无疆，既盛不可复衰，既治不可复乱，为学术政化之极则"③。可以说，中国的传统"三世说"是一种历史的循环论，"三世说"的核心与精髓是"变"，强调变易而认为社会历史处于生生不息，恒动不居的变化之中，正所谓"生生不已之谓易"。但是，在恒动这一永无止境的变化进程中，具体的形态表现为生生不息、周而复始的循环运动。"因而，中国的社会历史演化观是一种封闭的、向后看的变易循环观"，传统"三世说"在清代今文经学家的改造中，虽然具体内容发生了流变，更具有强调变革和发展的时代精神，但是从运动发展的方向

---

① 梁启超：《南海康先生传》，《清议报》1901 年第 100 册。

② 梁启超：《南海康先生传》，《清议报》1901 年第 100 册。

③ 严复著，王栻主编：《严复集》，中华书局 1986 年版，第 1 页。

而言，仍然是封闭的，因而具有"浓重的宿命论意味"①。相较而言，西方进化论是一种革命性的进化理论，它强调的是发展的前进性，这种与传统"三世说"大异其趣的历史演化观，随着西学而涌入中国，它所彰显的社会发展趋势之永恒向前与开放，人类社会不断演进之日进无疆等观念，人类社会由低级向高级不断进步等理论，对于传统历史循环论产生了猛烈而巨大的冲击。值得注意的是，康有为对于"三世说"的改造，是自身思想发展的结果，还是受严复《进化论》之影响，学界不一而论。学者邝柏林认为，进化论并不是在严复完成《天演论》的译介后才传入中国的，"在严复翻译《天演论》之前，江南制造局和西方传教士已经译著了一批自然科学著作，在那个时候所翻译的这批自然科学著作中，也有少数讲到一些进化论思想，这主要就是有关地质古生物学方面的进化论思想和天文学方面一些有关天体演化的知识"②。康有为《桂学问答》中可见《谈天》、《地学》等文章都在他的阅读书目所列范畴之中，故而康有为早期的确接触到了由江南制造局和传教士所导入的最早一批载有进化思想的文字材料。而"西方传教士和江南制造局的才子们，做梦也不会想到，他们译介的西方自然科学著作连带输入中国的进化思想，竟然会引起一个不通西文，却嗜食西学的中国人的密切关注"③。因此有学者认为将首先引进和运用进化论的思想之首功，应当记在康有为名下。康有为将西方的自然进化观导入传统经籍的变易循环观中④，将中国传统的变易观拓展成一种全新的循环进化模式，以此而推演变政改制的历史规律，发展成一套自成体系的政治哲学。在严复译介的《天演论》刊行之前，康有为已经接触到了西方的进化论，所以说在"三世说"循环往复的循环观模式中引入了人类社会处于不断进化这一规律，使原本恒动的公式在方向、形式和发展上都更加明确具体了。

---

① 昌切：《清末民初的思想主脉》，东方出版社 1999 年版，第 76 页。
② 邝柏林：《康有为的哲学思想》，中国社会科学出版社 1980 年版，第 110 页。
③ 昌切：《清末民初的思想主脉》，东方出版社 1999 年版，第 74 页。
④ 昌切：《清末民初的思想主脉》，东方出版社 1999 年版，第 79 页。

（三）康有为对"三世说"的重新发明在于以"大同小康"进行比附

康有为根据《公羊传》与《礼运》中对于"小康"与"大同"的解读，结合自己对于东西方政治体制的观察，重新诠释了今文公羊学的"三统三世说"，"以三统论诸圣，以三世推将来"①。康有为认为《春秋》中蕴含的三世之说，寄寓了孔子的政治理想。孔子虽然生于据乱世，但是孔子之道绝不在于尽据乱而止，而在于追寻"礼运小康大同之义"。孔子生于据乱世而志在大同太平，并且孔子为万世立法，故而已为小康大同定制。

康有为对于何休的"三世说"进行推演，将传统"三世说"进行了重新发明："乱世者，文教未明也。升平者，渐有文教小康也；太平者，大同之世，远近大小如一，文教全备也"②。康有为主张社会制度的进步因循"三世说"的基本规律，将"三世说"与西方政治制度的发展直接挂钩，提出："据乱则内其国，君主专制世也；升平则立宪法，定君民之权之世也；太平则民主，平等大同之世也"③。根据"三世说"，康有为对于中国政治的道路设定的愿景规划，其终极目标正是他附会"三世说"所提出的"大同世界"，所援用大同世界的概念，界定"三世说"中最后一世，描绘出人类社会发展的终极状态，形成了康氏大同思想体系。梁启超在阐论康有为"三世说"的主要内容时，提出康氏"三世说"的主旨在于阐释中国数千年政治不进化之弊病，"政治不进化者，专制政体为之梗也；社会进化者，政府之干涉少而人民自由发达也"④。他提出康有为推演春秋三世之说，终成大同之说："先生于是推进化之运，以为必有极乐世界在于他日，而思想所极，遂衍为大同学说"⑤。钱理群认为："儒家乌托邦的大同世

---

① 白锐：《寻求传统政治的现代转型：康有为中国近代政治发展观研究》，知识产权出版社 2009 年版，第 104 页。

② 康有为撰，姜义华、张荣华编校：《康有为全集》第二集，中国人民大学出版社 2007 年版，第 324 页。

③ 康有为撰，姜义华、张荣华编校：《康有为全集》第六集，中国人民大学出版社 2007 年版，第 313 页。

④ 梁启超：《南海康先生传》，《清议报》1901 年 12 月第 100 册。

⑤ 梁启超：《南海康先生传》，《清议报》1901 年 12 月第 100 册。

界仅是传统知识分子的一个追求目标，高悬于彼岸世界，作为一种纯粹理想的存在，并不试图变为现实——儒家所要建造的现实世界是一个小康社会。直到十九世纪末，康有为在他的《大同书》里，在传统的大同理想中注入了现代民主主义的客观内容"[①]。这种理念将中国传统的大同论说，与现代民主结合在一起，既有理想社会之远景，又有现实改变之理念，其影响力也就可想而知了。

三、康有为"三世说"的历史价值与局限

（一）康有为的"三世说"是对传统"三世说"的嬗变

中国传统文化根深蒂固，由此而发的改革都难以离开传统的土壤而独自生长，康有为有志于铸造维新变法的思想武器，除了问道西方新知外，最终还是选择了回归传统的知识资源中寻求根基。康有为援用了西方进化理论，杂取西方政治制度的现况，将先进的进化观和对西方政治体制的初步了解，附会于传统"三世说"之中，完成了传统"三世说"的嬗变[②]。康有为对传统"三世说"的突破集中体现在两个方面。一方面，康有为以政治体制附会"三世说"，提出"据乱世"为君主专制时代，"升平世"为君主立宪时代，"太平世"是民主共和时代，人类社会沿着"据乱、升平、太平"的三世顺序向前发展。康有为直接以政治制度附会"三世说"，将古老而传统的"三世说"改造为提倡"因革改制"的理论工具，实现了对传统三世观的突破。另一方面，康有为附会"三世说"而形成的历史观是一种发展的观点，突破了传统"三世说"的变易循环论而走向历史进化论。梁启超对康氏援入进化论改造"三世说"的发明赞叹道："夫三世之义，自何邵公以来，久暗昧焉。南海之倡此，在达尔文主义未输入中国以前，不可谓非一大发明也"[③]。

康有为的"三世说"完成了对今文公羊"三世说"的理论突破，在三世框

---

①　钱理群：《我的精神自传》，漓江出版社 2011 年版，第 152 页。

②　马洪林：《康有为》，上海人民出版社 1986 年版，第 76 页。

③　梁启超：《论中国学术思想变迁之大势》，上海古籍出版社 2019 年版，第 154 页。

架之中所充填的思想，已然更新了传统思想资源，康有为的解经路径彻底从对《公羊传》的逐字诠释，走向出于变革社会需要去解释《公羊传》。这股思想潮流剥去了神圣化教科书的合法外衣，引入西方的有价值事物与中国的教条失去效用，开始一起体现于康有为的思想中，"一种被认为是永恒的文化要素（例如经典教规）逐渐被视为暂时的，那也就为变更各种文化要素开了绿灯"①。

（二）康有为的"三世说"是变法思想的理论来源

在《孔子改制考》中，康有为将传统今文经家的"三世说"改造成为变法改制铺垫理论基础的思想资源。今文经学的变革精神与批判意识，集中地体现在公羊家"三统"、"三世"说中。一方面，所谓三统是由西汉大儒董仲舒首先发明创立的，根据"三统说"，夏商周三代的制度，各有因革损益而绝非一成不变，囿于旧制，三代制度因时制宜，各有变化，而且越变越好，越来越进步，但是这一运动又是周而复始，不断循环的。"三统说"主张并不存在万世一系的永恒帝王，如果政治腐坏，大道不明，民心涣乱则旧的王朝因悖逆于天命，就必然由代表新"统"的新兴王朝所取代。因而"白统"、"赤统"、"黑统"三统之间不断循环往复，政权因之更迭换代，旧王朝一旦违背天命则有新兴王朝继而取代之，这就是今文经中的三统之说②。康有为利用"通三统"之说，重述公羊义理，论证夏商周三代因时制宜，不断改革，而并非沿袭旧制，从而彰显变革之重要性，为维新变法正名。另一方面，康有为通过改造三世学说确立了鲜明的进化历史观，摆脱了传统变易观循环论的束缚，以先进的历史观念作为为维新张本的锐利工具。以现状来阐明历史发展观，也是康有为思想的一个特色，他认为清王朝当时处于"由据乱而升平"的阶段，对于如何实现社会的前进与发展进入"升平世"，则提出必须通过革除旧制，维新变法，以求进入太平盛世，实现国家富强。由此，康有为完成了变法改制的理论铺垫，将

---

① ［美］列文森：《梁启超与中国近代思想》，刘伟、刘丽译，四川人民出版社 1986 年版，第49 页。

② 蒋庆：《公羊学引论》，辽宁教育出版社 1995 年版，第 216 页。

"三世说"推演为论证维新变法必要性的思想资源。

（三）康有为"三世说"的历史局限性

康有为"三世说"中存在着理论逻辑上的混乱，虽然三世进化的历史观实现了传统变易循环论的突破，承认了历史发展由低级向高级不断发展演进的规律，但是，他在以"三世说"寄寓于中国历史发展阶段时，却发生了逻辑混乱。康有为指出夏商周三代为"太平世"，春秋以来直至清代为第二阶段即"据乱世"，而经过改制以后的中国进入"升平世"，最终实现社会低级阶段向高级阶段不断进化而来的"大同世界"。那么中国历史的演进规律。则违背了康有为自己所预设的理论框架，违背了人类进化三世由社会低级形态向社会高级形态不断演进的历史规律。康有为的"三世说"与他对于中国历史的解读，在理论上是相悖的。"在论述'人类进化三世'时，康有为的确将'大同世界'的实现视为由社会的低级形态逐渐发展为社会的高级形态的过程。但在借中国历史以说明'人类进化三世'时，他却不自觉地背离了这个思想。他将中国历史上的夏商周三代判为'太平之世'，将春秋到清代判为'据乱世'，并断言清代以后中国将处于'升平之际'这一过程，与'人类进化三世'乃直线向前发展是相悖的：人类进化的三世是由'据乱世'经'升平世'到'太平世'，而中国历史进程则是由'太平世'经'据乱世'到'升平世'"[1]。康有为的这一论断显然与"三世说"的历史演进规律相违背而难圆其说。

从本质上而言，康有为所发明的"三世说"是一种渐进的发展观，其"三世说"中以发明孔子之义为旨，主张孔子于据乱世中为升平、太平世立法定制，但是"一时不能遽行"，故而根据"三世说"的演进规律，对于太平之制只能期许于未来，历史发展阶段是渐进推行的不能一蹴而就，"三世说"也因此沦为康氏晚年反对革命，走向后退的思想因子。

因为康有为的思想在逻辑上存在混乱，而目的性极强，其思想变化也大，

---

[1] 蒋国保、余秉颐、陶清：《晚清哲学》，安徽人民出版社 2002 年版，第 372 页。

也就使他的思想只能够影响一时，却不能够行之久远。这一点在清王朝灭亡以后就凸显出来，无论是北洋政府，还是国民政府，在政治体制构建及政治思想推崇方面，都没有他的思想痕迹，就可以证实了。

第二节　素王之论与托古改制的提出

一、《孔子改制考》的主旨大纲

（一）康有为尊孔子为素王

1. 传统今文家的素王之论

素王说是公羊家的核心观点之一，所谓孔子为素王，即谓孔子有王者之德而未得王者之位，故作《春秋》空立一王之法以治理天下。公羊今文家关于孔子为素王的论述很多，概括而言有三点要义。

素王论的第一要义是孔子书法。今文家主张六经为孔子笔削而成，孔子造经即是为天下立法。孔子造经又集中体现为"作《春秋》"，"孔子作春秋而乱臣贼子惧"，孔子书写笔削的过程本身就寓意着变法改制的活动，"马克思书写的革命行动性胜过一百次起义，孔子笔削春秋的革命性同样如此"[1]。

素王论的第二要义是孔子立改制立法。孔子制作《春秋》为改制立法，"史例供援引，义例供效法"[2]，孔子立改制之义例，以孟子传承《春秋》天子之事，又以《公羊》传《春秋》之微言大义，推演新周王鲁说，改制变法有例可循[3]。

素王论的第三要义也是根本要义，为孔子受天命改制。孔子为天授的改革

---

① 刘小枫：《儒家革命精神源流考》，生活·读书·新知三联书店 2000 年版，第 49 页。

② 刘小枫：《儒家革命精神源流考》，生活·读书·新知三联书店 2000 年版，第 51 页。

③ 陈柱：《公羊家哲学》，中华书局 1912 年版，第 3 页。

者，孔子受天命而为改制之法，改制的正当性支撑力大大加强，"孔子作《春秋》，先正王而系万事，见素王之文焉"①。可见，素王之素为"空位"，即"当为王而尚未为王"，"素王"其意涵带有神圣道义力量从"受命"而来。

素王论阐发孔子的政治形象，蕴含素王改制之义，康有为的政治诉求正是以传统今文家的素王改制之论展开的，他全面继承了传统"素王说"的三点要义，并合己所需地进行了推演与发明。

2. 康有为对今文经学"素王论"的发明

首先，康有为认为孔子空言垂世，为万世师表者，首在《春秋》一书。孔子具备王者之德，而以"《春秋》当新王"，《春秋》之中蕴含着孔子的微言大义。今文素王之说秉其微言，拨乱反正，承其大义，大义显而易见，微言隐而难明。根据传统今文家的说法，在三传之中，"《春秋》为后世立法，惟《公羊传》能发明斯义"。故三传并行不悖，可为此斟酌分别。在康有为看来，《春秋》寄寓改立法制之微言，诛讨乱贼之大义，皆由《公羊》相承，深得春秋之旨，他举《春秋》改制为变法正名："改者，变也；制者，法也。盖谓孔子为变法之圣人也"②。

其次，康有为以孔子为文王。素王说主张孔子有德无位，区别于现实的统治者，有王德而不在王位，因而是素王。素王论是今文家的核心理论，但也并非一家之言，孔子为素王是指孔子有王德而无王位，为素王；而就托古改制来说，康有为则以孔子是文王，拓展了素王论之说。孔子为文王不像孔子为素王诸家共许，只有公羊家有此说法，而公羊家中又只有某些流派有此说法③。康

① （东汉）班固：《汉书》卷 56《董仲舒传》，中华书局 1962 年版，第 2509 页。

② 康有为：《恭谢天恩并陈编纂群书以助变法》，载黄明同、吴熙钊：《康有为早期遗稿述评》（附杰士上书汇录），中山大学出版社 1988 年版，第 317 页。

③ 根据公羊家的说法，《春秋》为托事明义之书，故而所记之事并非与史实相符，而是仅为记号而已。例如《公羊传》所书之文王也只是托事明义的符号，而并非历史中真正的周文王。公羊家解《春秋》时有所谓"春秋制"，认为春秋笔法具有微妙的意涵，以一套玄妙而隐晦的解释系统，隐公是托为王者之隐公而非真隐公，鲁国是托为京师之鲁国而非真鲁国。《春秋》所记之事均有其独特的解释，故而，《春秋》制中所记载的文王非真文王，此处文王实

有为认为："文王，周始受命之王，天之所命，故上系天端。方陈受命，制正月，故假以为王法。春秋以新王受命，而文王为受命之王，故假之以为王法，一切制度皆从此出，必托之文王者，董子繁露所谓时诡其实以有所讳也"①。康氏以纬书为证，"文王见礼坏乐崩，道孤无主，故礼经三百，威仪三千"②。(《礼纬·稽命征》)根据康有为的解释，周文王时，并未有礼崩乐坏之景象，文王见礼崩乐坏，可见此文王非周文王，而是目睹秩序崩坏而作《春秋》的孔子。

康有为主张孔子应天命而为后世制法，圣人足可以王者自居。所以"康氏古籍中的新王、文王、圣王都是指孔子，孔子以王者之德作《春秋》，示王道，承周统改制，为万世立法"③。然而具体而论，在康有为的托古改制理论体系中，孔子上托尧舜与文王各有不同意涵。"在康氏的理论中，尧、舜、文王的制作是孔子归诸圣王的理想制作，是孔子寄寓理想的政治制度"。圣王身上寄托了政治制度改革的理想模式，文王所立为"君主之仁政"，尧舜所立为"民主之太平"④。康有为根据传统今文家谶纬之说，以孔子为"文王"，将孔子赋予改革者的崭新形象，阐发变法改制的迫切要求；同时又主张孔子上古尧舜，寄托民主与太平之世的宏远理想。

最后，康有为以孔子为托古改制的素王，将"两考"紧密联系起来。康氏指出，自战国至后汉八百年间，孔子一直被尊为托古改制的王者，然而，刘歆窜乱六经，夺真经于孔子而归于周公，以周公之制代孔子之制而破坏了孔子改制之义，致使与君统共存的孔子之道无以为继，卒令中国因两千年来沿袭之旧制而淤滞不行，民生凋敝。康有为认为首先需涤荡伪经，革除旧制，而后厉行

是指孔子。《公羊传》中"文王"根据其传文为："元年者何？君之始年也。春者何？岁之始也。王者孰谓？谓文王也。曷为先言王而后言正月，王正月也。何言乎王正月，大一统也"。按照今文家《公羊传》的说法，传文中的"文王"并不是历史中真正的周之文王而实指孔子，是孔子假借周文王昌始受命制正月一事明《春秋》之义，以待后起之王效法。

① 康有为：《孔子改制考》，中华书局 2012 年版，第 268 页。
② 康有为：《孔子改制考》，中华书局 2012 年版，第 248 页。
③ 汪荣祖：《打开洪水的闸门：康有为戊戌变法的学术基础及影响》，《二十世纪》1998 年第 2 期。
④ ［美］萧公权：《康有为思想研究》，汪荣祖译，新星出版社 2005 年版，第 103 页。

救时之要务，改制变法，重回孔子之道。

（二）孔子托古改制

康有为认为孔子托古改制，夏殷周三统皆是孔子所托。孔子以布衣而改乱制，加王心，达王事，不得不托诸行事以明其义。孔子受天命，改乱制，通三统，法后王，托古改制之义为董子所深得。康有为引董仲舒之言："有非力之所能致而自至者，西狩获麟、受命之符是也，然后托乎《春秋》正不正之间，而明改制之义，一统乎天子，而加忧于天下之忧也，务除天下所患。而欲以上通五帝，下极三王，以通百王之道"[1]。康有为主张"夏殷周三统孔子所托，故曰'非主假周'也"[2]，由此可深知孔子改制之大义。《孔子改制考》指出庄子称誉太古，许行称誉神农，墨翟称誉夏禹，都只是一种宣传的手段，其核心观点就在于宣扬孔子著经是为了托古改制。孔子赞许三代之美行，同老庄、墨子一样，是因为人们贱今贵古的心理，故而寄托政治理想于古代圣王。

在康有为的塑造中，历代统治者所尊奉的孔子，成了一位主张托古改制的改革家。他提出"三代文教之盛，实由孔子推托之故，故得一孔子而日月光华，山川焜耀"[3]。康有为认为上古时代茫昧不可考，上古之说犹如"泰西之述亚当夏娃，日本之述开国八神，一同此义，渺茫不可考者也"。既然，上古之说犹如西方之传说和东洋之神话，根本不具备考证之可能，则"太古之世已灭，若存若亡，若觉若梦，可为三古茫昧之据"。如此一来，康氏认为孔子、墨子俱道尧舜，实则为托古改制之需。康有为还提出孔子、墨子虽俱道尧舜，但尧舜不复生，何为真伪之定论。"今乃欲审尧舜之道于三年前之前，意者其不可必矣，无参验而必之者，愚也；弗能必而据之者，诬也。故明据先王，必定尧、

①　（西汉）董仲舒著，曾振宇、傅永聚注：《春秋繁露·符瑞第十六》，《春秋繁露》，河南大学出版社 2009 年版，第 192 页。

②　康有为：《孔子改制考》，中华书局 2012 年版，第 269 页。

③　康有为：《孔子改制考》，中华书局 2012 年版，第 1 页。

舜者，非愚则诬也"①。既然尧舜之事是茫昧不可考的，则孔子、墨子各有取舍，各托其义。最后，康有为得出确定之论断："合比考之，三代文明，皆藉孔子发扬之，实则茫昧也"②。

既然上古之事不可考，为何孔子追求三代之治呢？康有为解释说，这是人心使然，"荣古而虐今，贱近而贵远，人之情哉"。人们都有此番心理倾向与情感特质，"耳目所闻观，则疑忽之，耳目所不观闻，则敬异之"③。当时的人们迷信上古，厚古薄今，因而孔子为振教而立，必托上古之说方能够创教立说，非托之古，无以说世俗之人，无以聚教徒之广。孔子创立儒教，"祖述尧舜，宪章文武"，制定了完整的效法尧舜文武的礼法制度，制作了"六经"典章当代，垂范后世，为"改制之王"。康有为深信孔子寄寓古代圣贤，制作六经重述尧舜之盛德大业，实则为阐发自己的政治理想，在他看来"孔子之学全在改制"，三代之治已茫昧不可考，因而孔子之真意在于托古改制，以表达政治观点，借古代之治阐发孔子对政治生活的安排与理想。在康有为的重塑中，孔子绝不是述而不作的历史记载者，而是一位托古改制的维新主义者，对于孔子托古改制之形象的塑造，实际上也是康有为历史观的另一种表达。"这样一来，那种以为今不如古，汉唐不如三代，三代不如五帝的历史退化论，便统统站不住脚了"④。既然历史退化论站不住脚，历史进化论也就成为康有为托古改制的依据了。

（三）六经皆孔子改制所作

康有为提出孔子托古改制的论断后，又主张孔子手造六经，为改制立法。在康氏以孔子为核心所架构的托古改制理论体系中，道——孔子——六经——《春秋》——《公羊》是一脉彼此紧密相连的清晰谱系，"儒者，儒也。儒之为

---

① 康有为：《孔子改制考》，中华书局 2012 年版，第 3 页。
② 康有为：《孔子改制考》，中华书局 2012 年版，第 6 页。
③ 康有为：《孔子改制考》，中华书局 2012 年版，第 48 页。
④ 马洪林：《康有为评传》，南京大学出版社 1998 年版，第 169 页。

言无也，不易之术也。千举万变其道不穷，六经是也"①。孔子手定六经是整个体系的逻辑前提，康有为以《春秋》为孔子改制之书，以《公羊》传春秋微言大义，但是如果理论前提不成立，整个理论体系则有崩溃之虞。孔子托古改制而手定六经，故而六经具有了孔子改制的微言大义，尊奉孔子就是要传孔子之道，康有为力断孔子作六经以言改制，实际上为改制之说提供了经籍的凭借。《孔子改制考》一方面杂引孟子书、儒家谶纬之书考证"六经为孔子所定，以为儒书"，提出孔子手造真经，刘歆湮灭大义伪造古经而归于周公，称："孔子为教主，为神明圣王，配天地，育万物，无人、无事、无义不围范于孔子大道中，乃所以为生民未有之大成至圣也！而求孔子之大道乃无一字，仅有弟子所记之语录曰论语，据赴告策书钞誊之断烂朝报曰春秋耳。若诗、书、礼、乐、易皆伏羲、夏、商、文王、周公之旧典，于孔子无与，则孔子仅为后世之贤士大夫，比之康成、朱子尚未及也，岂足为生民未有范围万世之至圣哉？"②另一方面，康氏又专列一章详尽考证"六经皆孔子改制所作"，提出"孔子创儒，其道最大，而六经为孔子所作，可谓铁案"③。康氏主张西汉以前人们皆知孔子为教主，托古改制而手造六经以"拨乱世、致太平"④。他通过对于六经的分别考证最终得出结论：知孔子为教主，六经为孔子所作⑤。

（四）诸子创教

康有为主张诸子皆有创教之权，当时的诸子百家相互争夺教权，彼此交攻，各不相下。《孔子改制考》以大量篇幅考证了晚周诸子创教的论断。由于上古茫昧，"混沌茫茫"，诸子百家为了阐发与实现政治理想，宣扬政治理论，为各国君主所接受，故而纷纷假托古代以古切今，借圣贤以自重。根据康氏的

---

① 康有为：《孔子改制考》，中华书局 2012 年版，第 172 页。

② 康有为：《孔子改制考》，中华书局 2012 年版，第 243 页。

③ 康有为：《孔子改制考》，中华书局 2012 年版，第 265 页。

④ 康有为：《孔子改制考》，中华书局 2012 年版，第 244 页。

⑤ 参见康有为：《孔子改制考》，中华书局 2012 年版，第 246 页。

主张，诸子百家纷纷创教立说，将关于国家治理与政治理想遥托古代圣贤，以适应人们尊远贱近的心理趋向，获得民众的信仰与支持。比如，墨子假托夏禹，"以尚俭之故"；老子假托黄帝，"以申其'在宥'、'无为'之宗旨"；韩非"以法为法，故附会古圣"。同时，康有为又提出诸教之中又以孔子为诸子之最圣者，"人们向他求教诲、求指点"①。孔子有制裁天下之力，能够超越诸教，故而在汉代完成了思想的"大一统"。

二、托古改制是维新变法的理论工具

（一）托古改制是维新变法的哲学基础

相较于《新学伪经考》而言，《孔子改制考》的政治意蕴更为浓厚。"有为尤敢为非常异义可怪之论，托改制以言变法，张三世以说进化，著有《春秋董氏学》、《孔子改制考》等书，而定《春秋》为孔子改制创作之书"②。虽然康有为的孔子改制之说并非独创，刘逢禄、陈立等人皆祖述何休以言《公羊》，都阐论过改制之说，但康氏之"改制"内涵与前儒不同，"改制"即政治革命、社会进化之意，也就解释了康有为援用"通三统"、"张三世"之说，其根本目的实则着力于改制变法。

托古改制充当了康有为维新变法的理论工具，学界多有共识。冯友兰认为康有为的一系列经学著作都是为戊戌变法服务的，他在《中国现代哲学史》中详细阐释了维新变法与今文经学的密切关系："康有为所领导的戊戌变法就是一种改制。康有为打出公羊学的旗帜，作为改制的依据"。在冯氏看来，《公羊传》之微言大义就在于认为孔子受天命为王，但并没有实际的王位，因而为"素王"。"素王"所作《春秋》而为"一王之法"，而实行此法的为汉，实际就是"为汉制法"。中国的奴隶制社会制度无法推进了，新的封建社会要改制，因而公

---

① ［美］萧公权：《近代中国与新世界：康有为变法与大同思想研究》，汪荣祖译，江苏人民出版社 2007 年版，第 75 页。

② 钱基博：《经学通志》，广州师范大学出版社 2009 年版，第 181 页。

羊学家以孔子的旗帜为改制的依据，是"托古改制"。到了近代，社会发展又需要另一场改制了，才有康有为的"两考"，重新弘扬公羊家之托古改制之说，为戊戌变法提供理论支撑和经典依据①。冯友兰的观点简明扼要地揭示了康有为的经学思想之主体脉络与戊戌变法之政治活动之间的逻辑关系，这既是康氏治经路径与其生平志业紧密关联的另一处提示，更是深刻了解康氏今文经学思想以窥探其政治思想的必要性所在。有学者认为孔子的托古改制思想，确实与维新变法存在密切的关系，但是康有为为了变法维新而倡言改制托古，存在倒因为果的嫌疑。论者提出康氏在早期的著述《教学通义》中，确立了改制的思想，从时间线索而言，1885 年算起，距康有为公车上书已有十年之久，其中关联并不明确。但是，《教学通义》确实已然确立改制思想，其中心思想是从今改制，只有"师古"的想法，而未有托古倾向。因而，此不足以作为康氏托古改制与维新变法逻辑关系的判断依据。另一方面，从内容上来说，二者更是联系紧密，可以说维新变法是康有为倡言托古改制的政治动力和目标，而托古改制是维新变法的理论基础和根据。

康有为的孔子改制之说是如何服务于维新变法的，这是二者关系之关键所在。孔子借古言今，颂古改革，是一位追求改革，颠覆传统的维新者，三王五帝的制度之详备、政治之美好皆是孔子的政治寄寓，而其现实目的在于"托古改制"，以追求进步与革新。在康有为的塑造中，孔子成了一位如此热情主张变法，反对守旧的改革者。孔子改制之法垂范万代，既然孔子是一位"托古改制"的先贤大师，反对因循守旧，那么所谓合乎道统的祖宗成法，禁锢思想的传统观念，不容动摇的封建旧制，一夕间似乎通通成为"孔子"所反对的东西，而应当颠覆重建。康有为指出因循旧制，便是与孔子的改革精神相悖逆，由此而来，中国将乱世永存，太平无望，违抗孔子的精神谛义。具体而言，一方面，康有为在《孔子改制考》中重塑孔子形象的种种努力归为一点，即"为变法正名"。孔子既然是一位倡言变法的"至圣先师"，那么孔子门徒怎能不遵循

---

① 参见冯友兰：《中国现代哲学史》，生活·读书·新知三联书店 2009 年版，第 79 页。

先师典范，追寻其变法改制的伟大精神呢？如此一来，康有为大声疾呼的维新变法不仅不是悖逆道统，他的一系列改革措施是效法古圣先贤的嘉言懿行，维新变法也就具备了道德上的合法性，名正而言顺，变法之推行自然顺理成章。孔子被历代统治者所尊奉，是传统道德合法性的权威表现，既然孔子成了主张托古改制的典型改革家，那么康有为在此意义上借用孔子的权威，证明了自己所倡导的维新变法主张是符合孔子道统真谛，是完全合乎圣人之道的。维新变法不仅不是对孔子的悖逆，反而是遵循先师典范的改革举措，是对孔子"托古改制"的继承与发扬，康有为的这一逻辑体系与论断，在当时极大鼓舞了改革的士气，坚定了变法的信心。另一方面，康有为阐论了孔子托古改制的缘由："孔子改制托古大义，全见于此。一曰素王之诛赏，一曰与先王以托权。守经之徒，可与立者也。圣人但求有济于天下，则言不必信，惟义所在。无征不信，不信民不从，故一切制度托之三代先王以行之。若谓圣人行事不可依托，则是以硁硁之小人律神化之孔子矣。布衣改制，事大骇人，故不如与之先王，既不惊人，自可避祸。"①。康有为认为孔子改制托古是为了求信于人，令民众信服而使得自己的一套典范制度得以推行，改制得以实现。与其说康有为阐释孔子托古之缘由，不如说是他以夫子自道，借孔子托古之说，道明自己变法的志向。

（二）托古改制与辨伪古经的密切关系

《孔子改制考》与《新学伪经考》，共同形成了康有为巧妙地借用古人的酒杯，浇开现实社会块垒的理论工具。两部著作所构造的理论体系，构成了康有为维新变法的理论根基与体系内核，他以辨伪古经为根基，对专制王朝的正统观念进行激烈抨击，在要求变法的知识分子中引发强烈的共鸣，掀起的疑古思潮，剧烈撼动了专制王朝统治的思想根基。同时，他又以推演公羊"三世说"为主旨，为维新变法的政治变革活动摇旗造势，铺设舆论环境和思想准备。康

---

① 康有为：《孔子改制考》，中华书局 2012 年版，第 267 页。

有为推演传统"三世说",主张中国社会由乱而治、由小康而大同的进化规律,"两考"之思想劲风,席卷华夏,顽固派为之惊惧,思想界为之震动。

应该承认,"在《新学伪经考》造成的精神废墟上,《孔子改制考》是另一项重建的工程"①。康有为击溃旧传统之后,更需要从传统中开掘新的合法性资源,因而必须重新解释传统,诠释经典。古经新解的核心内容,正是在于如何实现"托古改制"关联于时代而为其所用,他认为必须通过重塑孔子来完成这一过程。《新学伪经考》刊布之时,梁启超在《〈新学伪经考〉叙》中指出,此书的旨归与目标在于并非是与考据家争短长之作,辨伪的真正用心在于为改制开辟道路。康有为从炮轰传统,轰动一时的《新学伪经考》,到收敛锋芒、托古改制的《孔子改制考》,再到后期表达政治理想与美好宏愿的《大同书》,正是伴随着一系列政治活动步步推进的过程。不论是传统文化的创新,华夷观念的转化,以及进化论思维的援用,还是康有为将"三世说"之理念用于规划理想社会的发展阶段与进步方向,提出由小康向大同过渡的设计,这些逐步发展的理论体系,受到多种思想资源的影响,并伴随着不断变化的复杂背景语境而自我更新。单从经学的观点来看,在思维方式的衔接上,归根到底,代表康有为今文经学的"两考",是其后期思想进行推演和展开的根本资源,也是沿着今文经学,特别是公羊学的推演与展开。钱玄同对于《孔子改制考》持认同与赞许的态度,说这是一部在考辨史料上比《新学伪经考》更加精审、极为重要的书,认为"托古改制"是康氏的发明,并且进行了"精详的考证"。顾颉刚说"康有为为适应时代需要提倡孔教,以为自己的变法说的护符是一件事;他站在学术史的立场上打破新代出现的伪经传又是一件事"②。与康有为经学立场相对的章太炎,也曾公允地承认康有为的公羊学问研究与以《公羊》为应用,发扬公羊学的政治实践精神应两相而论,不能仅以偏狭的经学价值而否定康氏的今文经的历史价值。

---

① 陈少明、单世联、张永义:《被解释的传统》,中山大学出版社1995年版,第36页。
② 顾颉刚:《五德终始说下的政治和历史》,上海古籍出版社1982年版,第552页。

（三）康有为托古改制的经学限度

甲午战争后，中国陷入帝国主义瓜分之狂潮中，民族危机日剧，传统的政治、文化、社会制度开始土崩瓦解，至高无上的专制王朝危在旦夕，神圣尊严的传统文化深受冲击。在严峻的民族危机与现实困境中，康有为的《孔子改制考》应时而生，它在《新学伪经考》辨伪古经的根基之上，更进一步，全面怀疑专制王朝的政治文化，以今文经学为材料，西方进化论以资借用，最终提出了维新变法的理论。《孔子改制考》的出现，意味着今文经学思想的重心，从寻求确立帝国的合法性依据，转向变法维新的国家改革理论。梁启超认为康氏所宣扬的托古改制的改制之意，远迈龚自珍、魏源、陈立一步，"有为之说，实与彼异"，具有为维新张本的舆论功能。然而，"两考"既是今文经学引发社会"大飓风"、"火山大喷发"的标志，也是经学走向终结的肇端。一方面，梁启超在总结"其所及于思想界之影响"时，得言焉于四个方面：一是崇尚读古书求义理而非训诂名物制度之末，因而吐弃汉学、宋学，而开学界之新境；二是将孔子之精神指向"建设新学派"，宣扬鼓舞创作精神；三是"两考"一破一立，破刘歆伪托之伪经，立孔子托古之真经，质疑发问于经典，动摇了儒学之神圣，一切皆可怀疑批判；四是"夷孔子于诸子之列"，打破"别黑白定一尊"的观念，实现观念之全然解放①。梁启超的四条意义概括，虽多在褒扬康有为开创新学术之功绩，却也在侧面反映了康有为对传统经学的动摇乃至颠覆，亦足使其背负离经叛道之经学罪人的千古骂名。另一方面，康有为以托古改制之说作为抒发政治理想的途径，将西方知识与制度援用与改造传统今文义理结合起来。"世卿之制，自古为然，盖由封建来者也。孔子患列侯之争，封建可削，世卿安得不讥。读《王制》选士、造士、俊士之法，则世卿之制为孔子所削，而选举之制为孔子所创，昭昭然矣。选举者，孔子之制也"②。在康有为塑造下的孔子，与儒学之原本风貌早已不存，而成为容纳异质学说的框架。

---

① 梁启超：《清代学术概论》，广西师范大学出版社 2010 年版，第 95 页。

② 康有为：《孔子改制考》，中华书局 2012 年版，第 238 页。

三、《孔子改制考》作为变法纲领的意义与局限

作为政治运动的理论指导应当具备权威性，"挟朝廷之力以行之，不胫而遍于海内"，才能够具备支持变法的作用。康有为的"两考"作为政治纲领，由于学术上的武断、内容的含糊，限制了"两考"作为维新变法理论武器的历史作用①。守旧派则视康有为是洪水猛兽，将其革新思想诬为离经叛道的大逆之言，其解经的行为受到反对派激烈的攻击与责难，余联源说："康有为以诡辩之才，肆狂鼓之谈，以六经皆新莽时刘歆所伪撰，著有《新学伪经考》一书，刊行海内，腾其簧鼓，煽惑后进，号召生徒以致浮薄之士靡然向风，从游甚重"②。这种攻击与责难虽然具有片面性，乃至于不是理性与学术性的，也侧面反映了书中毕竟也留下许多可以成为别人攻击与责难的话柄。

康有为托古改制所要建立的政治哲学系统，是一套全新的前所未有的义理系统，虽然根植于传统，然而却从本质上改造了传统思想资源，拓展为变政改制的政治哲学。问题在于，康有为的托古改制中援入了西学的新知，"凭恃中西法度、执持双重标准"③，他所熔铸的托古改制理论中，既有对传统今文经学的改造，也有西方进化论的援用，将中西政制模型与理论框架，都通过托古改制的形式表达出来，这是康氏基于新旧社会并存，近代急剧转型的过渡时代中所形成的政治哲学模式。在康氏看来，以传统今文经学为理论框架，以托古为改制策略，是改变中国政制最有效最权威的途径。但是，"任何政治哲学都有其限度，更何况是在新旧社会并存和冲突的天柱折、地维绝的过渡时代所形成的政治哲学"④。托古改制采用托古的策略与表达，固然能够符合人们贱今尊古的心理倾向，能够以权威之名而行改制之实，甚至能够在康氏的改造下成为沟通中西，援入西学的桥梁，但是托古毕竟脱离不了"古"之范畴，作为一种借

① 郭汉民：《晚清社会思潮研究》，中国社会科学出版社 2003 年版，第 174 页。
② （清）苏舆：《翼教丛编》，上海书店出版社 2002 年版，第 25 页。
③ 昌切：《清末民初的思想主脉》，东方出版社 1999 年版，第 89 页。
④ 昌切：《清末民初的思想主脉》，东方出版社 1999 年版，第 91 页。

用传统形式而阐发新论的策略，托古虽然不是泥古，然而所托之内容，毕竟都保留着与古所牵连或限制的一面。一方面，以今范古，古岂能拘今，不顾古今之巨大差异尽依古时则拘牵于古代；一方面，以古证今，以古代思想作为制度设计与思想构筑的材料，稍不留意，便是古人拖住了今人，为后人所俘获①。

康有为的思想没有随着时代思潮的急进而进步，反而越来越保守，走向反对革命的思想倒退，有其理论上的必然性。"三世说"与托古改制的理论模式，拘牵了康氏思想发展的可能性。康有为从传统今文经学中衍生出的政治哲学，的确焕发出了新的时代生命力，猛烈冲击了传统旧制与专制思想，然而托古改制的理论局限性也由此隐然可寻。康有为通过对素王改制之说的改造而构建的政治哲学，由于是从玄虚的本体范畴衍生而来的，理论根基本就是不牢固的，更遑论其他。传统政治架构下推论出来的新义理，框架本就虚弱，再加之"老套子与新义理的搭配，哪里能丝丝入扣呢!"②返古与逐新，旧说与新义，时时困扰着康有为思想的前进方向。

第三节　康有为今文经学思想的实践精神与政治蓝图

一、康有为赋今文经学于维新变法

（一）经世致用的实践精神

在清代今文经学的复兴潮流中，众经家大师，如刘逢禄、龚自珍、魏源、邵懿辰等，就对刘歆及一些古文经传发动过攻击，而清末廖平的《古文学考》、《知圣篇》、《辟刘篇》，还因观点之近似，思想之重叠，而引发了与康有为之间

---

① 昌切：《清末民初的思想主脉》，东方出版社 1999 年版，第 91 页。
② 昌切：《清末民初的思想主脉》，东方出版社 1999 年版，第 92 页。

的一场学术官司。这些今文经学家的经传中，都专宗今文公羊家说而否定古文经"述而不作"的旧说，批判"训诂考据"之琐屑，然而他们的种种努力，成就了思想的进步与初步启蒙，却远未掀起思想解放的惊涛骇浪，更未动摇封建传统的稳固根基，唯有康有为在继承和发扬了公羊家说的基础上，刊行"两考"，引发思想解放潮流，推行变法，攻击封建传统旧制，究其根源在于康氏学术与生平志业中的所一以贯之的经世致用精神。

值得注意的是，通经与致用，一直是治经之途上大相径庭的两条道路，也分化出了治经之儒与应世之儒的不同。"通经"讲求经义的独立，以讲经传说为旨归，"致用"追求经义的阐发与援用，以经世致用为目的。通经与致用之间的张力，同样体现于康有为的思想中。汉代有董仲舒附会公羊家"大一统"、"通三统"之说，并以五德终始说解读《春秋》，得以实现以儒学为治术的政治目标，而到了晚清康有为追求"致用"，也不乏主观妄断地改造传统经义，对于原典经义进行改造，乃至伪造，以尽取有利于己的学说，这是经世致用所旁生出的一系列消极问题。康有为的经世精神造就了他的政治影响，而他对于传统经义的附会，也改变了儒学的风貌与内核，这一思想的副产品，正是作为缘饰政治花边的"经学"在经世致用之路上，走向末途之命运。经世致用走向极致便发生异化，学术与政治混淆一谈，习经成为利禄之途。在这种风气的长期熏陶下，学术思想的独立性逐渐消退，经学成为通向政治的长廊。在这种风气的长期熏陶下，中国知识分子无形中养成了一种牢不可破的价值观念，即以为政治的东西才是最后的真实，学术则是次一级的东西，其价值是工具性的①。

（二）重诘儒学的颠覆精神

康有为兼收并蓄的改造与重建，使传统儒学开始增添许多新的内容，开始具备更丰富的命题。传统的经学思想在康有为的重新解释下，开始重新焕发出时代生命力，由一堆故纸而衍生出一系列涵摄丰富知识的政治哲学体系。杜

---

① 参见余英时：《中国传统思想的现代诠释》，江苏人民出版社 2006 年版，第 123 页。

维明认为："我们可以不接受梁启超将康有为盛誉为中国的马丁·路德的做法，但是，康有为的行为和其观点一样革命，康有为的理想国幻想极大地改变了儒家话语，倘若孔子是康有为所说的改制者，那么儒学就是彻底的改革意识形态，而且还是彻底的乌托邦。在康有为看来，儒学和等级差别几无关系可言，儒学完全是普世的。为了使儒学现代化，康有为随心所欲地从许多资源处汲取灵感，如道教、佛教基督教、社会达尔文主义、科学主义以及普通常识"①。同时，杜维明指出康有为重诂儒学，是出于回应西方国家的文化挑战与军事威胁的一种努力，康氏的理论与实践都明确地指向期待通过改造而获取学术思想界的统治权。面对西力冲击，康有为认识到清王朝及华夏之救亡必须以成功改革现存制度为基础，改制势在必行，在这种强烈信念的激发下，他开始迈出了尝试重诂儒学的第一步，"出于这一认识的迫切感，促使他开始全面考察儒学传统中可以用诸社会重组的所有象征和精神资源"②。当然，康有为重诂儒学的努力也伴随着副作用的产生，"儒家的节目增多了，它的核心课程却出现了问题"③。康有为重估儒学的过程中，始终存在着对传统今文经学的过度改造问题，超越传统知识资源的附会解读，使得康氏的今文经学思想呈现出杂糅万象的复杂特征，丧失了原有的风貌。

（三）援西入儒的创新精神

梁启超曾经说："数新思想之萌蘖，其因缘故不得不远溯龚、魏。而二子皆治今文学，然则今文学与新思想之关系，果如是密切乎？曰是又不然。二子固非能纯治今文者，即今文学安得有尔许魔力？"④那么既然康氏的思想承袭于

① ［美］杜维明：《道·学·政：儒家公共知识分子的三个面向》，钱文忠译，上海人民出版社2000年版，第155页。

② ［美］杜维明：《道·学·政：儒家公共知识分子的三个面向》，钱文忠译，上海人民出版社2000年版，第155页。

③ ［美］杜维明：《道·学·政：儒家公共知识分子的三个面向》，钱文忠译，上海人民出版社2000年版，第155页。

④ 梁启超：《论中国学术思想变迁之大势》，上海古籍出版社2019年版，第151页。

今文学，但新思想之萌发却不是完全发端于此，那么今文学之魔力何来？梁启超认为"欲明其理，请征泰西"，主张西学之输入才是新思想萌发的根源所在，唯靠今文经学之力则难以实现。康有为治经秉持儒学中圣王不分内外、天下大同的观念，从这一立场出发，他重诂儒学经典的过程中，自然并不拒斥将西学纳入其普及的思想体系之中，合乎己用而又利于改革的西学新知，是康有为诠释经典的重要外来资源。康有为重估儒学的努力，体现在他对传统儒学进行现代化阐述的努力上，而在现代化阐述的过程中，难免要通过引入西方话语和理论方法以实现①。这种重诂儒学的努力，不仅体现在以西方的概念和范式重述儒学，更包括了康有为援西入儒，在儒学观念中会通中西的尝试。

康有为接触西学资源后，震撼颇深，接纳了其中先进的思想观念，他对西学的处理没有采取译介之直接方式，而是援西入儒的间接尝试，力图完成儒学的近代化。康有为希望在儒家思想内部发掘出指导中国适应历史变化与时代变迁的价值与观念，改造传统资源为现代社会之圭臬。援西入儒、改造儒学，可以说是康有为的一大创举，但是这一倾向并非启自康氏。早期的维新派已经开始运用"善政养民"、"格物致知"、"天下大同"等传统思想资源，加诸西方知识以阐发万国资益之道、往来交际之情，但本质而言，并没有多少创造性的内容，只是在原有经学体系的基础上萌发出学习西方的意识，证明学习西方之必要。康有为的思想则超越了早期维新派的思想内涵，而引入了西学的内容。但是康有为对西学的引入也无法一概而论，他对西方价值的肯定和价值选择并不是贯穿于其学说的全部范围之中，存在各有偏重的情况。康氏的早期思想多来源于传统经学，其阐发维新之必要和变法之根据的理论，主要来自传统的公羊学，而从对西方经验的借鉴来说，则凸显于他对国家政治制度的设计及富国之道的寻求之上。

康有为在西学的援用上也采用了托古的形式，采取了迂回间接的策略而借

---

① ［美］萧公权：《康有为思想研究》，汪荣祖译，新星出版社 2005 年版，第 33 页。

题发挥。康有为重诂儒学的过程中，附会援用西方知识，但是他从思想深处而言并非要全盘西化，在情感上甚至是反对西化的。他只是坚定地相信中西之文化存在共通之处，既然西方强大而先进，则打通西学中用的通道，不外乎是寻求强国救亡的一条捷径。但是，旧模式与新思想的熔铸并不是紧密无缝的，老套子与新理念的搭配，稍不留神就会陷入返古与逐新的两难之间，二者的貌合神离，时刻困扰着康有为，这也是最早接触西学的有识之士在时代思潮遽变的冲击中时而保守、时而激进，进退两难的缘由所在 ①。康有为虽然比较晚知道西学，但早期维新派（也称早期改良派）纷纷提出医国方案的情况下，他所了解的西学知识，都是通过早期维新派的论说，"他对西学的特殊兴趣立即引导他去发现将促使他思想发生变化的新的知识世界"②。他所遭遇的困惑也代表了那个时代人们思想的困境，他的情感与知识深深根植于东方，而理想与追求则偏向于西方，在两种立场中摇摆不定，在双重的趋向中倍感迷惑。"因此，很可能康有为在此时的许多'思考'集中在寻找走出困境之途。但是不久他理解到中西之间并无不能逾越的鸿沟，因而亦无'双重趋向'"③。西方文明的先进与制度的强大不言自明，已由现实所印证，中国的变革形势刻不容缓，势在必行。康有为既是一个开明先进的知识分子，也是自幼接受正统经学教育的传统儒者，他所追求的是情感与理智的双重展现，力图要保留传统文化以完成感情之寄托，因而最终选择了援西入儒的途径改造今文经学。但是，康有为对于西学的援用不可避免地受到历史环境与自身因素的限制，他所摄取的西学知识资源本身就存在着局限性。梁启超也承认乃师的西学知识多是肤浅的皮毛，对于西学的一知半解下进行援用不可避免地存在尽取合乎己用之说，而枉顾知识之真意所在的问题。康有为中学根基深厚，但是对于西学知识的摄入则受到资

---

① 昌切：《清末民初的思想主脉》，东方出版社 1999 年版，第 91 页。

② [美] 费正清、刘广京编：《剑桥中国晚清史》下卷，中国社会科学出版社 1985 年版，第 324 页。

③ [美] 萧公权：《近代中国与新世界：康有为变法与大同思想研究》，汪荣祖译，江苏人民出版社 2007 年版，第 327 页。

料、语言、思维、环境等诸多因素的限制 ①。从西学资料而言，康有为所接触的西学资料大多来自他在江南制造局及香港所购的书物，但是这些资料相对于庞大而复杂的西学体系而言是不完整、不系统的，他的政论及政治实践活动就是在这些零碎篇章和书物所承载传译的西学知识背景下展开的，在政治、法律、经济等方面的制度设计又多是依靠西学资源而构建的，可以想见这场改革运动在理论准备和制度设计上的仓促性。从语言方面来说，梁启超在《五十年中国进化概况》一文中曾经证实康有为是不通语言的，"先生中学底子是有的，但是外国字却一字不通"。在他流亡海外之前，康有为并没有去过国外，从未真正置身西方，并未掌握外语，不通英语、日文，因而他早期接触的西学资料并不能直接研读，不能自主选择汲取知识的范围，只能依靠已经译介为中文的书籍进行研究，这也在很大程度上造成了他西学知识中难以深入和扩展的障碍，这种困境也造就了他思想发展的限度。

二、今文经学构建的政治蓝图

（一）立孔为教的政治尝试

康有为的"孔教"思想紧密关联于他的今文经学与变法思想 ②。但是，康氏的孔教思想不能一概而论，根据他孔教主张的思想内容与逻辑发展，可以划分为几个阶段：第一个阶段是康有为确立今文经学立场至戊戌变法结束，康氏紧密联系公羊家说而提出孔教体系。第二阶段是戊戌变法后的流亡时期。第三

---

① 朱忆天：《康有为的政治改革思想与明治日本》，上海人民出版社 2011 年版，第 66 页。

② "孔教"一词首见于魏晋南北朝时期。见（唐）房玄龄：《阮籍传》，《晋书》49 卷曰："老篇爱植，孔教提衡"，中华书局 2010 年版，第 1386 页。"儒释道三教圆融"其中的"儒"，与孔教同义，内涵"教化"之义，而并不蕴含宗教色彩。康有为的孔教思想则以西方基督教为参照，在此意义上，章太炎说："孔教之称，始于妄人康有为。"但康氏的"孔教"也并非单纯的宗教，也涵摄了教育、教化之意。康有为将诸子百家列于"孔子之学"之后，进而称为"孔教"，这是康有为经学思想的独特之处，其弟子谭嗣同继承下来。孔教的称谓表现出康有为对孔子之学的服膺和推崇。

个阶段是在辛亥革命之后①。由于康有为思想不断发展变化，他的孔教理念与政教制度安排等诸多因素也都呈现出阶段性的变化，由于研究主题是围绕今文经学而展开，因而对于康有为后两阶段的孔教思想仅做必要之阐论，而关注戊戌之前康氏所建立的与今文经学和戊戌变法联系紧密的立孔为教之思想体系。

甲午战败，泱泱大国被邻邦小国击溃，人心思变，时局之危为康有为的孔教思想提供了进入政治舞台的机会，孔教传布开始走出草堂，流向社会，与变法思想的宣传汇聚为一体。《强学报》用"孔子纪年"②，圣学会规定"庚子拜经"③，

---

① 唐文明：《敷教在宽：康有为孔教思想申论》，中国人民大学出版社 2012 年版，第 49 页。康有为立孔为教活动的阶段学界共识多主张分为三期，如胡维革提出 1885 年至 1895 年为其孔教发韧期；1895 年至 1898 年为发展期；1898 年至 1918 年为巅峰期。见胡维革：《纳儒入教——康有为对传统儒学的改造与重构》，《中国哲学史》1995 年第 5 期。喻大华提出 1895 年至 1898 年，康氏树立孔教旗帜，将其与变法活动紧密糅合为第一阶段。1899 年至 1911 年，康有为流亡海外期间，继续建设孔教理论，其间孔教活动低落为第二阶段。1912 年至 1918 年，是第三阶段，康有为的孔教活动虽然再度活跃，但开始与尊崇复辟帝制相配合，随着新文化运动的兴起，康有为立孔为教的思想与实践基本告结。见喻大华：《晚清保守主义思潮研究》，人民出版社 2001 年版，第 72 页。

② 康有为在上海创立强学会分会，发刊《强学报》。报刊封面上刊印"孔子卒后二千三百七十三年"之令人瞩目的字样。这期创刊号中，康有为还刊布了《孔子纪年说》，直接提议采用孔子纪年，他提出中国的纪年"历朝数十、阅帝数百、年号几千，记述既艰，考据不便"，他认为西洋各国，皆以教主纪年，"一以省人记忆之力，便于考据；一以起人信仰之心，易于尊行"，为今之计，便是仿效西洋善法，改以孔子纪年。康有为高举"孔子纪年"，一方面为他倡导孔教思想和宣扬奉孔子为教主的主张摇旗造势，另一方面对于推进变法，诉诸维新继续制造理论支撑。守旧派人士对此攻之尤厉："自黄公度为湖南盐法道，言于大吏，聘康之弟子梁启超主讲时务学堂，张其师说，一时衣冠之伦，罔顾名义，奉为教宗。其言以康之《新学伪经考》、《孔子改制考》为主，而平等民权、孔子纪年诸谬说辅之，伪六籍，灭圣经也；托改制，乱成宪也；倡平等，堕纲常也；伸民权，无皇上也；孔子纪年，教人不知有本朝也。"见（清）苏舆：《翼教丛编》，上海书店出版社 2002 年版，第 1 页。

③ 1897 年，康有为在桂林成立"圣学会"，这一团体以尊奉孔子为宗旨，宗教色彩浓厚。同时，康有为创立了庚子拜经之约："每逢庚子日大会，会中士夫衿带陈经行礼，诵经一章，以昭尊敬，其每旬庚日，皆为小会，听人士举行，庶以维持圣教，正人心而绝未萌。"见中国史学会：《戊戌变法丛刊》第四册，神州国光社 1953 年版，第 379 页。

百日维新期间，康有为提出建立孔教会之主张①，凡此种种，均表明"立孔为教"作为康有为今文经学体系的核心内容，始终是其维新变法活动的重要组成。康有为以"伪经"和"改制"而将变法理论集中于孔子之学后，日夜穷思而得"非常异义"，故而恍然大悟，以孔子为创教之圣，以今文经学之"非常异义可怪之论"为"孔教"教旨。由此一来，"辨伪"、"改制"的经学思想与诉诸变法的政治理想，都可承载于"复原孔教"的活动之中。"立孔为教"首先需要"发明孔子之真教旨"。《新学伪经考》是康有为创教、立教事业的着手点，《孔子改制考》是康有为敷教、传教事业的核心。"先辟伪经，以著孔子之真面目；次明孔子之改制，以见生民未有"②，不仅要去伪存真，更要建立孔教，"辑西汉以前之说为'五经'之注，以存旧说，而为之经；然后发孔子微言大义，以为之纬。体裁洪博，义例渊微，虽汗青无日，意实在此，若成不成则天也。若有所籍，则以此数书者，宣孔子之教于域外，吾知其必行也"③。

《孔子改制考》引入了西方宗教中大洪水的教义，"洪水者，大地所共也。人类之生皆在洪水之后，故大地民众皆蕴萌于夏禹之时"④，先秦诸子，皆并起创教，而孔子为诸子之卓者，因而"天下咸皈依孔子，大道遂合，故自汉以后无诸子"。在康有为的改制说体系中，不仅遵孔子为改制的先师，同时也考诸子创教改制之事，"诸子何一不改制哉？"在康氏看来，春秋战国时期，诸子百家纷纷改制立度，创立教义，思易天下。先秦诸子无不为追求理想之社会而热

① 康有为提出建立孔教会的主张与具体措施："夫举中国人皆孔教也，将欲令治教分途，莫若专职业以保守之，令官立教部，而地方立教会焉。首宜定制，令举国罢弃淫祀，自京师城野省府县乡，皆独立孔子庙，以孔子配天，听人民男女，皆祀谒之，释菜奉花，必默诵圣经。所在乡市，皆立孔教会，公举士人通六经四书者为讲生，以七日休息，宣讲圣经，男女皆听。"见康有为著，汤志钧编：《康有为政论集》上卷，中华书局 1981 年版，第 282 页。

② 康有为撰，姜义华、张荣华编校：《康有为全集》第一集，中国人民大学出版社 2007 年版，第 325 页。

③ 康有为撰，姜义华、张荣华编校：《康有为全集》第一集，中国人民大学出版社 2007 年版，第 325 页。

④ 康有为：《孔子改制考》，中华书局 2012 年版，第 9 页。

情宣扬教义、创立诸家之制度，但是他们往往执一义而流于偏蔽，执一论而偏守一隅，只有孔子"积诸子之盛，其尤神圣者，众人归之，集大一统，遂范万世。论衡称孔子为诸子之卓，岂不然哉？天下咸归依孔子，大道遂合，故自汉以后无诸子"①。孔子为教主直接与康氏立法改制的政治要求相关联，在《孔子改制考》中，康有为考诸子改制之说来凸显孔子所立之教的优势与正统地位，又考诸子与孔子的关系来说明孔子如何改制立法。

康有为的学说中浸染了西方宗教的色彩，《孔子改制考》试图将孔子塑造为万世教主，一以贯之始终强调的是诸子改制皆托古以言今的做法。当然，康有为立孔子为万世教主，也并非完全为基督教之影响，"康有为教的概念是非常广义的，并非限于狭义的宗教，可以涵摄包括宗教在内的，以教化为目的的一切学术"②。康有为从未放弃探索使儒学进学于现代社会的路径，虽然"两考"被视为非圣无法之举，自己饱受非议被斥为儒教异端，但他始终坚信儒学对中国人象征着认同感，儒家所标榜的价值观以及规定的秩序是国民的标志和根脉，为了给这种认同创造制度性基础。在康有为看来，使清王朝"处于危险关头的不仅是作为'国'的中国，而且还有作为'教'的儒家。为了对付西方扩张的挑战，'保教'和'保国'同样重要"③。康氏试图借鉴西方基督教，实现儒家的宗教化，同时持守传统经学的独立性，通过创造性的转换实现儒学的立教强国之用④。

———————

① 康有为：《孔子改制考》，中华书局 2012 年版，第 9 页。

② 康有为将诸子百家列于"孔子之学"之后，进而称为"孔教"，这是康有为经学思想的独特之处，其弟子谭嗣同继承下来。孔教的称谓表现出康有为对孔子之学的服膺和推崇。见魏义霞：《孔教、儒家与国学——对中国传统文化之近代形态的省察》，《求是学刊》2009 年第 9 期。

③ ［美］费正清、刘广京编：《剑桥中国晚清史》下卷，中国社会科学出版社 1985 年版，第325 页。

④ 康有为在与朱一新的书札中回复朱氏曰："耶稣之教，所至皆灭，至于入土耳其、波斯及吾中国，则数百年犹格格不少行焉，所谓先入为主，难于改革也。然彼奉教之国未灭亚洲耳，若国步稍移，则彼非金、元无教者比也，必将以其教易吾教"，他认为借鉴基督教改造孔子之说能够抵挡耶稣教入侵，避免孔子教义的澌灭，康有为立孔为教的活动中寄寓着他对于民族文化根基与发展的忧虑和规划。

（二）基于经学的政治改革

1. 今文经学"三世说"的政治发挥

在康有为看来，中国并不是没有先进的理论学说，"孔子道主进化，不主泥古，道主维新，不主守旧，时时进化，故时时维新"①。孔子学说体系极为美备而先进，但是在民主实施上却落后于西方列国，其根源不在于民主观念的缺失的原因，而在于人们没有正确的理解孔子学说，众多门徒一直以来误读了孔子学说而未得真章，因此，他需要"然提圣法于既坠，明六经于闇昧"②，重建传统今文经学体系。"三世说"确属陈辞，但康有为却从中发现了新义，他重新发掘其中的进步精神与生命力，使得儒家旧理论重新焕发出时代的气质。

在康有为的几乎全部经学著作中，有一个核心议题和坚定的理论方向，他的今文经学之著述不离对核心论题之追求：那就是改变传统中国古老的政体。他的目光所及之处，不再是第一批睁眼看世界的有识之士所欣然向往的先进西方技艺，他深信唯有一个基于民权的政府和行之有效的配套行政系统而构成的先进政治制度体系，才是真正的富国之路和救时之方。康有为在《上清帝第一书》中曾经满怀信心又无限向往地说："夫治国之有法，犹治病之有方也，病变则方亦变。若病既变而仍用旧方，可以增疾。时既变而仍用旧法，可以危国。董子曰：'为政不和解而更张之，乃可以理。'《吕览》曰：'治国无法则乱，守而弗变则悖。'《易》曰：'穷则变，变则通'，设今世祖章皇帝既定燕京，仍用八贝勒旧法，分领天下，则我朝岂能一统久安至今日乎？故当今世而主守旧法者，不独不通古今之治法，亦失列圣治世之意也"③，"皇太后、皇上知旧法之害，即知变法之利，于是酌古今之宜，求事理之实，变通尽利，裁制厥中，如欲采闻之，则农夫耕而君子食焉，臣愚愿尽言于后也。尤望妙选仁贤，及深

① 康有为著，楼宇烈编校：《孟子微·仁政第九》，《孟子微·礼运注·中庸注》，中华书局1987年版，第83页。

② 康有为：《新学伪经考》，中华书局2012年版，第2页。

③ 康有为著，汤志钧编：《康有为政论集》上卷，中华书局1981年版，第58页。

通治术之士，与论治道，讲求变法之宜而次第行之，精神一变，岁月之间，纪纲已振，十年之内，富强可致，至二十年，久道化成，以恢属地而雪仇耻不难矣"①。可见，在康有为的政治改革尝试中，"三世说"是其寻求变革的思想根源与理论工具。由"三世说"而寻求变革，由政治制度之变革而务求中国之维新变法，而且康氏的政治改革体系的设计与构建同样是以今文经学的阐发为依据。

2. 政治变革的西方蓝本与设计

康有为将改革的目光与学习的靶心，牢牢锁定在西方的工业文明与制度理性之上，认识到华夏之困境急需一场变革，但这种变革绝不停留在临摹西方器具之先进、物质之强大。"他期望借此奖掖晚清中国的创新精神，期望在近代中国实现那令西欧各国实现了全面近代化的工业文明和制度理性，这才是表面文章下的深层寓意"②。在康有为的时代，一方面是西学汹涌东渐的剧烈冲击，一方面是资本主义充分发展的强烈对比，西方国家作为令其艳羡不已的物质大国，成为康有为为中国政治制度发展道路进行设计和规划的理想蓝本。康有为看中了西方的海洋贸易兴盛与军事力量扩张背后所支撑的政治架构，因此，他认为回应外夷的挑战与入侵，则需复制与临摹西方的国家政治体制，师法西方以实现自身富强。

（1）西方议会制度

康有为认为中国与西方国家之差距绝不仅是"物质"层面，在中国，强国之根本途径在于"凡强敌之长技，必通晓而摹仿之；凡万国之美法，必采择而变行之"，从而能够"发扬神智，丕变国俗"。康有为认为中国之政治弊端的根源在于专制政体的上下阻隔，"尝考中国败弱之由，百弊丛积，皆由体制尊隔之故"。故而"自知县号称亲民，而吏役千数人盘隔于内，山野数百里辽隔于外，小民有冤，呼号莫达。累上而为知府，则千里剖符之寄。又累上而为

---

① 康有为著，汤志钧编：《康有为政论集》上卷，中华书局 1981 年版，第 59 页。

② 白锐：《寻求传统政治的现代转型：康有为中国近代政治发展观研究》，知识产权出版社 2009 年版，第 35 页。

司道，则百城屏藩之任。然上未得具折以上达，下须行县乃逮民。若夫督抚之尊，去民益远，百县之地，为事更繁"①。专制弊端非但在不达民情，不通民意，而且"有利病而不知，有贤才而不识"，壅塞贤良，自堵耳目，"自障聪明"。康氏在初步了解西方代议制民主制度后认为议会制度以及三权分立的权力体系，其顺利上通下达的开放运行机制和相互制衡的权力体系能破除专政体制之积弊。康有为主张学习西方议会制度，开议会，通下情，实现民主政治，破除上下隔绝的封建君主政体。康有为向光绪帝具体提出了以泰西为蓝图的议会制度，他向光绪帝进言，应当设置类似于西方议会中类似于议员的政治角色，皇帝于每十万户中选拔一名议郎，一方面发挥"上驳诏书，下达民词"的上通下达之政治功能；另一方面若有内外大政之事，则能够召集会议，集思广益并制定决策，下施布行。但是这个机构从实质上而言，只是借鉴了西方议会制度的形式，并不是真正的议会制度，议郎集团也并不似西方的议会一般作为权力机关而存在。在康氏的制度设计中，这种选拔机制绝不是选举，议郎的选拔和罢免之权完全由皇帝掌握，"至会议之士，仍取上裁，不过达聪明目，集思广益，稍输下情，以便筹饷，用人之权，本不属是，乃使上德之宣，何有上权之损哉？"②因此这种类似议会形式的机构实质上是作为议事咨询机关而设立的，"康有为的这种够构想，一直延续至第四次上书"③。在《上清帝第六书》中，康氏首次提出了西方政治制度的三权分立的概念，开始展开对三权分立制度的关注，推进了对议会制的认识深度。"泰西政论，皆言三权"，"三权者，有议政之官，有行政之官，有司法之官也。夫国之政体，犹人之身体也。议政者譬若心思，行政者譬如手足，司法者譬如耳目，各守其官，而后体立事成"④。

---

① 康有为著，汤志钧编：《康有为政论集》上卷，中华书局 1981 年版，第 219 页。
② 康有为著，汤志钧编：《康有为政论集》上卷，中华书局 1981 年版，第 160 页。
③ 朱忆天：《康有为的政治改革思想与明治日本》，上海人民出版社 2011 年版，第 69 页。
④ 康有为著，汤志钧编：《康有为政论集》上卷，中华书局 1981 年版，第 262 页。

（2）以日俄为变法之具体蓝图 ①

康有为举俄皇彼得与日皇明治的成功例子，来说明维新图强值得效法 ②。在《上清帝第六书》中，康有为陈述了维新变法的具体纲领措施与蓝图："愿皇上以俄国大彼得之心为心法，以日本明治之政为政法而已" ③。在康氏看来，日俄的变政经验比起欧美的制度，更适宜作为变法的蓝图与目标。康氏在《上清帝第七书》中提出华夏之变法应当效法俄国，"臣窃考之地球富乐莫如美，而民主之制，与中国不同；强盛莫如英、德，而君民共主之制，仍与中国少异。惟俄国，其君权最尊，体制崇严，与中国同。其始为瑞典削弱，为泰西摈鄙，亦与中国同。然其以君权变法，转弱为强，化衰为盛之速者，莫如俄前主大彼得。故中国变法莫如法俄，以君权变法，莫如采法彼得" ④。康氏主张变法的具体策略以日本明治维新为具体模板和范式，"二十年来讲求万国政俗之故，三年来译集日本变政之宜，日夜念此至熟也" ⑤。在《日本变政考》一书中 ⑥，康氏相信"其效最速，其文最备，与我最近者，莫如日本"，只要中国完成日本维新之路式的历程，必然能够实现民族的复兴与国家之富强。在以日俄为变法

---

① 1898 年 1 月 24 日，光绪帝命令总理衙门大臣接见康有为，问询变法事宜，康有为总陈变法主张："日本维新，仿效西法，法制甚备，与我相近，最易仿摹，近来编辑有《日本变政考》及《俄大彼得变政考》可以采鉴"。见康有为：《康南海自编年谱（外二种）》，中华书局 1992 年版，第 37 页。

② 参见 ［美］萧公权：《康有为思想研究》，汪荣祖译，新星出版社 2005 年版，第 126 页。

③ 康有为著，汤志钧编：《康有为政论集》上卷，中华书局 1981 年版，第 208 页。

④ 康有为著，汤志钧编：《康有为政论集》上卷，中华书局 1981 年版，第 218 页。

⑤ 康有为：《进呈日本变政考等书乞采鉴变法以御辱图存折》，《杰士上书汇录》，载黄明同、吴熙钊：《康有为早期遗稿述评》（附杰士上书汇录），中山大学出版社 1988 年版，第 181 页。

⑥ 《日本变政考》是康有为所著各国变政考中篇幅最长的一部书，康氏在戊戌维新期间两次向光绪帝进呈此书。1898 年 4 月 13 日，由总理衙门代呈光绪帝，1898 年 6 月，光绪帝召见康有为后，再次进呈此书。该书按照时间顺序，分条记载日本明治维新所实行的各项变法措施，甚至大段译摘法令、条例、章程原文，并以"臣有为谨按"的按语形式分析日本政府采取改革措施的原因、方法、意义，论述其利弊得失。同时以此为借鉴，提出中国维新变法的具体建议。参见王晓秋：《康有为的一部未刊印的重要著作——日本变政考》，《历史研究》1980 年第 3 期。

模板的基础上，他提出了诸多具体变政方案，如强化君权推行变法，"乾纲独断，以君权雷厉风行"①；广开言路，任贤任能，"广集公议，任用新人"；"地方之治，皆起于民"，强调地方自治机构的初步建立；革新教育，遍设各学，以便拔擢人才等等②。

（3）西方政制蒙上的经学面纱

康有为对西学的援入，同样是以传统经学为框架的，加之他对西方政治文化了解的不彻底性，同时也为了减少守旧派的阻力，他的西学是以今文学为表达框架的。在变法上，康有为反复强调"泰西之法"与"吾国经义"之间的暗合。"政治之学最美者，莫如吾《六经》也。尝考泰西所以强者，皆暗合吾经义者也"③；"故凡泰西之强，皆吾经义强之也。中国所以弱者，皆与经义相反者也"；"吾中国法古经之治足矣，本非取于泰西，所以可取者，参考其书，以著其治强之故，正以明吾经义之可行"④。故而，康有为指出："故今曰泰西之法，实得列国并立之公理，亦暗合吾圣经之精义，不得谓之西法"⑤。可见，康有为在借鉴西制进行变法的同时，又用托古改制等传统义理⑥，为改制变法蒙上一层经学的面纱。

---

① 俄国是君主制国家，沙皇彼得一世以君权变法，与英美国家不同。康有为在《俄彼得变政记》中描写彼得一世由法国人雷富仆德讲述西方文学、兵制、经济等先进制度后而感慨"外国政治工艺皆胜我，何我国不思效仿呢？"康有为以俄国为变法典范鼓舞光绪帝学习彼得一世痛下变法决心，"乾纲独断"，自上而下地推进变法活动。

② 参见康有为著，汤志钧编：《康有为政论集》上卷，中华书局 1981 年版，第 216 页。

③ 康有为撰，姜义华、张荣华编校：《康有为全集》第三集，中国人民大学出版社 2007 年版，第 328 页。

④ 康有为撰，姜义华、张荣华编校：《康有为全集》第三集，中国人民大学出版社 2007 年版，第 329 页。

⑤ 康有为：《进呈〈日本变政考〉等书乞采鉴变法以御侮图存折》，载黄明同、吴熙钊：《康有为早期遗稿述评》（附杰士上书汇录），中山大学出版社 1988 年版，第 180 页。

⑥ 康有为提出"皇帝曰合宫，尧曰总章，三代曰明堂，中国古固有议院哉"。将西方的议会制度附会于三代之治，仍旧不脱离托古的范式。

三、今文经学构建的渐进政治观

（一）变法务以渐进为要

康有为竭力批判专制制度，在康氏看来，专制制度之荼毒正是西力东渐以来中国国运衰微，华夏旦夕危亡的祸首，因此，中国的救时之良方唯有政治制度之改变。但康氏又指出通往民主的道路不是一蹴而就的，中国受专制之毒害已历经千年，因而从国家到社会整个机制已然浸染至深，中国虽然有实现民主之急迫，却尚未有实行民主之资格，所以，康有为坚持认为变法的重点在于渐进。康氏得出唯一之确定结论，就是中国厉行民主之资格尚不完备，在实施全民共和之前，必须经过君主立宪的过渡阶段，在后期撰述《大同书》、《中庸注》、《论语注》、《春秋笔削微言大义考》等也反复阐述其"循序渐进"的观点。

（二）康有为渐进政治观的经学缘由

康有为渐进主义的政治观模式之形成，并非一蹴而就的，其背后具有深刻的理论体系与鲜明的时代原因。前者而言，主要是康氏附会公羊学而又接受西方政治理论的影响；后者则涉及康氏对西方国家政治形势的观察和对国内政治局面的判断。因而在康有为政治观发展的路径中，必须厘清复杂因素之间的互动影响，方能更全面的掌握康氏独特的政治发展观。康有为政治改革的论断多数围绕经学理论提出，以此为思想根基主张政治改革的渐进性，他的改良主义倾向的哲学基础即为公羊家的"三世说"。

在康有为看来，中国社会形态遵循着据乱世——升平世——太平世的演进规律，制度上同样具有相对应性，中国目前的阶段必须以君主立宪制来取代君主专制，民主制度虽然美好，但是只适合"太平世"，中国尚不具备此种资质，更不能在一夕之间冒进实现。在康有为的政治改革计划中，进行政治改革实现中国的近代化，才能够置中华与列强并驾齐驱的强国之位中，实现国家生存的富强，使落后的中国通向世界强国之路。康有为的目标是明确而清晰的，他以西方的样板为改革之靶向，以强国先进制度为主要模式，以求实现中国政治制度的全面变革，希望以西方模式作为变法样本，使古老的中国由传统跨入近代世界的先进价值系统。但是，康有为也坚定地认为，虽然西方的样板适合同时期发展的所有国家，但是具体到中国而言，必须考虑到中国政治发展的阶段性问题，由于中国落后的现状和根深蒂固的文化传统，使得它还不具有一步迈入民主制度之资格，只有先经历君主立宪的阶段，才能够顺利地过渡到完全的民主。"康有为主张她的落后的农业经济必须改为工业经济，私有资本主义，而非社会主义化，才是其原动力，在近代生活方式来到之前，必须先有社会与思想上的准备，但本土文化中的有效因子不能一概扫除"①。康有为是反对冒进的，他坚信通过持续不断的改革能够顺利实现中国政治的近代化，实现制度的逐渐民主化，唯有改良变法才是解救中国的可行方案，唯有渐进改革才是符合国情的救世良方。从理论上而言，政治改革多发生于"社会发展出现一定的困难但又未具备实现社会根本变革的条件，同时群众的觉悟还没有达到足以实现革命的程度的条件之下的"②。康有为坚决主张渐进，正是在于他认为当务之急是"努力求以完善，而并不是摧毁不完善"，是尽量优化现状，而不是攫取遥远的目标。康氏认为就中国本土的现实状况而言，民智未开，政治准备不足，虽然中国专制政体之腐朽过时宣告着现状改变之迫切，也承认西方民主制度是唯一可替代的政体，但是也坚持另一种理论预设：专制统治已在中国实行两千余年，根基顽固，毒害已甚，受荼毒之中国民众在数千年的专制统治之下，对于取得政权既无运用之能力，亦无争取之欲望，他们暂不具备运用权力之资格，在此现状下，民众没有运用权力之能力却被赋予权力之资格，是愚蠢而不安全的。康有为坚持认为中国政治发展最安全合理的道路之设计方案，应当是尽量利用现存的制度作最充足之准备，君主立宪制度缘起唯此。康有为晚年时期清醒又无奈地认识到自己的处境与立场："自戊戌以来，旧则攻吾太新，新

---

① ［美］萧公权：《近代中国与新世界：康有为变法与大同思想研究》，汪荣祖译，江苏人民出版社 2007 年版，第 148 页。

② 朱光磊：《政治学概要》，天津人民出版社 2008 年版，第 450 页。

则攻吾太旧"①。

　　总之，中国近代社会的转变时期，正是西学东渐而逐步开放的变动时期，西方的思想与学说源源不断地输入古老的东方古国，康有为一方面在中国传统的经学资源中汲取有利于变革的思想资源，如《公羊传》之"三世说"；一方面参照当时所能获得的对于西方情况的有限了解与探索，以西方先进制度为模板和蓝图，开始设计出自己具体的政治革新方案，在今文经学的理论体系上删削重铸，形成了贯通中西，杂糅古今的独特思想，既具备了颠覆传统的先进性，也存在着理论混杂的局限性。从思维方式上来说，康有为与同时代的旧官僚、士大夫而言显然是进步甚至激进的，但是对于西学这种富有挑战性的异质思想，康氏的传统思维方式的羁绊也就逐渐显露出来，他自己也曾困惑于中西学的巨大鸿沟。他自幼接受正统的经学教育，成长环境与行为范式很难脱离儒家的控制与影响，虽然实现了对儒学的内部颠覆与疑问，但是对一种思想学说和知识体系的颠覆，首先是建立在对其极度熟谙的基础上的，所以康有为能够实现对儒学的颠覆，但是面对西学则尚显吃力。向传统的思想体系导入一种全新的西学知识，康有为经历着摧毁与依赖的双重考验。可以说，康有为推进西方政治制度，而倡议变法改革受到西方近代思想的影响，在现实中所体现的是传统思想资源的形式，但是这很难说是本国思想遗产的近代再生或现代转型，康有为所努力构建融合的范式在传统思想资源中很难开发出另一种异质思想的生长，其中一部分只能称之为对西学的导入下，所借鉴和学习的西方政治蓝图。

---

① 康有为：《告国人书》，蒋贵麟编校：《万木草堂遗稿》卷 4，台北成文出版社有限公司 1978 年版，第 130 页。

第五章 康有为今文经学思想的评价与反思

第一节 康有为今文经学思想的价值

康有为"两考"的完成，标志着他终于以今文经学为根基，酝酿出求变的意念，构成了积极的进取动向。康氏"两考"中辨伪古经的方法和对《春秋》微言大义的重新诠释，寄寓着他所设计的政治理想与政制模型。在康有为的经学思想体系中，"三世进化"与"辨伪古经"，是他在传统经义的语境中发掘政治思想资源而形成的理论框架。在大约的理论框架下，康有为注入了西学的新知与应世的理念，极大地拓展了今文经学的理论外延，完成了对于传统今文经学的重新诠释与阐发。今文公羊学的学术成就，并不能概括康氏今文经学思想的全貌，回归广阔的政治背景，并紧密联系今文经学的发展脉络，才能够对康氏今文经学思想的意义与价值，进行更加中肯、客观的评骘与解读。

一、杂糅兼取的政治哲学

康有为的政治哲学是一个庞大而复杂的系统，呈现出不同思想因素的交融与汇集。经学、佛学与西学，是近代思潮三个分别独立的源头，近代人物不论激进还是保守，都或多或少受这种范式的规范与纠缠，撇开它，思想的变迁及其价值便不可理解。经学解释古今或者传统与现实的问题，而西学则触及中外文化的对抗与交流，佛学把以往的出世入世转换为信仰与行动问题①。这三者作为近代思想史发展的独立线索，既指向同一个命题，即社会与文化的变革方向及旧传统的转型路径，但同时又具有各自的阶段意义与时代意蕴②。

具体说来，从鸦片战争到戊戌变法，新思潮是在经学的框架中表达出来的③；而从戊戌到辛亥前后，佛学思想中的一些因子，在戊戌以后的语境中成为打入传统缝隙的楔子④；西学在戊戌以前"师夷长技"的口号提出时，就登上近代舞台了，而且风头日劲，至辛亥、特别是五四后成为主流。在近代思想史发展的过程中，可以说"三者的序列，既合乎思想的逻辑，也接近历史的表象"⑤。

回顾康有为的思想体系，能够清晰地观察到三种思想各自发展又相互碰撞的轨迹，其中，今文经学是康有为整合三种思想资源的核心。康氏以经学作为处理传统与现代、中学与西学之间问题的理论框架与沟通桥梁，今文经学在理论工具上充当了康氏言古切今，会通中西的思想资源。康有为思想体系中西学成为重要因素与今文经学的"导引"有关⑥，尤其是康氏以今文经学为基础所设计的政治变革方案中，主张折取西方专门之学与政事之长，以改革中国之成法。显然，在康有为的思想体系中，经学并没有成为援入异质学说的桎梏，反

① 陈少明、单世联、张永义：《被解释的传统：近代思想史新论》，中山大学出版社 1995 年版，第 6 页。

② 张岱年认为："中国文化在长期发展过程中，有两次中外文化交流。第一次是佛学输入；第二次是西学东渐"。见张岱年：《试论中国文化的新统》，《中国文化研究》1994 年第 2 期。

③ 高瑞泉：《中国现代精神传统》，东方出版中心 1999 年版，第 35 页。

④ 葛兆光：《西潮又东风：晚清民初思想、宗教与学术十讲》，上海古籍出版社 2006 年版，第 111 页。

⑤ 陈少明、单世联、张永义：《被解释的传统：近代思想史新论》，中山大学出版社 1995 年版，第 7 页。

⑥ 苏立中、苏晖：《执中鉴西的经世致用与近代社会转型》，中华书局 2004 年版，第 182 页。

而成为沟通中西的桥梁 ①。

二、晚清变局的思想产物

（一）社会危机中应时而生

康有为的今文经学思想是在内忧加剧、外患日迫的时代困境中产生的，作为一种寻求变法的理论工具，求得效果的直接性与短期性。因而，一方面，应时而生的新理论必然面对新旧意识形态间激烈而尖锐的矛盾。康有为的今文经学思想，虽然发端于传统儒学，但是却是由儒学的异端——今文经学嬗变演化而来，大刀阔斧的删削改造传统思想资源而注入大量变法维新的鲜活能量，是他利用传统经学的必要之举 ②。康氏经学思想本质是对于"变革"的追求，诉诸制度创新的求变思想，对于人们传统观念与价值观念的冲击力，相比于早期的洋务运动而言，要强烈得多。另一方面，康有为的今文经学思想是伴随着严峻的民族危机而生的，甲午战争后，"世纪末的恐慌是当时国人的真切感受，他们也不是不能理解和接受清政府的议和条件和苦衷，而是有一种无可名状的亡国感、危机感和世纪末的毁灭意识" ③。国家危亡的艰难时境，酝酿着人们焦灼的情绪与亡国的恐惧，康有为上书倡言变法，直白地指出："故胶警之来，不在今日之难于对付，而在向者之不发愤自强也。势弱至此，岂复能进而折冲，惟有急于退而结网" ④。面对维新方案的搁置与受挫，变法者无暇反思改革进程的艰难，"咸与维新"的愿望反而更加迫切。"变革者心态上的焦虑感、愤激感这些主观因素较之过去更容易支配变革者，并对变革者的政治选择与变

---

① 唐代儒家学者在不断排斥佛、老维护儒学道统的同时，又暗度陈仓，悄然完成了儒释道三家的整合，可见儒学对于异己文化并非全然排斥，而是秉持着一种从实用主义出发而兼收并蓄的宽和态度，这也是儒家文化的内涵在历史演进过程中通过不断嬗变而实现丰富扩展的重要原因。见萧功秦：《儒家文化的困境》，四川人民出版社 1986 年版，第 9 页。

② 王尔敏：《中国近代思想史论》，社会科学文献出版社 2003 年版，第 115 页。

③ 马勇：《甲午战败与中国精英阶层的激进与困厄》，《战略与管理》1994 年第 6 期。

④ 康有为著，汤志钧编：《康有为政论集》上卷，中华书局 1981 年版，第 206 页。

革幅度产生严重的影响"①。康有为的今文经学思想自产生伊始，不仅面临着旧传统的围剿对抗，具有思想解放的启蒙使命，更是与华夏复兴、救亡图存紧密相关。面对民族危机的深化，康有为在急迫的心态下，往往会寄希望于短时期内完成大幅度变革最有效、最直接的政治资源与思想资源，所以，在他的经学思想中呈现出对传统颠覆与依赖的双重性格，故而他在推演"三世说"的过程中承认清王朝的统治是可以维持的政权②。可以说，康有为对于传统经学的大胆颠覆与冲击，是社会危机所赋予的时代使命，他的经学思想的渐进性与驳杂性，同样也是时代环境的产物，其本质与特征，都是内忧外患的变法环境，给康氏经学思想脉络所印刻的深邃纹理。

（二）维新变法的理论工具

康有为今文经学思想的代表著作"两考"，作为维新变法的理论工具发挥了舆论铺垫与理论支持的功能。"儒家政治思想的论述出现过两个高峰，一为戊戌变法派人物'以经论政'，以孔子权威为旗帜复兴今文经学倡言改革，一为资产阶级革命派以釜底抽薪的手段，借批判孔子抽掉了专制统治的理论基础"③。康有为的维新变法方案，是在今文经学的架构中展开的，既发挥了今文经学寻求变革的求变精神，又承续了以传统制度为根基渐进改良的信念。今文经学派所存留的遗脉经过康有为的改造与重述，成为维新变法的政治性纲领，囊括了诸多变法思想与制度设计的今文经学，构建出他变法改革的方案。康有为"两考"的政治性与时代性十分鲜明，《新学伪经考》对古文经发起了全面而深彻的涤荡与攻击，由此触发的疑古思潮剥去了古文经的神圣外衣，成为维新变法的理论先声；《孔子改制考》塑造了提倡改制的孔子形象，直白地指出改制与变法的关系："汉以前儒者皆称孔子为改制，纯儒董仲舒尤累言之。改

---

① 萧功秦：《危机中的变革：清末政治中的激进与保守》，广东人民出版社 2011 年版，第 35 页。
② 萧功秦：《危机中的变革：清末政治中的激进与保守》，广东人民出版社 2011 年版，第 36 页。
③ 王曰美：《儒家政治思想研究》，中华书局 2004 年版，第 6 页。

者，变也；制者，法也。盖谓孔子为变法之圣人也"①。在康氏的经学与变法思想中，改制即为变法②，通过大胆曲解与巧妙附会《春秋》微言大义，将改制归于孔圣人名下。如此而来，改制变法在政治上名正言顺，在道德上庶几无错，完成了为维新变法张本的理论支撑③。今文经学中隐晦的"微言大义"，成为康有为推进自己变法事业的理论资源，他从历代今文经学家流传的诸家经说中尽取合乎己用之说，所构建的今文经学思想体系，成为为维新张本的理论武器，尽管两本书遭到禁毁，但是康有为作为今文经学派的领衔者与维新运动的领导者已声名鹊起④。

（三）颠覆传统的思想潮流

溯源至西汉时期今古文之争萌发之时，今古文作为政治意识形态而建构的两种解经体系，对于政治活动有着重要且实际的影响，其学术脉络的发展与官方的政策扬抑、王朝政权的更替有着密切的互动关系⑤。就内容上而言，两汉时期的今古文之治经路径各成体系，古文经学主张求诸于文字训诂，复原先秦典籍，而今文派治经则注重发挥微言大义，寻求儒学与政权相结合的义理之阐

---

① 康有为：《恭谢天恩并陈编纂群书以助变法》，载黄明同、吴熙钊：《康有为早期遗稿述评》（附杰士上书汇录），中山大学出版社 1998 年版，第 317 页。

② 康有为在奏折中透露自己正在编纂一部《皇朝列圣改制考》，详述清代历朝皇帝如何因时制宜，变通宜民之制。当时，由于此书尚未脱稿，康氏有意将《孔子改制考》与《皇朝列圣改制考》更为直接地改名为《孔子变法考》与《列圣变法考》。见王晓秋、尚小明：《戊戌维新与清末新政》，北京大学出版社 1998 年版，第 23 页。

③ "两考"作为维新变法的理论工具可谓"一破一立"。《新学伪经考》在学术意义上推翻古文经学的"述而不作"，在政治意义上打击顽固派的"恪守祖训"。而《孔子改制考》则尊孔子为教主，用孔教名义，提出维新变法的主张。所以，《新学伪经考》主要在于破坏方面，予守旧的顽固派的"恪守祖训"以破坏，企图推翻变法改制的绊脚石，而《孔子改制考》则属于建设性的，主张"通三统"即说因时变革，推演"张三世"，即学说愈改愈进步，为戊戌变法张本。见汤志钧：《戊戌变法史论》，群联出版社 1995 年版，第 23 页。

④ 徐中约：《中国近代史》，香港中文大学出版社 2001 年版，第 385 页。

⑤ 黄开国：《〈公羊〉学在历史上的衰落及其意义》，《儒学与当代文明论文集》2004 年第 1 期。

释。晚清时期的经今古文之争，在此基础上具有了更为鲜明的时代特点，今文经学开始成为康有为对抗与攻击顽固派的理论工具。一方面，在顽固派看来，儒学旧说乃是专制制度的根基，古文经乃是经学正统。中西之别，夷夏之辨，正在于政府、风俗、传统之有无，西方思想不可引入，西方制度不可效法，否则思想一变、制度一改，则无异于"用夷变夏"，如此一来，风俗人情大坏，中西之别俱无，中华千年之文明则毁于一旦。在当时，清王朝的政治腐坏，思想界新潮涌动，但是顽固派仍然固守此番陈词滥调，以西学为讳。康有为以今文经学为战线向古文经学的攻击与挑战，实际具有了颠覆传统文化的思想解放功能。顽固派朱一新识出了康有为辨伪古经的真正用意，并非学术上之去伪存真，而在于以今文之立场，反对禁锢思想之孔经，而树立寻求解放、支持变法之孔经。朱氏洞察了康氏背后的意图，首先在学理上提出辩驳说："儒者治经但当问义理之孰优，何暇问今、古文之殊别？"①反对以今古文为界划隔儒学经典。朱一新认识到康有为对古文经的辨伪攻击，会带来对于儒家真理性的质疑和随之而来儒学权威性的解构，因此疑古辨伪的风气，对传统文化之冲击震荡不容小觑。另一方面，公羊经世派中由公孙弘、董仲舒所开创的公羊家之"以经术缘饰政论"的治经之道延续下来。康有为深谙这一公羊要诀，加之本身强烈的政治意图与政治抱负，辨伪古经以抒发政论则是其必然之举，其经学思想也因此受到顽固派的猛烈攻击。顽固派认为康氏致力于辨伪群经，力证古文经之赝，是动摇专制统治的思想根基；塑造孔子素王形象，宣传改制之说，是为了否定清王朝正统，摧毁等级观念；立孔为教更是企图"用夷变夏"，"佯尊孔子，实述耶稣"，篡改儒家传统②。

诚如梁启超所言："南海之功安在？则亦解二千年来人心之缚，使之敢于怀疑，而导之以人思想自由之涂径而已"③。康氏的"两考"所引发的疑古思潮之震荡，以及对传统思想藩篱之冲破，可谓"南海之功"也。康有为的"伪经说"

① 朱一新：《答康有为第三书》，《佩弦斋文存》，葆贞堂刊本 1896 年版，第 41 页。
② 李剑农：《戊戌以后三十年中国政治史》，中华书局 1965 年版，第 20 页。
③ 梁启超：《论中国学术思想变迁之大势》，上海古籍出版社 2019 年版，第 154 页。

与"孔子改制论"，实则是其政治理论的基础。就康有为的"伪经说"与"改制论"所产生的疑古思潮和解放力量而言，其影响远远超出了学术范畴，而具有更巨大的社会影响和思想解放意义。康有为以经论政的最大历史功绩，正在于心智之启迪，思想之解放。傅斯年说："从历史背景而言中国人的思想到了这时期，已经把'孔子即真理'这一信条动摇了，已经临于绝境，必须有急转直下的趋向了。古文学、今文学已经成就了精密的系统，不能有大体的增加了，又当西洋学问渐渐入中国，相逢之下，此消彼长的实际已经成熟了，所以这个时期竟可说是中国近代文化转移的枢纽"，清代学问的怀疑精神也体现在，"康有为疑古文，章太炎疑今文，结果便疑孔子，于是乎百家平等了"[①]。康有为开创的怀疑精神与求变意识，对传统的冲击力是巨大的，孔子不再是万圣先师，而成为人们可以质疑探讨的对象，孔子权威之动摇可以想见。"康有为虽是尊孔子，其实他证明白许多是伪的，便不知不觉去了孔子的一大部分作用，他说孔子改制托古，直不啻说孔子作假，我们不可尽信经"[②]。康有为的"两考"以疑古和改制而颠覆传统，具有思想解放和文化启蒙的意义。

（四）与革命的渊源

政治上，康有为的改制思想及所引领的维新变法思潮，是否启发了"革命"的思想，是学界争论难休的问题[③]。可以肯定，康有为的今文经学思想主导着、支撑着维新潮流，同时也在一定程度上影响了革命的思想。当然这种影响并不是以康氏主观的形式表现出来的，尽管康有为在《孔子改制考》中并不讳言革命，而且有学者认为康门弟子非常激越的革命倾向，不能够排除师承之影响[④]。

---

① 傅斯年：《清代学问的门径书几种》，《新潮》1919 年 4 月 1 日，1 卷 4 号。

② 傅斯年：《清代学问的门径书几种》，《新潮》1919 年 4 月 1 日，1 卷 4 号。

③ 汪荣祖认为康有为是新思想的先驱，从思想的启迪和影响力而言与辛亥革命存在前后相继的紧密渊源。见汪荣祖：《康有为论》，中华书局 2006 年版，第 5 页。

④ 刘巍：《康有为、章太炎与晚清经今古文之争》，中国社会科学院近代史研究所青年学术论坛 2005 年卷，第 270 页。

然而，康有为本身对于革命的排斥，及其后期几经调整，那些与时代日益相悖的思想倾向，对革命思潮有一定的影响，但不能够过分夸大其作用。康有为的经学思想与革命思想的渊源，是针对思潮前后相继的客观性及思想发展的过程而言的。康有为的经学思想在戊戌变法之前，虽然还没有在实际上应用，但呐喊与鼓吹的言论，也为思想转化成为物质力量打下基础。戊戌变法是康有为的思想付诸实践的探索，虽然没有成功，但在当时起到震撼的作用，"是一次伟大的爱国救亡运动，又是一次重大的政治改革运动，它标志着中国人第一次全面提出近代化的纲领和措施，是君主专制要转变为君主立宪制的勇敢实践"①。这次实践是很激进，但"激进思想是由这两方面的关注而成的，它打击了传统政治秩序的思想基础。这样，在1895年之后的数年中，思想冲突不但发生在激进的维新派与保守的士大夫之间，而且发生在激进的与温和的维新派之间，这就不足为奇了"②。其政治上的启蒙作用，势必会影响后来的政治发展。

三、融会中西的初步探索

清末以来的文化进入由传统型向近代型转变的时期，这种转变突出地表现为中西文化关系的转型上，这个过程具体而言是开始突破以体用关系为核心的"中体西用"，而意欲建立一种以西学为主导"会通中西"的全新文化模式③，康有为的今文经学思想体系，正是这一转型过程的具体表现。

西学在中国近代化的过程中扮演着独特的角色，从政治思想史的角度而言，近代西学传播的过程可以概括为一个"由知识到意识形态的过程④。在17

① 韦庆远、高放、刘文源：《清末立宪史》，华文出版社2012年版，第65页。
② [美]费正清、刘广京编：《剑桥中国晚清史》下卷，中国社会科学出版社1985年版，第342页。
③ 胡逢祥：《社会变革与文化传统：中国近代文化保守主义思潮研究》，上海人民出版社2000年版，第47页。
④ 陈少明、单世联、张永义：《被解释的传统：近代思想史新论》，中山大学出版社1995年版，第199页。

世纪伊始，西学在中国的传播更多的是传教士所带来的西洋技术及科技，停留于科学知识层面，而随着历史情势的变迁，到了 19 世纪，理论知识不再局限于科技知识，而重心转到对西方文化与价值理念的关注与推崇之上①。这些与国家政治生活、社会生活紧密相关的思想文化，开始成为有识之士所迫切追寻与汲取的思想资源。从文化上而言，"我们不得不承认儒学在追究现代化的问题上自始便与'它该如何面对西方文化'的问题相关联"②。在 19 世纪，"与西方有关的事务在六十年代以前大体上称为'夷务'，在七十年代和八十年代称为'洋务'和'西学'，在九十年代就称为'新学'"③。这种不同的称呼，标志着士大夫阶层已经注意实际应用了。康有为的经学思想是经过晚清变局而逐渐形成的，康有为对西学的援用突破了"中体西用"的范式，主张中西会通并举，力图消中西之界限而泯新旧之门户。

康有为在对传统经学重新诠释的背景下，展开了对西方先进文化与价值观念的援用。康有为通过附会并解读传统学说来诠释西方价值理念，例如《论语》子贡曰："我不欲人之加诸我也，吾亦欲无加诸人"。康有为对此进行了此番推衍："子贡不欲人之加之我，自立自由也。无加诸人，不侵犯人之自立自由也"④。自由的价值观念固然不是儒门的本意，而康氏却通过这一引申，援用了西学中重要的自由精神。独立与自由的理念，借助经学的背景获得阐发与宣扬，这种以经学为框架的发挥，是康氏思想体系的重要方面，通过这种发挥，他援用西学而改造儒学，儒学也由此获得了向近代转型和蜕变的契机。

康有为通过"孔子创西政说"，将西方先进的政治制度附会为孔子所创，

---

① 学界普遍认为西学在近代的传播有三个阶段：即器物、制度和心理。第一个阶段关注的是西方的技术，洋务派的努力体现了这个阶段的认识水平；进入制度层面后，康有为等改良派的变法活动正是其表现；五四时期，新文化运动的领导者们找到了西学的内核，精神文化，开启了心理阶段的认识。

② 李明辉：《当代儒学之自我转化》，中国社会科学出版社 2001 年版，第 34 页。

③ [美] 费正清、刘广京编：《剑桥中国晚清史》下卷，中国社会科学出版社 1985 年版，第 229 页。

④ 康有为：《论语注》，中华书局 1984 年版，第 61 页。

例如他说"选举之制为孔子所创"①，将选举制度的首倡者归于孔子。又提出"托尧舜以行民主之太平"②，借助孔子寄寓对西方民主制度的展望。康有为虽然是以传统经学的阐释背景下展开对西学的引入，但他抛弃了"以经解经"的传统诠释方法，而是以"旧瓶装新酒"，在传统经学的框架内实现了援西入中，新旧杂糅的初步尝试③。

康有为虽然最终没有实现两种异质学说之间的对接与融合，但是却在中国近代早期以宣传西学为基础，建立起以维新变法为核心的新学。王国维评价康氏的思想本质在于以西学之新知，改造中国传统思想，以西方之异质学说而重建儒学体系，"其有蒙西洋学说之影响，而改造古代之学说，于吾国思想界上占一时之势者，则南海康有为之《孔子改制考》、《春秋董氏学》"④。这种思想是建立在"托古改制"的理念上，反映出中国对西方的矛盾态度，"因此，中国愈是进行变革，它愈是切合自己的传统。这种观点直到今天仍然经久不衰"⑤。

第二节　康有为今文经学思想的局限

康有为选择今文经学作为整个思想体系的根基，反映了他既主张改革，又尊古恋旧的变法心态，援用今文经学，是康氏从旧经史中发掘"变易"、"维新"的信条，以减轻革新阻力的理论策略，这种慨然经世而又恋栈传统的特点既成

---

① 康有为：《孔子改制考》，中华书局 2012 年版，第 238 页。
② 康有为：《孔子改制考》，中华书局 2012 年版，第 284 页。
③ 吴雁南等：《中国近代社会思潮》第一卷，湖南教育出版社 1999 年版，第 191 页。
④ 王国维：《论近年之学术界》，《王国维遗书·静庵文集》第五册，上海古籍出版社 1983 年版，第 96 页。
⑤ 〔美〕费正清、刘广京编：《剑桥中国晚清史》下卷，中国社会科学出版社 1985 年，第 230 页。

就了他重新诠释传统经学，为维新张本的先进性，也规定着康氏经学理论发展的限度与走向。

一、康有为今文经学思想的保守倾向

维新变法经历了一场声势浩大的政治运动后，以失败的悲剧告终，"君主立宪的梦破了，在失败的浩歌中，我们看到了古老文明在制度层面转型的艰难"[1]。那么变法运动的失败，多大程度上归因于领导者所构建的理论纲领？康有为以今文经学而设计的变法指导思想本身存在着何种理论与实践上的局限性？

首先，康有为以今文经学作为变法的理论工具，实际是寻求传统权威形象——孔子的庇护，而为维新变法摇旗造势。换言之，康有为的维新变法活动从理论到实践都是在攀附于现存体制的权威合法性资源的条件下，运用专制统治者的权威，自上而下地进行体制与思想的变革运动。康有为获得了年轻皇帝的知遇之恩，他思想中君主情结也由此而生[2]。康有为选择君主立宪制度，是他权衡现实状况后所选择和设计的政治结论与政治理想，他认为在"外患内讧，间不容发"[3]的变局中，变法改革的急切性，使得他希冀于通过清王朝政权由上而下的推行而"举一切法而更张之"。康有为尽管意识到了君主制度的种种弊端和传统思想的禁锢，但是他反对激进的革命，希望熔铸以君主立宪为核心，中西融合的政制模型，激进的求变思想与变法活动之下潜藏着康氏思想的保守性。

其次，今文经学派在政治和文化上，所采取的基本手段和观点，深刻影响着康有为思想发展的前景与历程，其俨然激进的姿态之下，实则潜藏着"保守"

---

①　傅国涌：《从龚自珍到司徒雷登》，江苏文艺出版社 2010 年版，第 60 页。

②　萧功秦：《危机中的变革：清末政治中的激进与保守》，广东人民出版社 2011 年版，第 37 页。

③　康有为著，汤志钧编：《康有为政论集》上卷，中华书局 1981 年版，第 201 页。

的步调①。有学者将康有为的今文经学称为晚清文化保守思潮中最后的阶段②。以"两考"作为变法的理论纲领进行反思，康有为的变法活动"一开始就抱住了两个最大的封建权威，一个是孔子的理论权威，一个是皇帝的政治权威"③。康有为以辨伪古经为核心目标，但同时又将孔子今文经说推崇为至高无上，他否定孔子删述六经的旧说，是为了建立孔子为改革社会政治而制作六经的新论。康有为的变法思想始终不离对孔子"权威"的依赖④。具体而言，康有为思想的保守性体现在他对于专制思想的刨根工作，萌发了寻求变革的自觉意识，却不能彻底而坚决地进行颠覆与重建。一方面，康有为虽然大力倡言援用西学，但同时又提出"盖以我之政治教化风俗为主"⑤，在文化观上仍坚持以中学为根底，"其外貌似激进派，其精神实渐进派"⑥。另一方面，康有为尊崇孔教的活动貌似尊孔，实则是希望以孔教作为中国近代文化的载体，实现传统文化的传承与转型，在他的今文经学体系中，尊崇孔教是用于保存传统文化，实际上具有鲜明的文化保守性。当然，康有为今文经学思想的保守性是相对而言的，固然不能与顽固派的守旧相提并论，其守旧性体现在今文经学体系中构建的理论，虽然表面上求新求变，但是深刻用意在于维护传统，实现传统文化纳入文化近代转型的轨迹，对于中国文化的挽救与恋栈，是康有为在援引西学的过程中毅然坚守的立场，也是他尊孔立教的最终旨归⑦。发端于传统旧学之上的今文经学，无力承载焕然一新的急遽转变，大规模的激烈的思想革命运动，只有寄希望于后人了。

---

① ［澳］沙培德：《中国保守主义思想根源中的立宪主义与儒家思想——外来政治模式与民族认同相关研究》，载中国社会科学院近代史研究所编：《近代中国与世界》，社会科学文献出版社 2005 年版，第 99 页。

② 喻大华：《晚清文化保守思潮研究》，人民出版社 2001 年版，第 54 页。

③ 《中国近代史丛书》编写委员会：《戊戌变法》，上海人民出版社 1972 年版，第 10 页。

④ 范士华：《戊戌维新：近代中国的一次改革》，求实出版社 1987 年版，第 38 页。

⑤ 康有为著，汤志钧编：《康有为政论集》上卷，中华书局 1981 年版，第 890 页。

⑥ 梁启超：《南海康先生传》，《清议报》1901 年第 100 期。

⑦ 喻大华：《晚清文化保守思潮研究》，人民出版社 2001 年版，第 12 页。

再次，今文经学思想成为康有为晚期思想趋于保守的导引。康有为的思想体系中，最核心的内容就是以经学阐释"微言大义"，并借此将各种政治焦虑都集中杂糅于经学解释学中[①]。在今文经学体系中，君主制度与孔教情结，始终纠缠贯穿于康氏经学思想中。戊戌前期以托古改制和尊孔变法的先进形态展现出来，而后期则走向倒退与堕落，前者主导了他的保皇立场，后者则导引了他的保教立场[②]。可以说，康有为在反对共和政体和革命活动的论断中，亦是以经学思想作为理论基础。一方面，康氏认为中国宜行君主立宪制度而共和政体不能行于中国，他解释说既然孔子为中国教主，陈三世之治而为万世立法，则有孔子而广陈诸法，能够实现中华之兴，为何要舍近求远呢？在康有为看来，孔子作六经而为后代制法，"孔子为中国之教主，陈三世之治法，广大毕备矣。于《诗》首文王，明拨乱之君主也；于《书》首尧舜，明立宪之君主也；《春秋》始于文王，终于尧、舜，由拨乱至于立宪也"[③]。康有为确信小康之道用君主，大同之道尚共和。正因如此，孔子的六经都"重宪法君主之尧、舜，而不多称无首之共和"[④]。康有为对于共和与革命的批判，与中国之不能行共和的原因，都放在孔子作六经的体系中去寻找，这些理论集中地反映出康有为后期思想的保守性质，对于经学牵强附会之说，因其逆时代潮流，而显现出其思想倒退。

康有为的今文经学思想本身就是杂糅各家，这种杂糅的特点，也就决定其在遇到不同情况时，采取不同的态度。戊戌变法前慷慨激昂；戊戌变法中不能够全盘考虑问题；戊戌变法失败，没有谭嗣同慷慨就义的勇气；逃往海外又没有为自己理想贡献的勇气，却安享因名气获得的利益。凡此，都不能够排除杂糅的因素。

---

① 葛兆光：《中国思想史》卷二，复旦大学出版社 2000 年版，第 614 页。

② 何晓明：《返本与开新：近代中国文化保守主义新论》，商务印书馆 2006 年版，第 122 页。

③ 康有为著，汤志钧编：《康有为政论集》上卷，中华书局 1981 年版，第 670 页。

④ 康有为著，汤志钧编：《康有为政论集》上卷，中华书局 1981 年版，第 670 页。

二、近代经学退出政治舞台的肇端

经学作为传统意识形态的重要载体，始终伴随历史发展的进程而源远流长，经学在治学路径中衍生出政治（经世）、历史（考据）、哲学（义理）三种解经形态。中国传统文化的演变机制在于，通过传统文化内部不断损益，推动其内部更新而不断演进嬗变。从历史纵向看，传统经学的发展是一个前后承袭、维新渐进的过程①。到了近代，经学绵延不断的演进历程却发生了巨大的转折。在西方知识与思想解放的双重冲击下，近代经学从戊戌、辛亥、至五四，在激流的冲击下，缺口越开越大，最后是堤防崩溃，西潮泛滥，思想的长河于此改道，旧传统让位于新传统②。由此看来，经学从政治走向学术殿堂，正是肇始自康有为对传统经学的改造与利用：

（一）神圣经学的撼动与孔子权威的动摇

康有为以今文经学为旗号，努力实现对经学的复兴，力求在国家急剧变动的变革时期挽救社会危机，为政治统治和经学理论，重新寻求合法性的重建与构筑。然而，康有为对于传统经学的利用与改造，却瓦解和消融着经学的生命，成为近代经学走下政治舞台的肇端。

首先，康有为辨伪古经的《新学伪经考》破除了六经的神圣光环，由此引发的疑古辨伪思潮，使得人们对儒家经典、圣经贤传等一切经籍资料的真伪产生了怀疑，失去了神圣性与至高性的经学，不外乎一堆古史资料，经学这块世

---

① 冯友兰将传统学术划分为两个时期："自汉武用董仲舒之策，'诸不在六艺之科、孔子之术者，皆，皆绝其道，勿使并进'。于是中国大部分之思想统一于儒，而儒家之学，又确定为经学。自此以后，自董仲舒至康有为，大多数著书立说之人，其学说无论如何新奇，皆须于经学中求有根据，方可为一般人所信受。经学虽常随时代而变，而各时代精神，大部分必于经学中表现之，故就历史上中国学术思想变迁之大概言之；自孔子至淮南王为'子学时代'，自董仲舒至康有为则'经学时代'也"。见冯友兰：《中国现代哲学思想》，生活·读书·新知三联书店 2009 年版，第 39 页。

② 汤志钧：《近代经学与政治》，中华书局 2000 年版，第 346 页。

袭阵地终难保存了。

其次，康有为举起经学异端——今文经学的旗帜，将西学新知一股脑地附会于孔子所创，攀附于传统经学的框架，并以此为保护伞实则令传统今文经学难以承担，而他也陷入了牵强附会与曲解妄断的学术困境，康氏所改造的经学体系脱离了传统经学的范畴，故而其学术饱受质疑，甚至被批为冒牌失真[①]。

再次，康有为提出孔子托古改制之说，意欲塑造孔圣人热衷变法的改革者形象，但是托古改制说也不啻于认可了"孔子造假"，实则是以儒家道统为子虚乌有，这些大胆的论断将矛头直接指向孔子与传统儒学，康有为的今文经学貌为尊孔，实则是"以孔子抗衡孔子"[②]，孔子的权威形象被极大地动摇了。

纵观经学发展的历史，康有为古经新解、援西入儒的努力，并没有完成传统经学之复兴，反而是在传统文化的防线上打开了一道缺口，最终的结果与他的初衷背道而驰，他的努力实际上加速了经学从政治舞台消失。随着西学输入的加速与冲击，政治革命之风暴席卷华夏，社会解体与文化重建继而发生，"传统知识分子的分化与新型知识分子的诞生，预示着后经学时代的降临"[③]。这种后经学，也就是进入学术殿堂，很难在政治上发挥作用。

（二）今文经学退化为康有为尊崇帝制的最后立场

在康有为的经学体系中，对于时事的忧患、对于制度的设计，都进入了经学范畴中，经典的权威性成为支持他理论合理性的一种资源[④]。戊戌时期，今文经学的变易观、孔子的"损益"变革思想，与西学糅合在一起，是康有为呼唤改革、维新变法的思想资源。然而，在康有为晚期的思想中，经学开始成为他神化孔子和复辟帝制的最后阵地。康有为出于嫉视革命、恋栈旧制而改造的

---

① 高瑞泉：《中国现代精神传统》，东方出版社 1999 年版，第 4 页。

② 钱穆：《康有为学术述评》，《清华大学学报》1936 年第 6 期。

③ 高瑞泉：《近代价值观变革与晚清知识分子》，《华东师范大学学报（哲学社会科学版）》2004年第 1 期。

④ 葛兆光：《中国思想史》（卷二），复旦大学出版社 2000 年版，第 615 页。

经学，由于思想的反动性而陷入陈腐旧学的囹圄，逐渐成为人们挞伐与厌弃的对象，经学走下政治舞台的进程随之加快了。辛亥革命以后，面对共和体制的建立，康有为以经学义理为支撑，提出了"虚君共和"的主张①。康氏主张中国有四千年君主之俗，"欲一旦废之，以起争乱，甚非策也"②；认为中国有君主之旧俗且根基深厚，一旦群龙无首，则必生祸乱；又认为虚名君主实则是极无权无事无所用之人，"与昔人所称之土木偶者无异"。此种君主虽享举国敬重，岁禄千熟，但实则与国民政事不相关，如此一来，康有为辩解说这样的君主立宪制与共和已然无异。那么，"盖立宪国与共和国无少异，则立君主何为哉？"③康有为继而阐明了君主存在的必要性，认为立宪之君主神圣不能侵犯，应当尊之为神，"立宪之君主者，神乎？故宪法曰君主神圣不可犯，尊之为神至矣"④。康氏认为君主的政治角色应当犹如神明一般，"神者在若有若无之间，而不可无者也"⑤。神的政治功能在于"盖明则有政治，幽则有鬼神，鬼神者，以无用为大用者也"⑥。君主在国家政治生活中，正是担当此种必不可少的角色。康氏提出在有着四千年君主旧制的中国，是不能废神而无君的，在中国来日若无君主，天命无常，难免一朝旧巢忽覆，而民主只能引起更多内争，既然君主立宪制的君主只是类似与神明一般若有若无，又必不可少的角色，那么"与其他日岁寻干戈而争总统，无如仍迎一土木偶为神而敬奉之"⑦。康有为话锋一转，又提出即使立宪君主制度之下的君王，无外乎"被人所敬奉的土木

① 在日本迎来辛亥革命的康有为，接连写下《救亡论》和《共和政体论》，倡导"虚君共和"之说，力推类似"共和帝国"一般的过渡政治体制。这一主张，在1917年他写下的《共和平议》中得以延续，且终身未变。康有为强调的"虚君共和"，是他独自的造语，它以共和为主体，以虚君为从体，是虚君在位与共和政治的完美合体。见康有为著，汤志钧编：《康有为政论集》上卷，中华书局1981年版，第663页。
② 康有为著，汤志钧编：《康有为政论集》下卷，中华书局1981年版，第675页。
③ 康有为著，汤志钧编：《康有为政论集》下卷，中华书局1981年版，第674页。
④ 康有为著，汤志钧编：《康有为政论集》下卷，中华书局1981年版，第675页。
⑤ 康有为著，汤志钧编：《康有为政论集》下卷，中华书局1981年版，第689页。
⑥ 康有为著，汤志钧编：《康有为政论集》下卷，中华书局1981年版，第675页。
⑦ 康有为著，汤志钧编：《康有为政论集》下卷，中华书局1981年版，第692页。

偶"，但是能够为神之资格的"土木偶"，既然受万众敬仰，享神之盛名，也不能随便选择。根据康有为的想法，这个若有似无又务必尊贵的角色，必须是"能够超绝四万万人而共敬之地位者"，而"有此资格的人几几难之，有一人焉，则空是指衍圣公也"①。康有为对自己所提出的折中之法甚是满意，认为此法别为新制，尽取美法之意而没有共和之害，同时又保全中国之势，消弭祸乱，可谓一举两得②。

在康有为晚期思想的沉沦与退化中，今文经学仍然是康氏所攀附和援用的舆论工具。且不说今文经学在康有为晚期思想中已经丧失了时代的生命力和先进性，沦落为强弩之末，势不久矣！但说随着帝制的土崩瓦解，新的政治体制诞生，今文经学根本没有跟上时代，其最终退出了政治生活，也是必然的。"公羊学实际上是一种历史哲学，它本身缺乏完整的政治内涵和具体的典章制度"③，它的制度依赖与生存环境被剥离和改变后，随之丧失了政治生命力和对社会秩序的安排，传统经学即使发展出能够与西学相抗衡的文化系统和道德哲学，也终究成为一个脱离制度的游魂，近代经学最终走向终结。

三、康有为经学体系的"托古与驳杂"

康有为以今文经学为思想基础而倡导的维新变法，是在晚清变局中为实现中国近代化而作的最初尝试。在救亡图存的变法目标下，以变更政体、批判旧制为政治纲领，以颠覆传统，宣传西学为文化策略的戊戌变法不仅是一场声势浩大的变法运动，更是一次影响深彻的思想启蒙运动。今文经学作为康氏政治纲领的理论基础，使得康氏的思想体系中呈现出两重性，它既倡言变革，又打

---

① 康有为著，汤志钧编：《康有为政论集》下卷，中华书局 1981 年版，第 676 页。

② 钱穆对于康有为的论调批评道："康氏于是乃反民主而倡君主，欲戴衍圣公为中国以后万世一姓之王室，不久而随和张勋为复辟焉。"见钱穆：《康有为学术述评》，《清华大学学报》1936 年第 6 期。

③ 刘学照：《康有为的孔子观与今文经学的终结》，《江苏社会科学》2000 年第 2 期。

着"托古"的旗号；既宣传西学，又披着传统今文经学的外衣；它批判旧学，又提出孔教思想，凡此种种，无不体现出康氏基于今文经学为基础而构筑的思想系统之复杂性与冲突性①。

康有为思想体系的驳杂之弊，是他尝试会通中西文化的副产品。康有为的今文经体系中存在着迁延附会之嫌，又具有内在的逻辑性矛盾。这种矛盾性虽然来自其热爱传统又要重塑传统的思维方式，但最终难以构成自洽的思想体系。这种模糊的思维与清晰的目标之下，康氏学习西方有一个必要的步骤：所引用之西学，应当转化为民族传统文化中的本土因素，并进行表达。匡扶中国文化之名声与学习西学之先进强大的制度与文化是一体的，他坚信中西两种异质文化之间的"文化价值的类似"②，确信二者并不矛盾。康有为毕生致力于寻求二者之间的对接点，以实现两种文化的完美融合，从而实现传统思想的更新与重建。康氏的愿望是美好的，也自始至终都不愿意承认，或者根本未曾察觉到传统的政治哲学与西方近代民主思想之间的鸿沟。"在家国同构社会底座上的中国传统政治哲学所具有的政治和伦理的本质与西方近代民主之间实际上存在对抗的紧张关系"③。

康有为的"托古"诠释方式，也存在着客观的理论困境。思想与见解行诸文字后，便进入了客观的思想文化范畴，伴随着历史进程而脱离人的主观意愿不断发展变迁着。康有为注目于中学传统，塑造的"即中即西"之新学说，可谓独创，也是为追求思想之进步的尝试与努力。但是，康有为在以思想为手段，意欲阐述与创造自己的理论体系，却没有想到思想的演变、历史的发展，并不是作者所能主观控制的，"历史毕竟不是手段，人们可以发现历史与现在的联系，却不能直接在历史中寻求救世的良方"④。

---

① 卢钟锋：《中国传统学术史》，河南人民出版社 1998 年版，第 456 页。

② [美] 列文森：《梁启超与中国近代思想》，刘伟、刘丽译，四川人民出版社 1986 年版，第 54 页。

③ 戚珩：《中西方政治学方法论历史及特征考察》，《苏州大学学报》1993 年第 2 期。

④ 朱维铮：《壶里春秋》，上海文艺出版社 2002 年版，第 81 页。

康有为在治经之路上唯求政治目的之实现，而不问手段是否可用，"问题在于他们都多少自觉地以为，只要好意得到实现，便可不择手段，因而历史也就只被当作可以达到某种现实目的的手段"①。历史毕竟不是作为一种方式和手段而存在的，它属于已然发生的事实，是无法改变的过去，任何主观意向都莫可奈何，如果非要用于现实，则极有可能像康有为一般"抹杀现实与历史的区别，任意剪裁历史而为我所用"②。试图以过去的历史解读和重述当今的历史，尽管康有为的思想是追求进步和解放的，但是以过去说明现在的做法与手段，不仅没有实现，反而令传统文化失去了原本的风貌，走向了迂腐和保守。"托古"与"驳杂"是康有为变法改制的政治哲学中无以回避的短板，也是康氏经学思想的理论限度与历史局限③。

第三节　康有为今文经学思想的反思

一、传统思想的近代化

（一）传统—现代的理论视角

传统资源与西方新知的冲突与碰撞，最为激烈而完整地呈现于中国近代化的晚清变局中。康有为的思想的探讨不仅是自身思想体系的展开，更代表了特定历史时期的一种思想范式。学界对于中国近代化的研究视角一般围绕以下的四种模式展开。

1. 冲击—回应模式

这一理论视角首先强调和突出西方知识的输入，对于中国文化转型的积极

---

① 朱维铮：《壶里春秋》，上海文艺出版社 2002 年版，第 82 页。

② 朱维铮：《壶里春秋》，上海文艺出版社 2002 年版，第 82 页。

③ 昌切：《清末民初的思想主脉》，东方出版社 1999 年版，第 91 页。

影响。中国的近代化过程并不是内发型、自然而然发生的，相反，如果与欧洲的近代化相比较，它是一个被动的过程，可以称之为"次生型"或"后发型"①。这种理论模式凸显了近代化过程中西方工业文明的强势影响，被现代西方学界广泛用来阐释一些后发国家的近代化进程②。如费正清指出："中国现代转型的根本基础是中国的传统核心文化。中国长久以来一直都是东亚文明的中心，中国人因此有一种天生的优越感。传统格局的惰性与顽固以及物质和精神上的封闭自足，这一切都使得中国面对西方的挑战时反应迟钝，举步维艰"③。在中国近代化的过程中，的确发生于西方国家裹挟着强大的工业文明，以及先进的启蒙思想入侵中国之时，但是这一解释模式完全突出西方的影响，而否认中国所具备的实现近代化的内在动力与自身因素。中国的近代化不能否认外缘的刺激作用，而且西方的经济、政治、军事、文化的冲击，的确是古老的传统帝国实现艰难转型的重要外因。这一理论模式有一定的合理性，但也有不足性，片面强调"冲击—回应"模式，忽视了后发国家自身因素的能动作用。例如，以今文经学为代表的经世思想的崛起发生于鸦片战争之前，其产生缘由主要是国内政治、学术危机的出现，对有识之士的刺激，而后经世思想逐渐发展为吸纳西学的桥梁，但经世思潮的出现和今文经学的复兴，是有识之士自觉意识的萌发而非一个被动的过程。

2. 传统学术的内在发展

作为相对于"冲击—回应"的理论模式，这一理论强调的是以中国传统

---

① 周海春：《近代新学的价值世界》，中国社会科学出版社 2009 年版，第 19 页。

② [美] 费正清：《中国：传统与变迁》，张沛等译，吉林出版集团 2008 年版，第 196 页。冲击—回应模式是西方学界对于中国近代化的原因、动力、过程等认识下总结的分析框架。费正清是运用冲击—回应模式解读中国早期近代化的典型代表，他认为中国社会长期以来基本上处于停滞状态，循环往复，缺乏内部动力突破传统框架，只有经过十九世纪中叶西方冲击之后，才发生剧变，向近代社会演变。在费正清的影响下，冲击—回应模式在美国学术界风靡一时。

③ Suyu Teng and John K.Fairbank, China's Response to the West, Harvard University Press, 1954, p.1.

学术的内在发展趋势，以文化的本土资源为视角，来考察近代化进程的影响，是作为对前者的修正和对立而提出①。以传统学术的流变过程、发展脉络为思路，站在传统学术发展的立场上，阐释和看待传统文化的近代化进程，这一理论模式，的确能够提供一个更好地反思康氏思想的视角。康有为早期经学思想的确显露出传统学术自我发展的趋势，他不迷信前人的学说，不固守绝对的中学，不宗经，不崇古，注重发挥治经的时代精神与历史使命，这一理论补充了"冲击—回应"理论模式之不足。中国的近代文化在受到西方冲击的同时，有识之士也在积极寻求调适儒学，重建经学的方式予以回应，甚至在一定程度上聚合成新的时代思潮，引发了对传统的怀疑与颠覆，这种反传统的力量本身，也是学术内在发展的重要方面，"晚清思想不仅受'西方的冲击'，也受传统的冲击"②。但是这种发展是否存在"质"的飞跃，则值得进一步思考，毕竟，"学术本身是没有生命的，不是自主发展的主体，主体在于人和社会，但人和社会又是生于传统文化之中的主体，学术表现出一定的主体特征"③。

　　传统文化的自我发展，应当指称一种质变的过程，而不仅仅是形式上的更新与发展，传统学术内容与精神的时代变迁，才是更为客观的衡量标准。中国进入近代以后，历史的发展与进步要求传统文化的革新，"在时代质变的情况下，传统文化质的变化才能算作符合时代潮流的学术的自我发展，否则只能算

---

① ［美］柯文：《在中国发现历史：中国中心观在美国的兴起》，林同奇译，中华书局 2002 年版，第 2 页。美国学者柯文在批判以西方社会为价值核心形成的"冲击—回应"模式之基础上提出了"中国中心观"，他认为应当从中国而不是从西方着手来研究中国历史，并尽量采取内部的（即中国的）而不是外部的（即西方的）准绳来决定中国历史中哪些现象具有历史重要性。同时，他认为历史学以外诸学科中已形成的理论、方法与技巧，应当与这一理论模式结合起来进行分析。

② ［美］张灏等著，周阳山、杨肃献编：《近代中国思想人物论：晚清思想》，时报文化出版事业有限公司 1980 年版，第 22 页。

③ ［美］张灏等著，周阳山、杨肃献编：《近代中国思想人物论：晚清思想》，时报文化出版事业有限公司 1980 年版，第 9 页。

作是传统学术的苟延残喘和无奈的回光返照"①。以康有为和他对今文经学的改造为例，他早年所学习的经籍，已然很难发掘有利于实现传统文化近代化的积极因子，当时的经生们所接受的教育非常封闭保守，甚至开始僵化闭锁了，传统学术已经失去了作为"治世良方"的机制和动力，在主体性危机的情况下，文化的发展当然不会完成自身的转型与蜕变。康氏的努力在于积极实现儒学的近代化，但是反观他的努力成果，也难免沾染了牵强附会之嫌，而最终经学走向终结与末路，也从侧面反映出传统思想的时代危机。

一种学术实现质的发展，不仅需要调整自身以适应时代潮流，更包括学术精神和趋向的一体更新，不是拘泥于前人学说基础上的改进，而应当是一种时代生命力的焕发和文化价值的存在性。传统经学在近代社会的发展中，由调适到最后终结，始终面临着自身存在与社会需要之间的紧张关系。杜维明认为当时传统思想的困境在于这样的畸形格局，"中国文化还有生命力，有价值，却一定要用西方的范畴来说明，用西方的范畴来格义，来说明中国文化还有生命力，文法变了，语言变了，思考的方式也变了"②。经学的价值和生命力需要通过另一种形式表达出来，但这个表达的内容已然输入了西学的内容，而很难说是传统学术自身发展的结果。因此，单纯从传统学术自我发展的角度上来评价康氏的经学思想，也很难提供一个完整而客观的视角。康有为开始接触西学以后，真正开始改造经学和重建自己思想体系的知识资源中，很大一部分来自西学，如果按照对于传统学术自身发展的贡献而言，康有为发掘了儒学中具备近代化的因素，但是在主观改造利用的过程中，毕竟其所面对的是一种于时代潮流中自身存在尚且困难，并不断式微的传统思想资源，所以难免有主观妄断、牵强附会之弊端。康有为主张学习西方知识，对传统中国学术有深刻的研究，但是所形成的新学体系，于西学而言则稍显肤浅，于中学而言则不正统，从传统学术自我发展这一视角反思康氏的思想，难以进行全面、客观的反思。

---

① ［美］张灏等著，周阳山、杨肃献编：《近代中国思想人物论：晚清思想》，时报文化出版事业有限公司 1980 年版，第 23 页。

② ［美］杜维明：《现代精神与儒家传统》，生活·读书·新知三联书店 1997 年版，第 299 页。

3. 器物—制度—思想的阶段视角

这一理论模式阐释了一种以事件为核心，以知识群体的认知程度为标准，参考发动主体为划分依据的一种进化论式的过程描述①。三阶段说着重强调了近代知识群体思想观念不断发展演变的过程，这一过程是以对西学资源的认知程度和回应节奏为标准进行划分的，它试图归结出近代思想家思想演进的总体规律。但是，这一演进的规律，只能说是大多数人的思想观念之过程，而不可以一概全，这三个思想过程也不是完全清晰的阶段标准。在这一理论模式下，近代变革过程中，究竟是以历史发展为标准还是以文化观念发展为标准，是很容易混淆的。以早期的维新派为例，他们的思想虽然被转型为"洋务运动"，但已经开始认识到中国在器物、制度与文化三个层面上之不足与改革之必须，初步完成了三个阶段的思想历程，"也正是由于包含了原始的完满，才在洋务、维新、革命等不同的时期加以不同的理解和运用"②。同样，在这种理论模式下，以康有为为代表的维新派的思想，显然应当归于第二阶段，对制度的追求与学习，应当是这个线性发展过程中突出的核心内容。然而事实并非如此，早期的维新派思想家郑观应就曾指出："余平日历查西人立国之本，体用

---

① 王翔根据文化传播学的理论指出"文化的传播呈现出多方向、多层次的特点，在方向上同时并行，在层次上相互交错，由于吸收文化的区域基于一定时期内的经济、政治、思想条件，不同的阶级、集团和派别对于外来文化不同要素的需求有着轻重缓急的不同，这就使得文化传播的方向和层次不可能绝然齐头并进，任何一个地区，任何一个阶级或阶层，对于外来文化的吸收总是根据自己的需要进行选择，吸收的文化元素，随着时间的流逝而更新、演变、递嬗，于是构成了文化传播与吸收中的时间与层次序列。在一般情况下，对外来文化的选择与吸收，遵循着从低级到高级的发展轨迹"，他认为中国近代化的阶段是按照器物—制度—心理的三阶段模式展开的。参见王翔：《论中国近代化过程的三个层次》，《中州学刊》1988 年第 4 期。章开沅则指出："至于物质、制度、心性三种文明层次在不同历史阶段虽然各有所侧重，但由于三者之间固有的密切联系，因此必然有互相交叉、重合、渗透之处。这说明社会变革或近代化乃是一个巨大的系统工程，指导革新的决策层必须有宏观的总体规划，然后才能有计划有步骤地推行改革并且取得预期的成效。"参见章开沅：《愤悱·讲画·变力——对外反应与中国近代化》，《历史研究》1991 年第 2 期。

② 周海春：《近代新学的价值世界》，中国社会科学出版社 2009 年版，第 11 页。

兼备，育才于书院，论政于议院，君民一体，上下同心，此其体。练兵，制器械，铁路，电线等事，此其用。中国遗其体而效其用，所以事多扞格，难臻富强"①。至康有为时期，他的思想也跨越了"制度"的藩篱，以他为个体同样经历了完整的三个思想历程。康有为曾经单纯地歆慕于西方的先进工业文明，但是而后随着对西学认识的加深，他很快开始着意于探寻西方强大物质文明背后的制度支撑。"康有为敏锐而清晰地觉察到科学技术是社会生活的一部分，但不能够脱离整个政治社会而独立，所以一定要有一个政治体制的背景和它配套，和近代的科学技术配套。这就是国会制和议会制，用它可以来沟通人民和朝廷之间的联系。虽然戊戌变法失败，但影响还是比较大的"②。康氏领导的维新变法，在中国近代化的历程中有着历史性的意义，很大程度上可以说是因为自此开始，变法的内容不再限于西艺之引进，而走向政治制度的改革与转型。但是，康有为的思想也并没有止步于制度的学习，而是开始追求思想观念的变革。萧公权说康有为的努力在于实现中国"思想与制度之一体维新"。在这一模式视角下，很难真实地反映出康氏思想的原貌，一旦将他的思想置于某个封闭、静止的阶段内定性，其思想资源的作用就会囿于单一性，在这个相互比较而又静止的网络中，很难提供一个客观而完整的理论视角。

4. 传统—现代模式

传统—现代理论模式，是在传统文化近代化转型这一背景下展开讨论，以整个中国的近代化社会转型与传统文化的近代化为视野，进行研究的理论，其核心在于对古今中西关系的探讨③。在这一视域下展开的讨论，充分突出了近

---

① （清）郑观应：《南游日记》，《郑观应集》，上海人民出版社 1988 年版，第 967 页。

② 何兆武：《中学、西学与近代化》，《社会科学战线》2009 年第 4 期。

③ 列文森在"冲击—反应"模式的基础上提出了"传统—现代"模式。相比于前者，列文森的研究中更侧重于强调中国思想的内在因素，他的研究强调了近代中国思想界的一个中心问题：如何解决既要否定传统又要保持民族自尊这个矛盾，以及如何解决在西方的侵略下所激起的反对西方的民族感情和为了现代化的需要而必须向西方学习的矛盾。在列文森的代表性著作《梁启超与中国近代思想》、《儒教中国及其现代命运》中都蕴含了此种鲜明的观

代知识分子对近代化的巨大推动作用。在中国和其他后发的现代化国家，具有现代化倾向的知识群体争取权力的过程，也正是中国的近代化从观念传播到转型实现的过程，他们开始立足于世界眼光看待中国的历史处境，开始接触西学知识，并进而实现了中国近代化历程上思想的初步自觉。康有为等早期有识之士的思想体系与思想的演变过程，正是完整地影射和反映着中国传统文化近代化的进程。在晚清变革的历史环境中，他们的思想处于儒学与西学两种资源的大碰撞中，处于传统与现代的交汇处，因而也在一定程度上表现出博览古今，融会中西的学术特点。康有为的思想中对于古今中西资源的处理与运用，直接决定着他对政治变革的设计、社会转型的理解等，中国全面实现近代化所面临的诸多路径之问题。当然，这一理论模式也很难离开西方中心主义的基调，并会忽略传统文化的丰富内涵，它所强调和突出的是中西文化之间的差异与转型①。费正清的"冲击—反应"说和列文森的"传统—现代"说的分析架构和研究立场都是以西方价值为核心出发的，认为中国传统社会的内部无法孕育出符合"现代化"的因素。在"现代化"范式下，他们将近代政治思想家的政治思想置于整个近代社会变迁的理论图景中展开考察，力图归纳中国近代思想受到西学冲击的某些一般特征，或是力图呈现他们遭遇的理性与价值之间的巨大张力，试图将其作为个案揭示近代中国传统知识精英在现代化中的回应方式。

点，他通过考察早期的知识分子后得出结论，认为中国的近代思想是由于西方思想的侵入和影响而产生的，从中国自身的文化传统中无法孕育出近代的思想。

① 列文森认为 18 世纪时中西文化已经发生了巨大差异：西方在 18 世纪时有了"现代性的突破"，使西方文化价值观突破了区域的限制，成为全人类的、具有普遍意义的现代性价值观，如平等、人权、自由等等。"西方的现代性文化已经或正在成为人类的普遍文化，非西方社会只有在接受和消化西方现代性的本质特征的前提下，才能够作为社会（而非文化）存在下去。"尽管列文森的研究相较于费正清而言关注的是中国的"内在的"世界和先进知识分子的作用，但他分析到"传统—现代"的思想领域的变化是由西方对中国的大范围冲击造成的，理论的实质与"冲击—反应"模式下西方的冲击范围是一致的。"传统—现代"模式虽然更加重视中国内部思想领域的活动，但它仍然是从西方视角出发阐释中国近代化的过程。见郑家栋：《列文森与〈儒教中国及其现代命运〉——代译序》，［美］列文森著：《儒教中国及其现代命运》，郑大华、任菁译，中国社会科学出版社 2000 年版，第 16 页。

（二）康有为的今文经学是对近代化的回应

以传统—现代为理论视角，以中西关系为核心，能够更清晰地阐释康氏思想产生发展的过程与演变脉络。当晚清变局之时，西潮汹涌东来之际，西方文化的撞击是巨大的，中国的知识精英敏锐地觉察到吸收和适应西学的必要性，但熟谙传统文化的士大夫却对于西学的理解较为生疏、不够全面，因此在这个过程中，文化认同与文化冲击相互冲撞。正如杜维明所言，"最初是我们来适应西方，不需要改变自己的文化认同，主流文化没有发生该不该继承的问题，但是适应越高，认同就逐渐退缩"①。从历史背景语境下出发，学习西方的进步士大夫，作为第一代开眼看世界之国人，倾心于西方坚船利炮之强大、科学技术之先进，认为"欧洲富强专在制造之精"，临摹西方之技艺，始得救国图强之药剂②。晚清变局至康有为时期，则开始认识到军事工业，师夷长技、兴办实业都难从根本上挽救华夏之危局，只有政治上的改革，文化上的更新，最终实现传统社会之整体变迁，才能构造出与繁荣的实业经济、强大的军事力量等强国之力相契合的配套制度体系及框架。由此意义观之，"西学中用"在一定程度上难免有浮词泛语之嫌，可应一时急需，却难有长远的理论意义和实践价值。面对西学，只吸纳它的科学技术，而拒斥它的政治制度，科学精神，不面对它宗教、哲学等方面的冲击与考验，即使全盘照搬先进的西方科技，西学也不过是一套离散的技术综合而没有整合的社会价值。

回顾近代化的进程，学习西方，从实用功能的角度，临摹技艺，引入科技自当必需，然而追溯其先进技术背后的制度与文化，则在当时亦是时代之呼吁。康有为的思想突破了此层面上的认识，认识到不能只从军事、工业、企业组织上来适应时局之变化，更要有上层建筑的适应、价值观念的适应。他对传统思想之颠覆，正是他超越"中体西用"模式，由表及里的努力而致力于以今文经学为基础，实现政治与文化的近代化。晚清变局与形势激发并催生着新思

---

① [美] 杜维明：《现代精神与儒家传统》，生活·读书·新知三联书店 1997 年版，第 23 页。
② 吴廷嘉：《戊戌思潮纵横论》，中国人民大学出版社 1988 年版，第 89 页。

想的产生，而又决定着新思想的限度。列文森对近代中国知识分子思想境况的普适性描绘中总结道："每个人对历史都有一种情感上的义务，对价值有一种理智上的义务"①。康有为的经学思想特征象征着一个过渡时代中的早期知识分子的思维转型过程，凝聚着传统与现代、中国与西方的文化之冲突与整合的思想特质，是晚清有识之士应对近代化挑战的早期回应类型。先进西学的汹涌而至，对康有为思想的涤荡是剧烈的，但他同样不愿舍弃与传统文化，在情感上的千丝万缕之关联，对西学知识的感情之生疏及理智之认同、对中学知识的情感之迷恋和附会之艰难，最终使得他既无法认识到中国需要脱胎换骨之变，必须推翻君主专制制度及其思想根基，又难以获取对西学知识的深刻了解。在近代化进程中，中国政体之改变、价值观念之重塑，依靠康氏所设计的今文经学进行文化调适和维新变法已然难以为继，只有深彻的、脱胎换骨的改变，才能挽救华夏之颓势，这是康氏思想最终无法认识到的局限性。

（三）康氏今文经学完成了思想的形式更新

康有为对西学的学习不仅经历了由器物到制度的推进，而且萌生了不仅整个专制政体要变，思想传统也需要变革的自觉意识。实现政治与文化的一体更新是康有为倡导维新变法的目标与任务，尽管当时的变法仍然以政治制度为主体任务，但是康氏已经感觉到整个中国的伦理道德秩序与文化体系上改变的必要性。然而，这种变化虽然触及文化的层面，但是在"变向何处"这一问题上康氏选择了坚守传统基础上的变通，"是一条从援西入中冲击传统到演变为以中抗西保守传统的思想路线"②，思想根源上的保守性也作用于康氏对政治变革方案的选择上，寄希望于君主的传统权威推进政治整合，反对革命与共和，最终走向渐进与保守。康有为的思想发展实质在于"形式上的更新"，他的哲学可以说突破了传统文化的范畴，但是就其内容上的古代性而言，其思想虽然是

---

① [美] 列文森：《梁启超与中国近代思想》，刘伟、刘丽译，四川人民出版社 1986 年版，第 4 页。

② 陈少明、单世联、张永义：《被解释的传统》，中山大学出版社 1995 年版，第 76 页。

中国近代社会政治、文化的产物，但是在思想上受传统的羁绊仍然要胜于近代的影响①。

二、变法思想的心路

桑兵在研究晚清国学的历史中曾说："研究学术史的求真有二，一是所评学案的真，一是学者心路的真。学案真相如何，往往见仁见智，甚至曲高和寡。而学者心路的真则每每不易实见。当事人因利害各异而对同一事实叙述不一，因此事实真相未必能直接求证，相关记叙或多或少总反映当事各人的不同印象，且受条件的限制不能全部直接表达所闻所见。追求事实真相，必须掌握各自的心理"②。在思想史研究中，如果对背景语境和学者心路未达至通晓谙熟，则往往对某种思想或学术难以求真，所以"求学案之真虽为研究目的，但是学者心路之真则更为重要"③。此种观点正是契合陈寅恪治史所追寻的"了解之同情"境界④。了解时代的背景语境，将自己处于同研究对象相同的历史背景中体悟人物思想，而不是以今人之观点，断古人之功过，或者为寻求规律而削足适履地进行迎合。

康氏将变法思想建基于今文经学，是"托古"以变法的无奈。康有为在上光绪皇帝的奏折中剖明心迹："中国今当强敌四逼之时，非变法不能自保，而法之不能变，则惟守旧者阻挠之。故凡臣所著书，或旁采外国，或上述圣贤，虽名义不同，务在变法，期于发明新义、传风气，推行新法，至于自强"，他也坦承托古为变法之借口，"守旧之习深入人心，至今为梗。既乖先圣垂教之意，尤窒国家维新之机。臣故博征往籍，发明孔子变法大义，使守旧者无所借

① 蒋国保、余秉颐、陶清：《晚清哲学》，安徽人民出版社 2002 年版，第 502 页。

② 桑兵：《国学与汉学：近代中外学界交往录》，浙江人民出版社 1999 年版，第 18 页。

③ 桑兵：《国学与汉学：近代中外学界交往录》，浙江人民出版社 1999 年版，第 18 页。

④ 于语和、张欣：《论陈寅恪的政治史研究——以〈唐代政治史述论稿〉为角度》，《贵州社会科学》2013 年第 6 期。

口，庶于变法自强，能正其本，区区之意，窃在于是"①。将孔子塑造为改制先师，"亦以使守旧之徒无所借口以扰我皇上新法"②。

康有为以西学附会今文经学，是援西以变法的需要。"辨伪"和"改制"是变法的理论基础，但是今文经学并不能酝酿出维新变法的具体策略与目标措施，变法框架的勾勒完成，对于急于推进变法的康有为而言，不过隔靴搔痒，因此在具体的变法政策上，康有为将目光投向西方。"万国所学，皆宜讲求"③。在强学会章程中，康氏再次强调学习西方，"今者鉴万国强盛弱亡之故，以求中国自强之学"④。在康有为的今文经学思想体系下，能够折射出他对西学的体认与态度，而"托古改制"与援用西学，都是晚清变局中早期维新派探讨的话题，至康有为鼓动维新、推行变法，则走向实践。但也应该注意，康有为与早期维新派有相同的困境，"他们面临着如何既能拯救中国而又同时仍然保持中国方式这一问题，所以他们表现了矛盾的心理状态"⑤。这种矛盾心理，也决定他推行的变法的局限性。

三、对西学的体认

在康有为的今文经学思想体系中，学贯中西、汇通古今，是其最为显著的学术特点。康氏经学思想体系的综合性与复杂性，正是中国思想文化近代转型历程的印记。正如中国那句古老的警句"他山之石，可以攻玉"。面对曾经汹涌而至的西学潮流，而如今反思曾深受触动和冲击的传统思想，跳脱本土的思

---

① 康有为：《恭谢天恩并陈编纂群书以助变法》，载黄明同、吴熙钊：《康有为早期遗稿述评》（附杰士上书汇录），中山大学出版社 1998 年版，第 317 页。

② 康有为：《恭谢天恩并陈编纂群书以助变法》，载黄明同、吴熙钊：《康有为早期遗稿述评》（附杰士上书汇录），中山大学出版社 1998 年版，第 318 页。

③ 康有为著，汤志钧编：《康有为政论集》，中华书局 1981 年版，第 130 页。

④ 康有为著，汤志钧编：《康有为政论集》，中华书局 1981 年版，第 173 页。

⑤ ［美］费正清、刘广京编：《剑桥中国晚清史》下卷，中国社会科学出版社 1985 年版，第 230 页。

维圈子，以文化之反差去反思自身，才能更深刻地通过康氏今文经学这一视角回顾与思考传统文明，在思想与制度层面在近代艰难转型的过程。

中国传统文化是一个高度自给自足的文化系统，传统文化与国家社会之间有着高度的协调一致性，因而能够控制、协调幅员辽阔而人口众多的国家，有着整合、包容多样化文化价值的能力，也因此成就了举世无双的辉煌东方文明古国。"建基于传统宗法农业经济的中国文化本是个自足的文化系统，它以其文化的高度专化和对环境的高度适应性而成就了举世无双的辉煌的农业文明"[①]。然而，古老而灿烂的华夏文明，却在近代化转型中迟滞不堪，远远落后于西方诸国，其中缘由何在呢？托马斯·哈定在《文化与进化》中指出："一旦某文化构成内在的全部潜能发挥到了极限状态，并且达到了对其环境的完满适应，那么此文化系统就必将趋于稳定"[②]。托马斯·哈定提出了文化进化的法则，其中优势法则提示的规律，也许能够为中国近代化之艰难不堪，提供一个解释维度。"一般较高级的文化，总是具有较之低级形态更大的优势范围，这也就是说，这个事实对于理解一般优势具有同样的确切性。高级形态的特征是指能比低级形态具有更有效地开发多种类的资源，因为在大部分环境中，他们比低级形态更有效。但是这并不能排除一种特殊的情况。一种特别适应环境的、高度专化了的文化，将能够维持其在自身环境中的独特优势，并至少在一段时间内抵抗那些更为进步和更大优势文化的侵犯"[③]，中国传统文化正是这样一种"高度专化"而又高度适应环境的文化系统，古老而成熟的文化系统之强大惯性，使得它具有抵抗外来文化的能力和趋势。故而，多有学者认为盛极一时的传统文明，恰恰成为其现代转型的屏障，灿烂圆熟的农业文明，偏偏变成了无法孕育出现代工业文明的负累。"没有一个曾经高度适应其环境

---

① 高力克：《历史与价值的张力：中国现代化思想史论》，贵州人民出版社1991年版，第14页。

② ［美］托马斯·哈定：《文化与进化》，韩建军、商戈令译，浙江人民出版社1987年版，第70页。

③ ［美］托马斯·哈定：《文化与进化》，韩建军、商戈令译，浙江人民出版社1987年版，第61页。

圈的群体会采用某种新的生活方式，哪怕它们在客观水准上可能更富热力学上的有效性；或放弃自己的生活方式，除非在外来强力迫使它不得不这样做的时候"①。

中国的传统文化体系是一个高度保守、稳定、自足的系统。在晚清变局时期，许多士大夫已经认识到世界变化的速度非常快，变化的性质是前所未有的 ②。这种变局对中国历史和传统的价值，以及光辉在国人心灵中神圣传统文化，已经产生动摇，康有为与晚清变局的有识之士一样，既不愿意看到心灵上神圣就此毁灭，又不愿意抱着神圣传统而受列强的欺凌，但西方文化的到来，确实给他们带来重塑神圣传统的机遇。在西学先进知识的冲击涤荡下，康有为虽然在理智上疏远了本国的文化传统，但感情上仍然与中华帝国的传统紧密相因 ③。在这种"历史与价值的张力"中，早期维新派设想过许多策略，也提出一些发人深省的变革措施，但存在路径难以实现中西文化统一的问题，康有为试图缓解二者之间的冲突与压力，于是开始将目光凝聚于对传统文化的重新思考，寻找一种将儒学重新诠释，从而能够作为援用西知的媒介与桥梁的方法——即今文经学。

康有为坚定地相信圣人之"微言大义"并非不能涵盖先进的西方知识体系，只是由于儒家经典因篡孔统者之伪造，古文训诂家之歪曲而消逝了，而他所希望建立的新学统才是儒学正道，是能够沟通中西之学的思想系统。文化是一个方面，在列强欺凌之下，如何自强，才是早期维新派核心的议题，康氏极力颂扬西方制度与文化，同时更维护中国之传统价值，力图证明二者之间的"共通性"或"一致性"，也是基于自强的理念。自 1860 年以来的晚清变局，不但国

---

① ［美］托马斯·哈定：《文化与进化》，韩建军、商戈令译，浙江人民出版社 1987 年版，第 64 页。

② ［美］费正清、刘广京编：《剑桥中国晚清史》下卷，中国社会科学出版社 1985 年版，第 185 页。

③ 参见 ［美］列文森：《梁启超与中国近代思想》，刘伟、刘丽译，四川人民出版社 1986 年版，第 15 页。

家观念得以确立，民族观念也日益深入人心，保国保种的意念，不但是有识之士经常提到的话题，也深深地影响到社会各个阶层。在保国保种的治学目的驱使下，康氏附会儒学，重诂经典，甚至轻妄武断等饱受诟病的治学特点，也就有了解释的理由。要想全面认识康有为今文经学思想，绝不能够脱离当时的社会现实。

中国缺乏近代化的内在动因与近代文明的因袭传统，而成熟古老的传统文明，又因自身文化体系的千年积淀而深具惰性，一定程度上阻碍着近代化的顺利展开，所以中国近代化进程伊始就面临着独特的客观困境，这是任何民族的近代化都不曾具有的难度。中国的近代化不是内在因素经过自然演进生成的，受到外缘的动因和压力的影响，是一个调适自身，接受异质文化的过程。这个过程需要中国本土传统与外来文化之间有一个转换的媒介，而这个媒介却选择了"古老的传统文化如何重建，如何发掘适应近代文化的价值土壤"①。早期维新派曾经就这个问题产生激烈的辩争，但保守派的势力太强，他们的学说得不到重视，但却完成了传统士大夫向近代知识分子的转变。正是这种转变，使传统文化与西方异质文化之沟壑上，出现一座桥梁，"学贯中西"成为前所未有的词汇。康有为与早期维新派一样，在接触西学以后，不断审视传统，了解西学，并且都在努力探索和追寻中西文化交融的问题。在康有为的学说中，很明显地可以观察到他致力于攫取中西两种文明中最进步的因子，并试图实现两种异质因素的交融优化的目标与野心。在这样的治学旨趣之下，康氏治学并不特别倾向于一端，他在处理中西关系上，"既不贬抑西方精神，也不贬抑中国精神。相反对两者都加以珍视，并且相信他们是完全相等的"②。正因为康有为相信中西文明存在共通性，他的学说不仅贯穿中西，而且取舍自如，亦即梁启超所说的"不中不西，即中即西"的新学派。由此观之，后人也就能"了解并同情"康有为的中西立场，在一定程度上的

---

① 冯天瑜：《评〈剑桥中国晚清史〉的文化观》，《历史研究》1988 年第 2 期。
② ［美］列文森：《儒教中国及其现代命运》，郑大华、任菁译，中国社会科学出版社 2000 年版，第 67 页。

含混甚至怪异了，也解释了学界康有为的研究中对其思想界定的标准不一。有人说他是中国传统制度与风俗的掘墓者；有人却说他是宣扬西方思想而伪装的孔子门徒；有人说他是效法西制的改革者；有人却说他是由变法沦为反动的卫道夫。

究其根源，"康有为在西方乐观主义洪流中确立了中国历史的发展进程。他并把它称为中国潮流。当康有为依据于十七八世纪的'汉学'，宣称包括《左传》在内的儒家'古文经'为刘歆所伪造时，当他致力于对那些他相信是他重新发现的《公羊传》一类的儒家'今文经'加以解释时，所有给人以深刻印象的西方价值都被说成是中国的东西了"①。这不仅是康有为的惯性思维，第一批面对汹涌西潮的知识分子，在学习西方知识的过程中，在治学中大多倾向于在传统资源中寻找根据。这种寄寓传统经学而援用西学的方式，很难达成两种异质学说间的会通整合，康有为的美好愿望却走向了相反的道路，因为"一旦一个民族和它的传统文化被分割开来，恰如其分地认识它们也就可能，当康有为将改良与经典权威联系起来时，沙土流到他脚下，因为他催促的改良终将毁灭一个尊重经典的社会"②。

康有为的今文经学思想是近代转型的一个侧面，是晚清变局时期的知识分子对西力冲击所做的最初回应，尽管这一尝试最终并没有为回应西力冲击提供一个正确的思路，但是西方文化伴随着中国近代化之征程，对传统文化的碰

---

① [美] 列文森：《儒教中国及其现代命运》，郑大华、任菁译，中国社会科学出版社 2000 年版，第 68 页。

② 梁启超曾经评价康有为的"三世说"道："南海之倡此在达尔文主义未输入中国以前，不可谓非一大发明也。"一来，梁启超是极度颂扬"三世说"的，但同时也反映出中西文化碰撞下，西学逐步的入侵趋势。"给康有为以毁灭性打击的，是梁其后写于 1902 年的一篇文章。梁启超用了康有为'三世说'所暗含的进化论，来评论这一学说的重要性。他赞扬康有为道：'南海之倡此在达尔文主义未输入中国以前，不可谓非一大发明也。'这样，康有为的学说仅在战场上出现了片刻，就被最终被送进了博物馆。西方思想已取代了它们。达尔文为社会变化提供的理论依据，远远胜于孔夫子"。见列文森：《梁启超与中国近代思想》，刘伟、刘丽译，四川人民出版社 1986 年版，第 128 页。

撞与冲击，已然是既定事实，它的文化脉络也浸没于中国近代思想发展的轨迹中。西方文化的挑战直至今日仍是一个有待深思的问题，在这一点上，康有为的失败或许可以回应一个问题，中西杂糅不是迎接西方文化挑战的理想之道。

结　语

晚清陷入了王朝没落的危机之中，内则吏治腐败，人心思乱；外则列强虎视，瓜分在即。随着西学的引入，国家观念也逐渐形成，以强国富民为核心社会变革成为有识之士的追求。钦定的儒家思想体系在内外交困的情况下，已经不能够应付时局，先进知识分子困顿于报国无术，一方面从西学中汲取精华，一方面从古老的今文经学寻找变革根据，以适应中国的具体情况。在晚清变局中，作为经学的异端——今文经学，重新焕发出强大的时代生命力，与社会上变革思潮紧密联系在一起，先进知识分子援用今文经学的微言大义阐发己见，倡言改革。在晚清变革危局中，康有为今文经学思想的出现，在对今文经学的重新诠释构建的基础上，成为维新变法的理论基础，冲击了传统文化与价值观念，促进了西学的传播。

康有为今文经学思想，以扫荡伪经、辨伪古经为目标，冲决旧学之网罗，在重建今文经学基础上改造经学。在为孔经正名的旗帜下，其《新学伪经考》中提出了"六经皆伪"这一惊世骇俗的论断，宣称东汉以来的古文经籍皆为刘歆窜乱，康氏的言论貌似为真经正名，实则宣称了几千年来专制统治者奉为正统的儒家经典悉数为伪经。在《孔子改制考》中，康有为通过巧妙的附会与大胆的曲解，将统治者顶礼膜拜的至圣先师塑造为一位热情洋溢的改革者，以托古改制之说为戊戌变法张本。在康有为的改造利用中，古老的西汉经说重新焕发出鲜活的时代生命力，具有重要的历史价值。在政治上，康有为倡导的戊戌变法是今文经家经世思想重新崛起的重要标志，他的今文经学思想服务于变法运动，具有直接的政治实践意义。在思想上，康有为在《新学伪经考》中将古文经学全部归为伪经的范畴一概加以否定，在《孔子改制考》中又将六经认定为孔子托古手造的材料，这一理论体系是对中国传统专制统治理论基础的大胆挑战和突破，具有思想解放的意义。在文化上，康有为的"两考"不仅如飓风一般冲破了传统思想的禁锢，更是开启了西潮涌入的闸门，产生了创榛辟莽、前驱先路的作用。

康有为今文经学的核心义理是对"三世说"与"托古改制"的阐发，乃是在改造利用今文经学的框架下展开的。康有为将儒家经籍作为一种借题发挥的策略和熔铸中西文化的媒介，这既体现了一代改制者拓展前代未竟大业的决心和改造中国政制的勇气，同时又规定着康有为政治哲学的限度与局限。"托古"与"驳杂"是康有为以今文经学所构建的政治哲学的局限所在，一方面，借古言今，难免为古所拘牵；以今范古，又曲解了传统经典。另一方面，今文经学成为康有为思想体系中沟通中西文化的媒介，中西思想与文化在价值源头上存在着深刻歧异，两种异质学说之间的巨大鸿沟，使得康有为以今文经学作为会通中西思想的桥梁，所建立的思想体系也有驳杂的弊端。

康有为今文经学思想是近代知识分子呼吁革除旧制、维新变法的思想资源，也是西学冲击下近代思想转型的一个侧影，显露出传统政治与文化艰难融入近代化过程中的轨迹，也是最后一代经学家分崩瓦解的表征，如一面镜子一般清晰地折射出晚清知识分子新旧并陈、青黄不接的思想面貌和学术性格。

一个世纪以来，近代经学的命运与中国近代化之进程相消长，自19世纪中后期始，中国开始全面进入由传统农业社会向工业社会，传统文化向现代文化转型的时代，被时人称为"变局"。在变局期间，西方思潮汹涌而至，政治革命风起云涌，"传统士大夫阶层面临解体与分化，新型知识分子诞生，激进的反传统思潮勃兴"[①]。中国的近代化进程在时局的不安动荡、文化的急遽变

---

① 刘述先：《儒家思想与现代化》，中国广播电视出版社1992年版，第19页。

迁、社会的全面转型中推进，于"三千年未有之大变局"的境遇中启动，经过50余年的努力，最终以推翻清王朝统治而告终。

辛亥革命时，南京临时政府曾颁布法令，以法律的形式禁止读经，历时两千余年经学走下历史帷幕，宣告终结。五四运动后，学界对于儒学一片挞伐之声，打倒孔家店，成为思想进步的准绳与标尺，批孔与反孔也成为衡量思想先进与落后的界限，一时间众口一辞，认为礼教当止，孔学当废，反孔思潮大兴。如今反思传统经学，固然无助于现代科学技术之兴盛，然则也应承认传统文化绝非禁锢科技进步之祸端。当年国家积贫积弱，内忧外患的困境、中国科技落后、船炮不坚之敝悉数归咎于经学，不免武断。如今回首视之，恍若一梦，传统应当重新评估，经学的价值也应当重新审视。蒋庆曾说过经学生于斯、长于斯，乃是中华民族的本根，如果不能为今日之人提供精神导向，不能光大于斯，救世于斯，则何以言收拾人心于世界未来。蒋氏此语纵然有言过其实之嫌，毕竟融会古今谈何容易，对于传统进行现代性的诠释，寄寓经学有救世于斯的功用，也不免有脱离现实之问题，但是经学作为一种特殊的传统思想资源，所发生的历史作用及过程却深具探讨的必要。

本书的学术意义，在于对康有为今文经学展开的重新评估，并不致力于时下热门的传统资源的创造性转化，或发挥传统资源的救世之用。综述前贤，阐发古义，并非要实现功能性的转化运用。毕竟，在当今社会，以经籍典章为后工业时代的治世之道或精神给养，或以其为现代文明的再造之源，不免流于空幻和理想化。之所以选择以康有为的今文经学为研究对象进行诠释，或希冀探取本源，探讨康氏的今文经学于特定的历史阶段内之内容与影响。传统的政治资源与智慧在近代化中的转型过程，并非一个传统思想完成完美的近代化诠释的过程，选取康氏的今文经学思想为角度，并不是立足于传统思想资源现代意义的阐述，而更多是立足于今文经学作为一种思想资源的价值。在晚清变局各种学术思潮的发生和变化，都有其客观过程，也一样具有历史价值。

康氏思想是一个庞杂博大的体系，思想始终随时代之迁延，政局之动荡而发展变化，这就意味着康氏的思想是一个不断改变外在观念，以适应内在需要的过程，其经学根基也就成为贯穿其思想体系的灵魂主线。这个持续不变的内在需求，犹如精神线索，将表面上相互分离的诸多复杂多变之观念，兼收并蓄之知识，糅合汇聚成一体。要寻找康氏思想中一以贯之的持续性问题，也就成为把握康有为思想发展过程的关键，那么选择康有为的今文经学作为管窥康氏思想的切入点，以"古经辨伪"、"三世进化"和"托古改制"为康氏今文经学的核心义理进行论证与阐释，为客观评价与审视康有为庞大的思想体系提供了一个基础的理论维度，不但可以加深对康有为的理解，而且对晚清变局期间的知识分子的探求也有所了解，进而为将来深入研究晚清变局的政治、经济、社会、文化奠定基础，以便将来进一步在这方面努力。

康有为的今文经学思想与政治实践活动，发生在清王朝濒临崩溃的前夜，挣扎于黑暗与光明接连的破晓曙光里，辗转于希望与失望交织的时代变局中。是时，中国面临着内外交困、民族危亡的艰难时境。在这场悲壮而持久的救亡运动中，面临危亡之民族，时代之感召，知识分子逐渐从"白首皓经"的传统治学之道中醒悟过来，又在西学东渐的时代潮流中开始接触全新的知识学说，启蒙与救亡成为时代最为鲜明的主旋律。张岱年曾经说，"中国启蒙运动的重要和伟大并不在于它是否取得了如何了不起的成就和胜利，而是在于它曾给人们心灵上所带来的强烈而持久的震撼，并不在于它自身的理论如何完美，而是在于它曾给予，并继续给予人们的启示和思索"①。如果以震撼心灵与解放思想为标尺衡量康氏经学思想的成就，那么对康氏的评价则更公允而符合历史客观情况。如何理解康有为今文经学在近代的嬗变，达至管窥儒学的现代转进是一个整体性的问题，在晚清今文经学复兴、改革、嬗变的进程中，每一个环节和微观机制都带有历史性，是中国要素与文明传统的合力作用通过路径依赖形成的历史延续性，是内在儒家思想及经学传统在历史迁延中汇聚成的时代思潮，它不是西方话语体系下的照搬照抄，对它的评价不应当完全以外来理论为校验场，而应以自主性文化的视角作为研究路径，需要研究方法和研究路径上的突

---

① 张岱年：《中国启蒙思想总库（序）》，辽宁人民出版社 1994 年版，第 16 页。

破，回归历史性的概念和范畴，才能对于近代今文经学的理论意义与时代价值进行审慎的重思与评价，而非完全依赖西方现代化的理论模式进行评估。

康氏终其一生所苦苦求索的一系列问题，对于政治制度和传统文化所发出的深刻追问，经学传统与现代文明、中学之经籍与西方之新说、思想解放与救亡图存、富强与道德、民主与法制等等，这些问题不仅镌刻于历史，更属于现在和未来，依然是今人不断思考和追寻的遥遥路途。今天所做的工作不是为了质疑前贤，以今人之学说断古人之是非，诚如汪荣祖所言："我们之所以以今日之学术眼光评论前人，既非否定前人的业绩，也非对前人要求太过，实在检讨已有的成果，知其缺点与不足之所在，冀有所突破与进展"①。本研究似乎还没有达到这种效果，但将康有为今文经学思想，置身于晚清变局当中，进行尽可能地客观评价，也是本书的一种尝试。

---

① 汪荣祖：《钱穆论清学史述评》，《史学九章》，读书·生活·新知三联书店 2006 年版，第 220 页。

参考文献

一、中文论著

史料类著作

[1] 康有为：《新学伪经考》，中华书局 2012 年版。

[2] 康有为：《孔子改制考》，中华书局 2012 年版。

[3] 康有为：《论语注》，中华书局 1984 年版。

[4] 康有为：《孟子微》，中华书局 1992 年版。

[5] 康有为：《中庸注》，中华书局 1987 年版。

[6] 康有为：《论语注》，中华书局 1984 年版。

[7] 康有为：《春秋董氏学》，中华书局 1990 年版。

[8] 康有为：《大同书》，上海古籍出版社 2005 年版。

[9] 康有为著，楼宇烈整理：《长兴学记桂学答问万木草堂口说》，中华书局 1988 年版。

[10] 康有为著，楼宇烈整理：《康南海自编年谱（外二种)》，中华书局 1992 年版。

[11] 康有为：《康有为全集》（第一集），中国人民大学出版社 2007 年版。

[12] 康有为：《康有为全集》（第二集），中国人民大学出版社 2007 年版。

[13] 康有为：《康有为全集》（第三集），中国人民大学出版社 2007 年版。

[14] 康有为：《日本变政考作》，中国人民大学出版社 2011 年版。

[15] 江藩撰：《国朝汉学师承记》，中华书局 1983 年版。

[16] 孔广森著，崔冠华校点：《春秋公羊经传通义》，北京大学出版社 2012 年版。

[17] 孔祥吉编著：《康有为变法奏章辑考》，北京图书馆出版社 2008 年版。

[18] 梁启超：《康有为传》，团结出版社 2004 年版。

[19] 梁启超：《饮冰室合集》，中华书局出版社 2003 年版。

[20] 梁启超：《清代学术概论》，广西师范大学出版社 2010 年版。

[21] 梁启超：《论中国学术思想变迁之大势》，上海古籍出版社 2019 年版。

[22] 廖平著，李耀仙主编：《廖平学术论著选集》，巴蜀书社 1989 年版。

[23] 刘逢禄著，郑仁钊校点：《春秋公羊经何氏释例》，北京大学出版社 2012 年版。

[24] 凌曙：《春秋繁露注》，凤凰出版社 2022 年版。

[25] 皮锡瑞：《经学历史》，中华书局 2004 年版。

[26] 皮锡瑞：《经学通论》，中华书局 1954 年版。

[27] 苏舆：《翼教丛编》，上海书店出版社 2002 年版。

[28] 康有为著，汤志钧编：《康有为政论集》，中华书局 1981 年版。

[29] 龚自珍著，王佩诤编校：《龚自珍全集》，上海人民出版社 1975 年版。

[30] 章太炎著，王小红选编：《章太炎儒学论集》，四川大学出版社 2011 年版。

[31] 严复著，王栻主编：《严复集》，中华书局 1976 年版。

[32] 夏东元编：《郑观应集》，上海人民出版社 1982 年版。

[33] 严复：《天演论》，商务印书馆 1981 年版。

[34] 董仲舒著，周桂钿编校：《春秋繁露》，中华书局 2011 年版。

[35] 阮元编：《皇清经解》，齐鲁书社 2016 年版。

[36] 章炳麟著，刘治立评注：《訄书》，华夏出版社 2002 年版。

近现代学者著作

[1] 陈柱：《公羊家哲学》，中华书局 1929 年版。

[2] 陈其泰：《清代公羊学》，东方出版社 1997 年版。

[3] 昌切：《清末民初的思想主脉》，东方出版社 1999 年版。

[4] 陈文豪：《廖平经学思想研究》，文津出版社 1995 年版。

[5] 陈少明、单世联、张永义：《被解释的传统：近代思想史新论》，中山大学出版社 1995 年版。

[6] 程志华：《中国近现代儒学史》，人民出版社 2010 年版。

[7] [美] 杜维明：《道·学·政：儒家公共知识分子的三个面向》，上海人民出版社 2000 年版。

[8] [美] 杜维明：《现代精神与儒家传统》，生活·读书·新知三联书店 1997 年版。

[9] 丁文江、赵丰田编：《梁启超年谱长编》，人民出版社 1983 年版。

[10] [日] 岛田虔次：《中国近代思维的挫折》，甘万萍译，江苏人民出版社 2005 年版。

[11] 冯天瑜：《晚清经世实学》，上海社会科学院出版社 2002 年版。

[12] 范玉秋：《清末民初孔教运动研究》，中国海洋大学出版社 2006 年版。

[13] 顾颉刚：《古史辨》，上海古籍出版社 1982 年版。

[14] 葛兆光：《中国思想史》，复旦大学出版社 2000 年版。

[15] 郭汉民：《晚清社会思潮研究》，中国社会科学出版社 2002 年版。

[16] 郭世佑：《晚清政治革命新论》，湖南人民出版社 1997 年版。

[17] 高力克：《历史与价值的张力：中国现代化思想史论》，贵州人民出版社 1992 年版。

[18] 胡适：《胡适来往书信选》，中华书局 1979 年版。

[19] 胡适：《胡适哲学思想资料选》，华东师范大学出版社 1981 年版。

[20] 侯外庐：《中国思想史纲》，中国青年出版社 1981 年版。

[21] 何信全：《晚清公羊学派的政治思想》，经世出版社 1984 年版。

[22] 何晓明：《返本与开新：近代中国文化保守主义新论》，商务印书馆 2006 年版。

[23] 胡逢祥：《社会变革与文化传统：中国近代文化保守主义思潮研究》，上海人民出版社 2000 年版。

[24] 姜广辉：《中国经学思想史》，中国社会科学出版社 2003 年版。

[25] 姜林祥：《儒学价值传统与现代化》，齐鲁书社 2002 年版。

[26] 邝柏林：《康有为的哲学思想》，中国社会科学出版社 1980 年版。

[27] [美] 列文森：《儒教中国及其现代命运》，郑大华、任菁译，中国社会科学出版社 2001 年版。

[28] [美] 列文森：《梁启超与中国近代思想》，刘伟、刘丽译，四川人民出版社 1986 年版。

[29] 刘师培：《经学教科书》，吉林人民出版社 2013 年版。

[30] 刘梦溪主编：《中国现代学术经典·康有为卷》，河北教育出版社 1996 年版。

[31] 刘梦溪主编：《中国现代学术经典·廖平、蒙文通卷》，河北教育出版社 1996 年版。

[32] 李剑农：《戊戌以后三十年政治史》，中华书局 1965 年版。

[33] 李明辉：《当代儒学之自我转化》，中国社会科学出版社 2001 年版。

[34] 路新生：《中国近三百年疑古思潮研究》，上海人民出版社 2001 年版。

[35] 路新生：《经学的蜕变与史学的转轨》，上海古籍出版社 2006 年版。

[36] 刘家和：《史学、经学与思想：在世界史背景下对于中国古代历史文化的思考》，北京师范大学出版社 2005 年版。

[37] 刘琅：《精读钱玄同》，鹭江出版社 2007 年版。

[38] 刘小枫：《儒家革命精神源流考》，生活·读书·新知三联书店 2000 年版。

[39] 蒙文通：《经学抉原》，上海人民出版社 2006 年版。

[40] 马勇：《1898 年那场未遂政变》，江苏人民出版社 2010 年版。

[41] 马勇：《近代中国文化诸问题》，东方出版中心 2008 年版。

[42] 马勇：《汉代春秋学研究》，四川人民出版社 2002 年版。

[43] 马洪林：《康有为评传》，南京大学出版社 1998 年版。

[44] 马洪林：《康有为大传》，辽宁人民出版社 1988 年版。

[45] 马宗霍：《中国经学史》，商务印书馆 1998 年版。

[46] 马宗霍：《经学通论》，中华书局 2011 年版。

[47] 彭林：《清代经学与文化》，北京大学出版社 2005 年版。

[48] 彭林：《清代学术讲论》，广西师范大学出版社 2005 年版。

[49] 钱穆：《中国近三百年学术史》，商务印书馆 1997 年版。

[50] 钱穆：《两汉经学今古文平议》，商务印书馆 2001 年版。

[51] 钱穆：《国学概论》，商务印书馆 1997 年版。

[52] 任继愈：《中国哲学史》，人民出版社 1979 年版。

[53] 孙晓春：《中国政治思想史论》，吉林人民出版社 2003 年版。

[54] 桑咸之：《晚清政治与文化》，中国社会科学出版社 1996 年版。

[55] 桑兵：《国学与汉学：近代中外学界交往录》，浙江人民出版社 1999 年版。

[56] 苏中立、苏晖：《执中鉴西的经世致用与近代社会转型》，中华书局 2004 年版。

[57] 吴雁南等：《中国近代社会思潮》第一卷，湖南教育出版社 1999 年版。

[58] 汤志钧：《康有为与戊戌变法》，中华书局 1984 年版。

[59] 汤志钧：《近代经学与政治》，中华书局 1989 年版。

[60] 汤志钧编：《章太炎年谱长编》，中华书局 1979 年版。

[61] 田汉云：《中国近代经学史》，三秦出版社 1996 年版。

[62] 唐文明：《敷教在宽：康有为孔教思想申论》，中国人民大学出版社 2012 年版。

[63] 韦庆远、柏桦：《中国政治制度史》，中国人民大学出版社 2005 年版。

[64] 韦政通：《中国十九世纪思想史》，东大图书公司 1992 年版。

[65] 王国维：《王国维遗书·静庵文集》，上海古籍出版社 1983 年版。

[66] 王家俭：《晚清公羊学的演变与政治改革运动》，中央研究院 1986 年版。

[67] 王尔敏：《晚清政治思想史论》，广西师范大学出版社 2005 年版。

[68] 王葆玹：《今古文经学新论》，中国社会科学出版社 1997 年版。

[69] 王绍玺：《中国学术思潮史》，上海社会科学出版社 2006 年版。

[70] 汪祖荣：《康有为论》，中华书局 2006 年版。

[71] 王汎森：《中国近代思想与学术的系谱》，吉林出版集团 2011 年版。

[72] 王汎森：《古史辨运动的兴起》，台北允晨文化 1987 年版。

[73] 王曰美：《儒家政治思想研究》，中华书局 2004 年版。

[74] 汪晖：《现代中国思想的兴起（上下卷）》，生活·读书·新知三联书店 2004 年版。

[75] 吴雁南主编：《中国经学史》，福建人民出版社 2001 年版。

[76] ［美］萧公权：《康有为思想研究》，汪荣祖译，新星出版社 2005 年版。

[77] ［美］萧公权：《近代中国与新世纪：康有为与大同书研究》，汪荣祖译，江苏人民出版社 1997 年版。

[78] ［美］萧公权：《中国政治思想史》，辽宁教育出版社 1998 年版。

[79] 徐复观：《学术与政治之间》，华东师范大学出版社 2009 年版。

[80] 许道勋、徐洪兴：《中国经学史》，上海人民出版社 2006 年版。

[81] 许纪霖：《二十世纪中国思想史论》（上下卷），东方出版中心 2000 年版。

[82] 徐彦：《春秋公羊传注疏》，北京大学出版社 1999 年版。

[83] 于语和：《中国传统文化概论》，天津人民出版社 2001 年版。

[84] 萧功秦：《儒家文化的困境：近代士大夫与中西文化的碰撞》，山西人民出版社 2022 年版。

[85] 喻大华：《晚清保守主义研究》，人民出版社 2001 年版。

[86] 袁伟时：《晚清大变局中的思潮与人物》，海天出版社 1992 年版。

[87] 颜炳罡：《当代新儒学引论》，北京图书馆出版社 1998 年版。

[88] 周予同：《经学史论著选集》，上海人民出版社 1983 年版。

[89] 周予同：《群经通论》，上海人民出版社 2012 年版。

[90] 周桂钿：《中国儒学讲稿》，中华书局 2008 年版。

[91] 朱维铮：《求索真文明：晚清学术史论》，上海古籍出版社 1996 年版。

[92] 朱维铮：《中国经学史十讲》，复旦大学出版社 2002 年版。

[93] 朱维铮：《壶里春秋》，上海文艺出版社 2002 年版。

[94] 杨旭敏：《中国辨伪学史》，天津人民出版社 1999 年版。

[95] 张岱年：《中国启蒙思想文库》，辽宁人民出版社 1994 年版。

[96] [美] 张灏著，周阳山、杨肃献编：《近代中国思想人物论：晚清思想》，时报文化出版事业有限公司 1980 年版。

[97] [美] 张灏：《危机中的中国知识分子：寻求秩序与意义》，新星出版社 2006 年版。

[98] 张朋园：《知识分子与近代中国的现代化》，百花洲文艺出版社 2002 年版。

[99] 张岂之：《中国思想学说史》，广西师范大学出版社 2008 年版。

[100] 郑大华：《西方思想在近代中国》，社会科学文献出版社 2005 年版。

[101] [日] 佐藤慎一：《近代中国的知识分子与文明》，刘岳兵译，江苏人民出版社 2006 年版。

[102] 赵沛：《廖平春秋学研究》，巴蜀书社 2007 年版。

[103] 朱义禄著：《康有为》，云南教育出版社 2008 年版。

[104] 朱忆天：《康有为的改革思想与明治日本》，上海人民出版社 2011 年版。

[105] 朱俊瑞：《国家的理念——中国近现代政治思想研究》，经济日报出版社 2000 年版。

学位论文与期刊论文

[1] 陈其泰：《晚清公羊学的发展轨迹》，《历史研究》1996 年第 5 期。

[2] 陈鹏鸣：《康有为的社会改革思想研究》，《孔孟月刊》1998 年第 4 期。

[3] [日] 大谷敏夫：《清末经世思想的两大潮流》，《东洋史研究》1991 年 9 月 50 卷 2 号。

[4] 房德邻：《儒学的危机与嬗变：康有为与近代儒学》，博士学位论文，北京师范大学历史系，1990 年。

[5] 黄开国：《廖平与经学的终结》，《哲学研究》1987 年第 1 期。

[6] 黄开国：《廖康羊城之会与康有为经学思想的转变》，《社会科学研究》1986 年第 4 期。

[7] 黄开国、唐赤蓉：《〈教学通义〉中所杂糅的康有为后来的经学思想》，《近代史研究》2010 年第 1 期。

[8] 黄长义：《进化论思想在近代中国广泛传播的文化因素论析》，《江汉论坛》1995 年第 3 期。

[9] 何金彝:《康有为的全变思想和创造进化论》,《社会科学战线》1995 年第 6 期。

[10] 孔祥晔:《论康有为的〈论语〉学》,《上海交通大学学报》(社会科学版) 1999 年第 4 期。

[11] 李双璧:《康有为两考之于戊戌变法运动》,《贵州社会科学》2001 年第 2 期。

[12] 李帆:《"夷夏之辨"之解说传统的延续与更新——以康有为、刘师培对〈春秋繁露〉两事的不同解读为例》,《近代史研究》2011 年第 6 期。

[13] 刘巍:《〈刘向歆父子年谱〉的学术背景与初始反响》,《历史研究》2001 年第 3 期。

[14] 林吉玲:《常州学派与公羊三世说之变异》,《学术交流》2001 年第 4 期。

[15] 林吉玲:《康有为对公羊三世说的改造》,《管子学刊》2001 年第 3 期。

[16] 林丽娥:《晚清经今文学之探讨》,《孔孟月刊》1980 年第 2 期。

[17] 马洪林:《康有为研究百年回顾与展望》,《东方论坛》2008 年第 5 期。

[18] 马自毅:《康有为进化观形成时间考》,《华东师范大学学报》(哲学社会科学版) 1984 年第 3 期。

[19] 孙锡芳:《康有为"托古改制"与〈左传〉批判研究》,《云南民族大学学报》(哲学社会科学版) 2009 年第 2 期。

[20] 汤志钧:《再论康有为与今文经学》,《历史研究》2002 年第 6 期。

[21] 汤志均:《论康有为的"大同三世"说》,《中华文史论丛》1979 年第 2 辑。

[22] 汤志钧:《大同"三世"和天演进化》,《史林》2002 年第 2 期。

[23] 吴乃华:《中西文化与康有为的变易思想》,《人文杂志》1996 年第 5 期。

[24] 王汎森:《从经学向史学的过渡——廖平与蒙文通的例子》,《历史研究》2005 年第 2 期。

[25] 于语和:《中国礼治与西方法治之比较研究》,博士学位论文,天津师范大学政治学系,2001 年。

[26] 杨向奎:《清末今文经学三大师对〈春秋〉经传的议论得失》,《管子学刊》1997 年第 6 期。

[27] 杨全顺:《康有为学术中的西学》,《宁夏社会科学》2006 年第 2 期。

[28] 曾乐山:《试论中国近代哲学史上的进化论》,《中国哲学史研究》1982 年第 1 期。

[29] 张昭军:《援西入儒——康有为对传统儒学的改造与重构》,《社会科学辑刊》2005 年第 1 期。

[30] 钟肇鹏:《廖季平哲学思想与经学的终结》,《社会科学研究》1983 年第 5 期。

[31] 赵沛:《廖平〈公羊学〉的特点》,《东岳论丛》2009 年第 11 期。

后　记

　　书既成编，行将付梓，先要致谢，承蒙诸位惠助。感谢南开大学于语和教授，恩师引导我入治学之途，一路悉心教导，耳提面命，又为小书赐序。感谢南开大学柏桦教授，犹记得柏老师曾为书稿反复推敲指导，有幸得老师教诲，内心触动，实在感激。感谢人民出版社编辑余平老师，在此书的立项、编辑和校对工作中不辞劳苦，付出了辛勤的劳动，给予了大力的支持。感谢师姐韩晓捷教授、好友罗乐月律师在我情绪波动、思绪纷乱时耐心疏导。感谢刘莘蔚、李雨欣同学在资料校勘中做了大量工作，对相关经籍古文资料进行了仔细的校对，在此一并向他们致以衷心的谢意。本书的出版得到了山东政法学院出版基金的经费支持，特此说明。

　　中国近代思想史具有独特的历史语境、思想价值与历史地位，自博士期间以康有为思想为题目进行研究以来，之所以持之以恒地对这一方向进行探求，源自对于传统经典与思想价值在近代嬗变与衰落的持续思考。康有为今文经学思想的内在逻辑及戊戌变法的政治命运中，潜藏着政治运动失败和制度变革试验的线索，内蕴着传统思想文化在近代革新重塑，以求融入世界现代化历史叙事的艰难，其间种种问题与缘由大有深意。然而，拘于才能不足，仅在这一宏大题目中偶得斗升之思。本书以我的博士论文为基础，几经修改，仍有诸多不足之处，求教于方家，请各位师友、学界同仁不吝批评赐教。

　　几句肺腑之言，写在文末，此书修改之时，正是邱子霖小朋友出生，他乖巧安静不爱哭闹，让我能安心写作。成书出版之际，我正沉浸在初为人母的欢心喜悦与手足无措中，却遇父亲急症病重，陷入昏迷至今未醒，母亲一面照料垂危病重的父亲，一面帮助抚育尚在襁褓的婴孩，实在辛劳。爱人陪伴在旁，安抚身体尚还虚弱的我，时时鼓励安慰。幸运的是与家人携手并行，彼此温暖，期待奇迹。"蓼蓼者莪，匪莪伊蔚。哀哀父母，生我劳瘁"。父亲在清醒时十分关心我的学术研究，叮嘱我学海无涯，务必淡泊宁静，专心致志。谨以此书献给父亲张金群先生。

张欣

2023 年 3 月